自由写作法

（第二版）

Writing with Power

Techniques for Mastering
the Writing Process

[美] 彼得·埃尔伯　著
Peter Elbow

易 颂　译

新 华 出 版 社

图书在版编目（CIP）数据

自由写作法 / （美）彼得·埃尔伯著 ； 易颂译. -- 北京：新华出版社， 2022.11
书名原文：Writing with Power: Techniques for Mastering the Writing Process
ISBN 978-7-5166-6590-9

Ⅰ.①自… Ⅱ.①彼… ②易… Ⅲ.①写作–方法 Ⅳ.①H052

中国版本图书馆CIP数据核字（2022）第228356号

著作权合同登记号：01-2022-6344

自由写作法

作　　者：［美］彼得·埃尔伯		**译　者**：易　颂	

出 版 人：匡乐成
责任编辑：高映霞　　　　　　　　　　**特约策划**：巴别塔文化
责任校对：刘保利　　　　　　　　　　**特约编辑**：吕梦阳
封面设计：马　帅

出版发行：新华出版社
地　　址：北京市石景山区京原路8号　　　**邮　编**：100040
网　　址：http://www.xinhuapub.com
经　　销：新华书店、新华出版社天猫旗舰店、京东旗舰店及各大网店
购书热线：010 - 63077122　　　　　**中国新闻书店购书热线**：010 - 63072012

照　　排：北京平准天地文化发展中心
印　　刷：天津鸿景印刷有限公司

成品尺寸：145mm×210mm　32开
印　　张：14　　　　　　　　　　　**字　　数**：325千字
版　　次：2024年1月第一版　　　　　**印　　次**：2024年1月第一次印刷
书　　号：ISBN 978-7-5166-6590-9
定　　价：59.00元

版权专有，侵权必究。如有质量问题，请与出版社联系调换：010-63077124

谨以此书献给我的爱人卡米（Cami）

给读者的话

写作能力之一意味着能够驾驭文字和征服读者——书写清晰正确，内容真实有趣且富有说服力；与读者建立联系，使读者可以真切体会到你所表达的意思或想象出你所描绘的画面。这本书将从这些方面为你提供帮助。

写作能力之二.意味着超越自己和掌握写作过程——当你写作时，你知道你在做什么，能掌控一切，不感到困扰、无助和害怕。我对这第二种写作能力特别感兴趣，因为如果没有第二种能力，你就很难获得第一种能力。

目 录

第二版引言

我写这本书的第一版时，想把很多东西都塞进去。用**烹饪书**打比方再合适不过了——收集我能想到的所有有用的东西和美味的东西，以独立的章节展开，读者可以按照他们想要的顺序使用。但是，现在回想起来，我忽略了它们之间的连贯性。

我首先注意到的是评论家们关注最多的地方：我所谓的"浪漫"方法，就是我所强调的自由写作、无序语块、不做计划、神秘、魔法和无形力量。我现在也持这种观点："尽管写吧，相信自己，别问太多问题，跟着感觉走。努力去**感受**你想要描述的那棵树，而不是去想该用什么词。不要太在意质量或评论，尽管去写。"这是关于写作，我所**难以描述**的方面。我总是想谈论一些不能分析的东西，比如感受写作中的声音、作者把文字呈现在纸张上的感觉，以及让读者能真正看到或体验到作者所说的事物的质感。这就是为什么我使用了这么多的间接表达和隐喻。

其实在最后一章中，我试着把写作当成一种**魔法**，看看这能让什么变得清晰：

> 简而言之，我想说的是，纸张上的一系列语言——读者唯一能看见的东西，并不重要。重要的是不在纸张上的东西，是读者看不见的东西，即作家的心理状态、精神情况、性格特征，或者她写文章的方式。作者写下的文字可以蓬勃

有力，可以虚弱无力，就像服用药剂一样，可以"服用"或者"不服用"，这取决于作者在写下文字之前是否跳对了舞，或者净化仪式是否正确。

我真的能相信这种荒谬的事吗？当然不能。

我想我并不相信。

我曾一度用"汁液"隐喻写作中的声音，这么说很贴切，因为其"结合了**魔力药水**、**母乳**和**导电**的特性"。这种对声音的说法招致了高等教育界同僚的大量批评：

的确，要相信"声音"。我们必须相信在眼神**接触**后，会激活文本中的声音，或者说文本包含某种魔法药粉，我们阅读时，它会在我们的头脑或身体中创造声音。

当然，问题在于写作是一种头脑活动，越是鼓励学生去追求激情、"导电"和个人救赎的精神目标，"声音"就越发显得短浅和不恰当。

但是，我继而发现这个不可思议的想法对我自己的写作和教学很有帮助。我将用三个例子进行更详细的探讨。

错误的词语和觉受

有一次，我在马萨诸塞大学主持了一系列研讨会，一位参会的教职人员不好意思地告诉我，他们中的一些人已经开始称我为"错别字埃尔伯"。他担心我会因此感受到冒犯，但我并没有这种感受，我在错误中摸索出了财富。

　　我以一个如何对别人的写作做出反应和反馈的故事作为讲述的开始。我经常发现自己在说这样的话："我觉得你的文章有点……"然后中断了，因为我找不到合适的词语形容。但是，其实我已经想到了一个词。一个熟悉我声音、了解我说话方式的作家甚至可能"听到"我的嘴唇正在形成的单词："我觉得你的文章有点……呃……幼稚……"我停了下来，不是因为我担心侮辱或惹恼作者，而是因为我知道"幼稚"这个词不合适，这篇文章并不幼稚。然而，我对这篇文章的阅读和感受让"幼稚"这个词呼之欲出。我停下后，通常会试着去寻找合适的词，但往往找不到。然后，我试着解释我想要表达的东西，但我说的话会变得迂回模糊。作者没办法知道我想表达什么，但最重要的是我不知道我想表达什么。

　　我最终学会了一个简单的方法用以解决反馈问题，但只有在双方彼此喜欢、彼此信任的情况下，这个方法才行之有效，那就是脱口而出这个错误的词——"幼稚"。如果作者请我明确说出脑海中出现的词语，我会说出一个词来。这个词虽然可能是错误的，但是可以表达我的感受，做出反应。接着，我再考虑其他表达方式和随之而来的想法。作者还可以邀请我"夸大其词"，允许我以模仿或者曲解的形式去表达感受。

　　我不需要说："你的文章很幼稚。"我可以这么说："我本来想说'你的文章很幼稚'，但是这不是真正的意思。文章不是真的幼稚，但不知为何，我想到了这个词。我也想知道我想表达什么。"然后，静静地停下来，继续探索，寻找更合适的词语。往往这时候，我会发现更准确的表达方式，也许会这样说："是的，你的文章并不幼稚，虽然文章看起来脉络清晰，逻辑合理，但是我感受到里面那种固执甚至强迫的特质。我感觉到了一种拒绝让步的特质，这让我想起了一个倔强的孩子。"直到这一刻，我依然不知道我真正想要表达什么意思，我对这篇文章的看法或反应到底是什么。但是，说了这些后我意识到，是的，这就是我注意到的地方和想要表达的内容。我需要通过说错误的词来得到正确的词（当然，这需要经历几个阶段才能实现）。

我一直在描述一个关于反馈的小例子，虽然在一本关于写作的书中这个例子很贴切，但我想用这个例子引起对语言**误用**的更广泛的思考。因为我们知道这个词不对，所以我们犹豫是否使用它，如果弃之不用，然后绞尽脑汁，却又找不到更好的词，最终使表达变得含糊不清，忘记自己想表达什么，是哪里做错了。有人鼓励我们使用错误的词，最终我们却**明白**我们想表达什么，是哪里做**对**了。

事情的关键在于：在抛弃错误的词语时，我们失去了那种**感觉**的踪迹，我们想要抓住那种感觉，这种感觉不知何故导致了"幼稚"这个词的出现——感觉的**意义**，感觉的**感觉**。"幼稚"这个词可能是错的，但它碰巧是唯一能让我联想到**重要**事情的词——我对这篇文章的真实反应，我想表达的见解本身。如果我因为这个词是错误的就把其抛开，那根紧绷的弦所连接的微弱感觉就断掉了，因此也就失去了最初的感觉反应和意义。

虽然这里更大的主题是语言中的神秘，但至少对我来说，这个故事终于清楚了。对于这一点，我要感谢一位重要的现象学哲学家尤金·根德林（Eugene Gendlin）。"觉受"（felt sense）是他创造的一个术语，很有帮助。我和其他人从他身上学到的是如何为觉受腾出更多的空间。根德林指出人们往往在非语言交流阶段，甚至在更原始的阶段，体验到意义。他提出了一个步骤，非常有用，为我们找不到词语表达感受时提供帮助：

• 接受那些出现在脑海里的话语，脱口而出的话语，欢迎它们。

• 暂停一下，留意这些话语是否错误，是否符合我们的感觉或意图。问自己："说这些话达到我的目的了吗？"也就是说，不要忽视或抹掉错误的感觉，带着这种错误的感觉向前走："哦，好吧，我就不是一个善于表达的人。"

• 暂停一下，不仅要注意错误或差距，还要注意错误词语**背后**的觉受、感觉意义和意图。试着去倾听你的觉受——或者，更准确地说，试着去感受它，包括体内的感觉。

• 从这种对觉受的关注或感受中，找到新的词语。

重要的是要意识到这个过程往往需要进行多次（说出话语，注意差距，停止觉受，说出更多话语）。我们经常在第一次接触时找不到"正确"的词语。但是，如果我们继续这个过程，即倾听一组**新**词背后的错误，找到差距，我们往往最终会找到真正能表达我们感受的话语。能找到精准的话语来表达我们想说的内容，真是个奇迹！而真正的奇迹是，找到这些语言并不难。

在这里，态度至关重要。如果只是感觉"哦，该死！又是错误的词语。为什么我就不能想出合适的词呢？"，我们就需要理解这一过程，从中获得更乐观的态度："这些词当然是错的，语言就是这样。但是，如果我暂停一下，去觉受，这种错误感就是寻找更好话语的杠杆。发现错误会带来希望，你不应感到沮丧。"

我喜欢根德林的见解，它揭示了两种表达不清晰的常见形式：话语太多和话语太少。两者都源于对错误的恐惧。也就是说，有些人说话太少，因为他们对错误的感觉太**强烈**了，排斥所有这些错误的词语，最后往往说不出什么话语。这个发生过程显而易见。

对错误的恐惧也会迂回地导致话语**过多**。也就是说，一些学生反复纠正了自己的话，却对自己的觉受失去了所有的信任："如果觉受只会导致错误结果，那么为什么我要听从它呢？"因此他们逐渐学会了不去**感受**错误的感觉。结果就是他们不再以任何内心感觉的意义来判断他们所说或所写的词，而只以**外部标准**来判断。这个外部标准就是，他们对话语应该如何发展的理解，以及他们认为老师和其他人正在寻找的那种答案。

有些人不再感受错误或者说感觉不到自己所说的语言大错特错且不连贯，因此显得非常愚蠢或思维像外星人。但是，同样地对感觉"失聪"也可以让有些人在语言上取得成功——他们学会了熟练而聪明地应用词汇和句法。但是，单词和句法**只是**由其规则产生的，和感受没有联系。人们有时很难注意到这些语言的不实之处，尤其是在语言技巧运用得炉火纯青的时候。*

显然，在写作过程中为觉受腾出空间是很重要的。写作的萌芽，

---

* 其实我还想描述第三种含糊不清，不过我得承认这是一种明目张胆的利己主义，因为我对此无能为力。但是，我想重新定义的是，这是一件好事！我的问题是，我几乎不能用完整的句子说话，甚至不能用连贯的句法说话，我的演讲常常是一片混乱。而且我经常说一些和我想说的意思不一样的话（例如，说"之后"而不是"之前"，或者说"妻子"而不是"丈夫"）。但是，经过对觉受作用的认真思考，我以更宽容的眼光看待我的问题。让我对此做出解释。

人们说话或写作时，使用了两种不同的内在来源：语言和非语言觉受。不同的情况可能导致我们更多地求助于其中一种来源。例如，如果我们在说一些已经谈论过、听过或读过很多次的事情，我们头脑中就有很多现成的词和短语可以使用。但是，如果我们试图说一些我们从未说过或从未想过的东西，一些我们头脑中尚未形成的东西，我们就更需要利用觉受。

但有些人在说话和写作时倾向于其中一种来源。我认为我就属于这个范围末端的一类人，即更关注内心的觉受，而不是语言，常常试图通过非语言的觉受来说话或写作。这就是我句法混乱和语义错误的原因。

这对我来说确实是个问题，在说话的时候，我听起来就像一个语无伦次、结结巴巴的人。我不得不放弃研究生学业，因为我无法厘清我的思路，写不了论文。但是，当我学会处理我的这种无能为力，也就是相信我的语无伦次和错误语句，耐心地从中构建话语时，我终于学会了一个了不起的技能。如果我努力花时间去做，我总能找到正确的语句准确表达我的感受和意思。一击即中！这对我来说是写作中最容易的事。如果条件合适、时间充足，我也可以说出来。这些话可能不适合读者或不符合语言规则，却表达了实际上我想说的，这很幸运。很多人因为他们没有确切地表达出他们应该说的重要的东西而感到沮丧。所以现在我得出结论，我习惯性地专注于认为觉受是一种优势，虽然这经常会导致言语不连贯。

我是说所有的不连贯都是好事吗？我的论点并不是这个结论的必要条件，然而我却乐此不疲。当然，我必须承认，我的论点来自那些总是对语言流利清晰的人感到怨恨的人。

也许就是思路本身，能够在**非语言感受**和一段**语言**之间移动。因此，我们知道了为什么自由写作非常重要。自由写作是将脑海中浮现的语言写下来，然后**继续**将脑海中浮现的下一组语言写下来的行为。这就是为什么自由写作常常看起来是重复的，甚至是强迫性的。当我们写下脑海中出现的东西时，我们产生的下一个想法通常是："不，不是这样的。"不管我们写**这些**文字的速度有多快，我们总是会因为对写下的文字感到不满意而产生新文字。通常情况下，还有第三种甚至第四种方式来表达我们想要表达的内容。因此，自由写作是一个特别合适的工具，用以建立语言和感觉之间的桥梁。但是，我应该补充一点，我根据根德林关于履行觉受的见解调整了让学生自由写作的方式。以前我只是说："请试着持续写作。"现在我会说："试着持续写作，但并不一定要快速而匆忙，其实偶尔停下来，试着去感受你想要表达的东西，你会发现这很有效。"

追求品质和战胜不良

我用另一个例子展示我神秘又浪漫的写作方法。我放纵不良写作。如果我说："随心所欲自由写作。"那么我就是放纵粗心。如果我说："质量不重要。"那么我就是在制造垃圾。如今，似乎每个人都痴迷于标准和评估，因此我的方法似乎比任何时候都更让人疑惑，更需要我为它辩解。

我的辩解是坚持认为我追求的是真正的质量——写人们真正想要阅读的文章。许多"优秀"的学校作品，即使是严厉的老师给出的优秀作品，也要付钱让人去读。

但是，我怎么能既容忍粗心大意和垃圾，又说我在乎真正的质量或追求卓越呢？我的观点是，如果你在乎质量，你就必须在两种完全不同的路径中做出选择：追求真正高质量的路径，或者与不良作品、粗心大意、一堆垃圾做斗争的路径。这两个目标看上去齐头并进——我们为了追求卓越而与不良做斗争。但是，我坚持认为，我们不能同时追求两个目标——至少不能是同时。让我来解释一下与不良做斗争和追求卓越之间的冲突。

与不良做斗争不会带来卓越。想想那些为了追求质量而与不良做斗争的人会发生什么。当他们写作的时候，他们发现自己写下了不好的单词和句子——表达不清、笨手笨脚、陈词滥调，甚至出现错误。他们注意到这些糟糕的地方，然后停下来试图对此进行改善。或许他们在写下这些话之前就注意到了这些不足。不管怎样，他们关于质量的核心心理活动就是注意到糟糕的地方。这个过程阻止了一些人写作，并限制了许多人写他们完全可以避免的东西。"如果我脑海中出现的就是这种垃圾，那么显然我天生就不是当作家的料。"

许多教师致力于追求和保证写作质量，其形式总是排斥不良写作。如果教师努力实现这一目标，同时设法不让学生泄气，也不疏远学生，教师就成功了。但是，想想为此付出的代价，到头来，这些学生会在写作中一直保持警惕。我们都知道开车要保持警惕——假设你没有注意到有一个粗心大意或者醉酒的司机，你可能会因此而遇险。这对开车来说是个好建议，但对写作来说不是。很多学生写作时的状态是这样的：好像他们写的每一句话都会因为无意的错误而受到批评。保守写作意味着不**冒险**，不尝试复杂的思想或语言，不去了解含混的想法，不去倾听内心深处的共鸣。如果学生避免这些风险，就可以摆脱不良写作。但是，学生们只有挑战了这些风险，才能拥有真正写出优秀作品的机会。摆脱不良并不能成就卓越。

我想进一步阐述我的论点，不仅仅是因为与不良做斗争不会带来卓越。我认为，如果我们真的想追求卓越，我们就需要**面对**不良。思考一下这里的核心问题——我们**如何**追求卓越？没有确定的方法，但有一件事是清楚的：我们只有写**大量的文章**，才能产生优秀的作品。多产则会产生不良。如果想要大量的练习和经验，我们就不能把写作限制在思维运转良好的时候。如果我们无法从写作中获得乐趣，我们也做不到大量写作。而如果我们对出现的所有不好的事情打退堂鼓，停止写作，试图修复它，就无法获得乐趣。如果我们写得**足够**多，我们就至少有机会写出一些精彩的片段。

我很理解那些把战胜不良作为第一目标的人，这样可行性更高。我们很清楚什么是不良作品，当我们看到它的时候，我们也能达成共识。我们知道如何摆脱不良作品——删除。我们不知道任何确实可通往卓越的道路，其实我们经常很难就什么是卓越或者某件作品是否优秀达成一致。然而，我不赞同将这两个目标混淆——声称自己追求卓越，但实际上却把所有精力都花在了与劣质、粗心、乏味的写作作斗争上。

也许我们最终会完美地分析出读者真正想要阅读的作品的卓越品质，以及如何达到这种品质。而现在，我只是注意到一个引人注目而又充满希望的事实：在自由写作中，学生们抛开细心，产生垃圾，我在这些写作中看到更多抓住我、吸引我的段落。这些精彩段落比在那些他们试图达到标准而精心计划、小心翼翼进行的写作中看到的更多。我所考虑的品质是生命、活力、独立，甚至是暴戾和叛逆。还有关于作品中的声音（这种说法是学术界所厌恶的）真实、不造假的特质。要取得这样的品质，我们必须接受不良。

当然，人们对于我的方法持有明显的异议：**当摆脱不良写作完全可行的时候，为什么要把注意力集中在真正卓越的奥秘上而让自己和他人感到困惑呢？**确实，这奥秘无法言传。当学生们摆脱了不良写作时，

他们可能得不到这种难以描述的东西，但至少他们会有一些实在的东西，可以从中更进一步地探寻卓越的奥秘。这虽然是一个明智的观点，但我坚持认为我的方法更有希望。

　　首先，尽管真正的卓越品质，以及更为神秘的声音、生命、汁液和真实等品质，这些难以言明和分析，但**它们不难获取**，至少在写作片段中不难。即便使用的人没有技巧，也能很快获取这些品质。我仍然坚持我之前的说法：

　　　　即使有些人要花很长时间才能写好某些复杂的主题，花很长时间才能写出某种正式的文体；即使有些人要花很长时间才能写出拼写、用法无误的文章，也没有什么能阻止任何人写出一些能让读者倾听的话，写出一些影响读者的话。现在，没有什么能阻止你写作，你可以写出人们想要阅读的文字……

　　其次，一旦人们感觉来了，写下一些文字，这些文字不仅写起来很愉快，而且能打动读者，他们就会更加卖力工作，写出更多的文字。事实上，正如高难度的技术那样，写作的核心问题是，怎样才能投入令人望而生畏的时间和精力以获得更加稳定持久的好效果。我认为，答案就是"作弊"——寻找快乐和捷径。我必须先掌握音阶才能演奏曲子吗？掌握音阶需要很长时间，尤其是这项任务没有回报的时候。当然，在我"没有准备好"的时候演奏乐曲会导致错误，但也会带来一些好的结果和学会一些音乐技巧，这是我只掌握音阶所无法拥有的体验。而且演奏乐曲会给予我动力和能量，促使我了解音阶。

纯粹分享

我教得越多，写得越多，就越重视我的书中所谓的第三个神秘之处，那就是最不起眼但是最有用的分享过程。人们只是简单地相互朗读别人的作品，听众的回应也只是"谢谢你"或者会用一点儿"看法"来回应那些印象深刻的文字和章节。也许除此之外，分享小组还会就主题本身或写作经验进行一些讨论。但是，作者没有试着让读者描述他们对这篇文章的反应，指出着力处和疲软处，或提出有益的改进建议。

当我们把自己的文字读给别人听时，我们仅仅通过嘴唇感受我们的单词和句子的形状，用耳朵倾听它们，就能非常有效地学习写作（很多人在纸上造句子时并没有**听到**自己造的句子）。我们不仅能更好地倾听自己的文字，还能将自己作为另一个读者的感觉内化。我们学会用别人的耳朵听，这有助于我们的文字进入下一个阶段。这一切进行得非常迅速和轻松，然而反馈过程在很多方面都可能失败（例如，当我们得到使我们困惑或者害怕的回应时），但仅仅分享不会有错。一开始，人们常常会因为大声朗读而感到紧张，之后又会因为得不到反馈而感到紧张，但很快，给予和接受的过程就会变得随和、轻松和愉快。只有学习，没有教学。

顺便说一下，我在这里赞扬纯粹的分享，并不是想以一种卑劣的方式贬低业余爱好者的反馈，也不是将业余爱好者的反馈和老师的反馈做比较。来自老师的反馈和来自业余爱好者的反馈一样容易出错。此外，业余爱好者往往不那么教条。有时我认为，在简短的会议中，我只听我的学生们朗读，并让学生们谈谈**他们**注意到的东西，这对他们帮助最大。

* * *

我已经用三个详细例子探讨了关于本书的神秘方面：错误的词语和觉受、追求品质和战胜不良、纯粹分享。在这些领域和其他领域，我仍然是神秘、迂回和意会的支持者，我仍然对所谓的"浪漫主义"感到内疚。虽然这本书的这个方面可能是最明显的，但现在回头看，更让我震惊的是一个不同的、较少被注意到的理性方面：我渴望分析和掌控这一神秘之处。

如果我在以上描述的方面是19世纪的长发浪漫主义者，那么在理性方面我则是18世纪的古典主义者——或者是20世纪的腰带上挂着计算尺的短头发技术人员（我的第一次教学经历是在麻省理工学院，那时候还流行短发和计算尺）。

我总是对琳达·弗劳尔斯（Linda Flowers）的超高理性感到惊讶。她反复强调，我们应该从设定计划和目标开始。我认为"随心所欲地写，看看你能得到什么，让计划见鬼去吧"，她却和我唱反调。但是，我同样对理性感到内疚，事实上这种理性是对**精明**理性的渴望，因为我认为我们可以用**更好**的眼光来规划。我想说的是，如果我们不做计划，就能制订更好的计划；如果我们把目标从脑海中移除，我们就能写得更好。特别是在早期阶段，有时如果我们把读者排除在外，我们就可以更好地满足读者的需求。

我书中浪漫的一面让人们认为我只是在兜售神秘——写作的禅宗，坏即是好。但是，我想说的是，我们可以有意识地把握自己，从真正意义上控制我们产出的过程。如果我们仔细思考和实践，就可以学会抵制某些习惯。尽管与传统意义上的理性和控制相比，这**看起来**并不理性，但我们可以留出一定的时间来进行非计划写作和自由写作，从而找到一个理性的写作路径。

　　因此，我不得不承认，我长期以来一直渴望拥有更先进的写作技术或写作更理性化。驱使我写关于写作的文章的是一种分析的冲动——理解和控制那些当我们试图写作时常常让我们困惑或阻碍我们的奥秘。但是，为了保持我想要的高度理性，我学会了向非理性、失控、垃圾和混乱让步。我的结论是，我们可以尝试为此做出计划或选择时间，但我们也可以预料到，它会在我们意料之外的时候敲门，我们可以决定停止我们正在做的事情，处理这出乎意料的惊喜，而这正是我们计划的一部分。

　　在对控制的渴望中，我或许冒着狂妄自大或过于简单化的风险，我也因此受到过打击。我记得我曾把一篇研究作文的文章寄给了一家著名的期刊，结果被拒绝了，一位审稿人写道："难道这位作家没有听说过大家都知道的东西吗？写作是一个**循环的过程**吗？"（我是凭记忆随便引用的，但这位审稿人说话直截了当。）"循环"已经是写作专业领域内的一个规范术语，这位审稿人所说的循环指的是，近大量研究显示熟练作家和新手作家，在做计划、写文字、想想评论、琢磨一会儿、写出更多的语句、变换语句、写更多的语句、思考计划、重新排列语句等此类不同的行动中打转，来回往复，一次又一次。因为我强调了将创作过程和修改过程分开的必要性，所以我在这位评论家眼中就像一个井底之蛙，试图复活古老死板、备受质疑的关于"创作过程中的固定阶段"的说法。

　　我并不是说我们应该严格不循环，在做**任何**修改之前写完**所有**内容，然后**只**做修改，**不许**写内容。我强调的不是把自己限制在两个阶段，而是努力培养和提高两种心态——在这两种心态之间偶尔来回走动。我们可以有一些循环性，但仍然要强调心态的区别。

　　但最后，我感到非常内疚——我在反对循环。在我多年的写作和教学生涯中，我对自己的信念越来越有信心，那就是在写作项目的一开始就尽量地进行创作，把负面批评推到以后处理。也就是说，当我们写草稿的时候，我们要有意识地阻止所有这些我们自然会做的行为：

• 坐在那里试图找出我们的主要观点或试图磨炼一个细致的"主题陈述"；

• 在继续写下一段之前仔细地修改和润色上一段，特别是第一段引言（在我们还没有写好引言所要介绍的主体内容的时候）；

• 试着选定一个正确的词（而不是写下脑海中出现的三个错误的词，然后看看它们走向哪里）；

• 纠正拼写错误和语法规则（而不是暂时满足于近似正确的语句）；

• 努力调整大纲结构，使其恰到好处；

• 考虑段落或段落的顺序——通常是重新安排内容；

• 坐在那里思考别人可能会提出的批评；

• 反复阅读一个短语、句子或段落——反复修改措辞，使其更精确、更优雅、更巧妙、不那么笨拙；

• 仔细规划字体、间距、页边距以及其他格式和文档设计事项。

这些都是过早的修改行为。虽然它们每一项**都适合修改**，但是如果我们正处在写初稿的阶段，这些行为就会妨碍我们。写初稿就是我们尽可能多地写词语和想法的时候。过早修改在很多方面都将适得其反。当存在一种纠正、吹毛求疵的心态时，我们通常很难想出新鲜、有趣的想法。在有机会解决问题之前，我们就已经看到了想法中的错误，我们在思考中被所有表面上的修复和纠正分散了注意力。此外，过早修改通常会让我们花时间修改或纠正那些后来被我们扔掉的文字。更糟的是，我们**没有**扔掉我们应该扔掉的文字，因为我们已经投入了太多的时间和精力来处理这些文字，我们无法忍受让它离开。

那么，第一个目标就是，我们需要写下大量的材料，推迟修改，纠正修改的心理。不过，符合规范有那么重要吗？修改的时候要阻止自己冒出新想法吗？

一方面，在修改过程中有新想法当然很好。看到错误和改动句子的过程总是会带来新的想法——尤其是当我们注意到有需要填补的漏洞的时候。也就是说，在早期阶段推开批判性思维比在后期阶段推开新想法更为重要。新想法总是受欢迎的，批判性思维并不总是受欢迎的。

但另一方面，在修订过程中，摆脱生产内容的心态仍有价值。我们假设一种极端情况——我们是文字编辑，这点就非常清楚了。如果我们编辑文本的时候还思考我们的想法和风格，那么也许会完善想法、改变风格，但肯定会妨碍文字编辑。因为当我们看文章深层次的内容时，很难发现表面上的错误。一般来说，修改也是如此。修改可以激发新的想法，但这会延长修改过程，使之变得棘手。任何不错的新想法都有可能打乱我们文本的顺序，略微扰乱我们的主要想法或主题。我们需要一个进行不间断修改的**最后**阶段，以完全批判性的视角整体地看待我们的作品，就像等锅里的水停止沸腾**之后**。

简而言之，我所提出的写作过程是一种**人为**过程，而不是大多数人，包括那些熟练作家自然而然的循环往复过程。在写作的起草阶段或生成内容的阶段，大多数人**不会**有意识地强迫自己不停地写、写、写，**不会**强迫自己放弃自我批评，去获得更多的文字材料，迎来更多的想法。但是，如果行为是"非天然的"、非循环的，那就没有理由不这样做。不管怎么说，它或许有用并且值得一试。对人类来说，写作是非天然的（不像说话那样），大多数人会尽可能避免写作，但这并不是反对写作的理由。

有个有趣的理论要点就是，观察人们在写作时**实际**在做什么，以及弄清楚他们**应该**做什么才能更有益于写作，这两者之间的区别，即描述性和规范性之间的区别、经验式和标准式之间的区别。

"规范主义"有个坏名声。它让人联想到严格的规章制度、枯燥无味的女学究。例如，迈克·罗斯（Mike Rose）做了一些有趣的研究，比较那些陷入写作困境的人与那些写作相当成功的人。事实证明，写作困难的人倾向于努力遵循他们从老师那里学到的规则。相反，成功的作者往往会说："天哪，我知道我做的都错了，打破了所有的规则。我想我就是写不好。"然而他们完成了写作。

我讨厌遵守规则。不过，问题的重点不是"我应该遵守规则吗？"，而是"这些规则对我的写作有帮助吗？"。有些规则会有效，有些则会造成阻碍。研究中阻碍人们的规则往往是传统的——首先在你的头脑中明确你的意思，然后制定一个大纲，阐明你的论点，并且在写作的时候记住你的目标和受众。这些规则阻碍了我们的行动，我并不感到意外，但我不得不相信，我已经学会了一些更好的"规则"，可以帮助我们而不是妨碍我们。这些更好的"规则"是建立在写作经验的基础上的，而且并不遵从任何写作习惯。

当然，我不能假设我的规则适用于所有人，虽然这规则的适用性相当普遍。因此，我在第6章"危险办法"中要传达的信息是："如果你遵循的写作方法与我的建议大不相同，那么**不要改变**。但是，如果你的方法对你来说**不是**很有效，难道你仅仅因为习惯或者感到舒适就要继续使用这个方法吗？为什么不试试我的建议呢？我认为合理的结论是如果想让你的写作变得更好，那么你需要学习一个一开始让你抓狂的过程。"

★ ★ ★

近年来，人们开始问我是如何改变我的想法的。我倾向于认为自己是一个灵活的人，愿意改变，但我还没有找到理由收回我17年前写的东西。我还发现我的想法对写作和教学都很有用，许多学生和读者告诉我它也对他们有所帮助（虽然有可能我没有听到那些认为它没用的人的意见）。

也许我的方法的优势在于它不是单方面的。它很极端，但这是两个相反方向的极端。整本书教给我们两种相互冲突的心态，也就是两种相互对立的渴望和方法。一方面，它赞美神秘、混乱、不做计划、放弃控制、非理性、不明确或者意会，以及魔法的运用。但是另一方面，它促进认真分析、理性控制、小心仔细、清晰明确、合乎逻辑的写作。

第一部分

基本知识

导览：本书的地图

　　我设计了这本书，你可以按顺序从头读到尾，也可以跳过章节阅读。也就是说，我已经按照我认为最合乎逻辑的顺序把它安排好了。你按正常顺序阅读，会一点一滴累积益处。我把每一部分和章节也做得相当完整，这样你可以根据自己的需求找到你需要的部分和章节，用符合你自身气质的方式和技巧完成独特的写作任务。阅读第一部分和其余五部分的简短导览后，你就会大致明白整本书讲的是什么。此外，几乎每一章的结尾都有一个简短的总结或建议部分，这样你就可以查阅更多关于章节内容的信息。

★ ★ ★

　　毫无疑问，写作是一个复杂、困难、耗时的过程。而且我担心写一本充满分析和建议的书甚至可能加深这种印象。因此，在这一部分中，我想强调的是，做好写作的基本活动和促进写作的基本练习一点儿都不难。

　　此外，这　部分是整本书的介绍。第1章解释了我的写作方法。第2章"自由写作"和第3章"分享作品"，介绍了两种我所知道的最简单也最厉害的写作方法。第4章"直接写作——让文字跃然纸上"和第5章"快速修改"组成了一个简单实用的方法，让你写出一些内容，这个方法特别适合帮你

在紧迫的期限内完成写作。第6章我称之为"危险办法——第一次就写正确",因为我在那里讨论了常见而诱人的方法,即试图在第一时间写出正确的内容。

第二部分和第三部分,"写作的其他方法"和"修改的其他方式"可以一起被称为"获得写作能力的过程"。因为这两个部分的核心内容是写作的实际步骤,所以这两个实用又循序渐进的部分构成了本书的核心。

第四部分,"考虑受众",也可以称之为"给他人传递力量",但其中一个主题是,当我们试图给别人写信时,别人传递给我们的力量。我提出如何利用读者的力量为你带来益处,而不是造成阻碍。我还分析了面对一些特定读者时会遇到的困难或者关于写作状态的困难,并提出了克服这些困难的方法。

第五部分,"处理反馈",也可以称为"通过他人的帮助获得力量"。在此部分我会告诉你如何弄清楚你需要什么样的反馈来满足自己的特定写作要求,如何让读者给你反馈。

第六部分,也是最后一部分,是神秘的"写作中的力量"——不是指正确使用语言、清晰的表达、有效的思考、真实的结论,而是额外的东西、内在的东西、使读者**体验**你所谈论的东西,而不仅仅是理解它。如果没有这种神秘的力

量，你的作品就不会对大多数读者产生任何影响，不管它多么正确、清晰、有效、真实。不用说，这一部分比其他部分更能让人深思，更具有理论性，更长篇大论，但也包含了具体的实用建议。它包含了我关于写作的最激动人心的想法。如果你喜欢理论，你可以从这一部分开始。如果你很着急，只是想把东西写得很好，你可以跳过最后一部分。

最后是关于性别的说明。在一些章节中，我用人称代词"他"，另一些章节中，我用人称代词"她"。虽然传统上使用"他"可以指代普遍人群，体现对两种性别的平等，但我这么做是因为我相信"他"指代男人多过女人。当然，理想状态下，人称代词的安排不会分散读者对句子主要信息的注意力，但是我担心我的文章有时会因此产生争议。不过，在我们放弃男性主导的文化习惯之前，我想不出来一个真正理想的安排。

1 写作方法

这本书的受众范围广泛，并不是为初学者、资深作家、学生、小说家、职业人士、写作爱好者、诗人量身定制的。也许我不应该尝试和太多不同类型的群体交流，但我觉得我的读者对象非常具体。我是在把我的经验讲述给每个曾经写作或正在试图写作的人——在文字中挣扎的人、在文字中寻求力量的人、在写作中经常受挫但也有可能获得真正写作力量的人。

> 我学会了如何给予写作自由空间的同时又对其进行适当的调控……学会了不要指望孩子一出生就能像一个12岁孩子那样乖巧懂事。任何作品在诞生后都需要时间来改变和成长，最终发挥其潜能。我逐渐意识到，如果你一年只采一次牡蛎，那么你很可能找不到珍珠。所以我试着写很多很多文章，但不期望每一篇文章都成为珍宝。我学会忍受，甚至享受不好的事情，记住，我做得越多，我就离成功越近。如果我有一个好想法，却不知从何入手，我不会觉得这注定要失败，不会觉得时机已经过去。我会将这个想法搁置一段时间，然后在重新储蓄能量后回到这个想法，直到我可以写出完整的内容，或者我认为已尽我所能地完成了它。
>
> 乔安妮·皮尔格林（Joanne Pilgrim）

这是我最近教的一门课程结束时，我的一个学生写的自我评估的一部分，道出了我希望读者在阅读本书时和阅读完成后能说的话。这反映了我对写作**过程**的兴趣，也就是说，我认为我可以帮助你提高写作水平，我不仅告诉你最终在纸上写下的文字，而且告诉你终稿产生的过程。有时候，人们在早期阶段对他们想要的最终结果思考得太多，这种对结果的专注反而成为他们的阻碍。

这本书有三个主题。

第一，一种写作过程的观点。写作需要两种不同的技能：创造和批评，它们通常相互冲突。换句话说，写作要求你有能力创造文字、有想法，但同时也要求你有能力批判它们，这样你才能决定使用哪一个想法。这些相反的心理过程确实可以同时进行，它们同时发生的时候，你会发现自己写的文字既富有创造力，又内容丰富，同时也敏锐、坚定、井然有序。但是，这样奇妙的碰撞很少。大多数时候，创作和批评的过程分开进行，它们不会互相干扰，这样会更有帮助。首先，自由而不加批判地写作，这样你就会产生很多的词语和想法，不必担心这些内容是否优秀；然后，从头来过，采取一种批判性的心态，彻底修改你所写的东西——留下好内容，扔掉不好的内容，把留下的内容打造得坚实可靠。你会发现，当这两个过程所需要的两种技能——创造性的生产能力和强硬的批判性思维——分开运作时，会绽放出最灿烂的花朵。

第二，假设每个人都有优秀的语言技巧。也就是说，在一定条件下，每个人都可以清晰有力地说话。这些条件通常涉及对你个人来说重要的话题和时刻。其实，每个人都有在重要时刻应对得体的时候，这表明人们具备口头表达的能力。这本书的大多数读者可能都写出过富有力量的文章。作为一名教师，我发现即使是写作能力不强的人，有时也能在纸上滔滔不绝。

然而不用说，大多数作品——实际上是大多数出版的作品都相当糟糕。作品不仅不能让读者清楚地理解其意思，而且所表达的意思通常与作者所想的不同。人们在纸上比在现实生活中看上去更愚蠢，更语无伦次。我发现，当人们知道他们已经掌握了许多他们需要的关键技能时，他们更容易更快地提高写作水平——即使这些技能很难在纸上体现出来。这让我意识到学习写作不像是学习说一种新的语言，而像是学习与一个陌生人说话，或者学习在新情境中说话。

第三，解决写作问题的最优战略决策：一方面，我认为你应该完全掌控自己的写作（拒绝由写作引起的无助感）；另一方面，我认为你应该听从我的指示，因为我有很多不错的建议。我的解决方案是采用一种"食谱"策略。

大多数章节中，你可以在不同的"食谱"中进行选择——针对写作、修改、与读者沟通、获得写作反馈的各类"食谱"，还有用于探索写作中力量奥秘的其他类型"食谱"。我提供了其中的选择，但在任何给定的"食谱"中，我都会毫不犹豫地详细说明你应该遵循的步骤。

我最后的主题是，练习不同的"食谱"，达到使用自如的状态，并且可以进行适当的调整，这样你就可以完全掌控自己的写作。最终，你完成任何特定的写作任务时，能够有很大的选择空间和强大的控制能力。

写作过程的两个步骤

当你意识到写作需要创造力和批判性思维这两种相反的技能时，你就会更理解写作的困难。如果你想富有创造力，想产生很多有趣的新想法，那么这时世界上最糟糕的事情是有人开始对你进行批评。头脑风暴的魅力在于，不允许批评任何想法或建议，无论这个想法看起来多么愚蠢、不切实际或没有用处。只有接纳那些糟糕想法，才能得到好点子，才能在奇奇怪怪的想法中得到富有成效的互动。到最后，你才知道哪些是有价值的想法，哪些是糟糕的想法。同样，如果你想得到实在的批评，发现自己思维中的弱点，那么如果有人出现，为你带来许多新想法，你就会因此受到阻碍。要批判，你就必须怀疑、客观，脱离原文的想法去批判；要想出新的点子，你就必须投入，要有信念。

　　写作很难，这不足为奇。写作技能是按以下模式分布的：一个极端是许多人试图同时具有创造性和批判性，因为陷入这样的困境，所以他们写得拙劣或根本不写；另一个极端是有少数人写得非常好，他们能优雅地拍拍头，同时揉着肚子*，但他们对自己正在做的事情给出了非常矛盾的描述："这都是灵感赋予的！""这都是努力的汗水！""这都源自系统的方法！""这都是魔法，是运气！"正如你所预料的那样，如果人们是在解释他们碰巧学会的一项复杂技能，这就违反了正常的解释模式。至于中间的其他人，那些能写作但写得不怎么样的人，他们写得不是特别好的**原因**是两种写作技能相互作用——只有当批判性思维薄弱时，创造力才会强大，反之亦然。因此，这些普通作者分为两大阵营。要么是创造力赢得了胜利，产生了一些写作内容丰富但不守规则的作者，他们可以写出很多好内容，但却不善于评价、修剪和塑造；要么是批判性思维胜出，促成了谨慎而局促的作者，他们写作有很大困难，因为当他们试图在纸上写下文字时，看到的都是缺点。因此，他们最终得到的是严肃规整、质量上乘的产品，但它又薄又紧，而且代价高昂，还缺乏由不受阻碍的创造力带来的亮点和刺激。

　　但是，你不必屈服于这种创造力与批判性思维的两难境地，屈服于一种力量的支配而失去另一种力量的益处。如果你把写作分为两个阶段，你就可以利用这两种对立的力量。第一阶段，放松并接受你早期快

---

　　*　编者注：通常认为，人很难做到同时上下拍自己的头并揉自己的肚子。

速写作的过程；第二阶段，修改你已经完成的内容时，要坚持批判性。你会发现，这两种技能交替使用并不会相互削弱，反而会相互增强。

矛盾的是，批判性思维其实可以提高你的创造力。因为害怕看起来很傻，所以大多数人不愿创新、创造。毕竟，如果你不先检查你想说的话语和想法而让其脱口而出，那么你可能真的很愚蠢。但是，如果你知道这只是两个阶段中的第一个阶段，你在第二个阶段有更多的批判思维，那么自由写作会让你更有安全感。用直觉写作，孤注一掷，你会更有创造力。

同样，你也可以通过提高创造力来提高批判性的修改技能。真正阻碍大多数人批评自己的写作的是对不得不扔掉**一切**的恐惧。如果我在这个草稿中只有一个半个想法，而我必须在今晚写完，我就不会像以前那样对看到问题持谨慎态度，如果我有十一个有趣的想法，不得不把它们削减到三四个。大多数人一旦有了一个非常好的想法，就会开始塑造和修改他们所写的内容。"是的，就是这样，现在我知道我想说什么了"，这样就太糟糕了。你不应该开始修改，除非你写的好素材比你能用的多（如果你把早期的写作变成一个自由的头脑风暴会议，你很快就能得到素材）。这样一来，你就**必须**具有批判性，为了把你的作品修剪到合适的长度，扔掉真正有价值的内容。

写作中两种重要的相反技能之间的冲突，实际上只是生活中重要的相反性格之间冲突的一个更明显的例子。例如，既具有高度直觉又具有高度组织能力的人是很少见的，大多数人只能具备其中一种，或者两者都平庸。如果你按照这本书的建议，分两个阶段来写作——首先是创造性的，然后是批判性的，你将获得更厉害的技能，在冲突的特性之间来回走动，这样它们就能相互增强，而不是相互争斗。

我说**你**在写作时应该经历两个阶段，并不是说你的每一篇**作品**都要经历两个阶段。如果你让自己在第一阶段自由地写作，那么你**所有**的技能会做好准备，一些段落会在第一次下笔时就出现。例如，当我在写作中越来越有经验时，我发现我的原始写作（第一阶段的写作）虽然变得越来越乱，但有更多分散其中的片段不需要修改，这些内容的质量在逐渐提高。

创造性写作和其他类型

对大多数人而言，"创造性写作"，即诗歌、故事、小说，与"非小说"或"说明性写作"，即论文、报告、备忘录、传记等，感觉非常不同。我不否认这两大写作类别之间有差异，但我会在本书中尽量缩小这一区别。我想强调这样一个事实：一篇好的论文或传记需要的创造力和一首好诗一样多，一首好诗需要的真理和一篇好论文一样多（请参阅第28章"将体验融入说明性写作"，了解更多这方面的内容）。

但是，由于这两种文体用词之间差异较大，人们已经开始强调不同文体在写作过程中的差异。人们倾向于认为，当你写诗和故事时，可以凭直觉发挥，特别是根据一个无意识的重心或一种正确的直觉进行文字的组织、修改。同样，当你创作非虚构或说明性作品时，你应该完全意识到自己在做什么，特别是你应该围绕一个完全有意识的、言简意赅的、可以解决的想法来修改和组织你的作品。

但是，让创造性写作独占直觉的好处，或让非虚构写作独占自觉意识的好处，都不合适。这就是为什么我在写作周期的前半部分强调直觉过程，在后半部分强调自觉意识或批判性鉴赏。

的确，我书中的一些语言似乎更适用于说明性或非虚构类写作，而不是创造性写作——像"找出你的主要观点"或"决定你想说什么"这样的短语。我写说明性文章或非虚构文章的经验比其他任何类型都多，我想我所有的读者都会写这类东西，而其中只有一些人会写诗歌和小说。然而，因为我太强调在写作的过程中运用直觉和跳出想象的方式，所以读者和听众有时会认为我只是在谈论创造性写作。其实在某些章节中，特别是在最后一部分，其中的内容很明显更适用于创造性写作而不是说明性写作。

重要的是，无论你在写什么，你都应该利用直觉和有意控制。有意控制不需要破坏你写诗和写故事时使用的直觉，虽然你可以用批判性思维得出结论，比如你昨晚写的诗组合在一起很美（甚至可能是根据你还说不清楚的规则），但是，无论如何，先将批判性思维放到一边。同样，你今天修改论文时，你的直觉并不会让你的意识变得迟钝，仅仅因为昨天晚上你写了七页不间断的文章，而这些文章来自你自己都不知道的感觉和看法。今天，你可以有意识地、批判性地根据昨晚放弃批判性思维才能获得的见解来构建你的论文。

2　自由写作

　　自由写作是把文字写在纸上最简单的方法，也是我所知道的最全面的写作练习方式。做一个自由写作练习，只要强迫自己连续写10分钟。有时你会写出好文章，但这不是你的目标；有时你会写一堆垃圾，但这也不是目标。或许你沉浸在一个话题中，或许你一直在转换不同的话题，这都没有关系。有时你会很好地记录你的意识流，不过，通常你跟不上它。虽然有时练习能让你加快写作速度，但是速度不是目标。如果你想不出要写什么，那就写下你的感受，或者一遍又一遍地重复"我没什么可写的""胡说八道""不行"。如果你卡在一个句子或想法中，你只需重复最后一个单词或短语，直到出现内容。唯一的关键就是，一直写下去。

　　或者说这是第一个要点。自由写作有很多目的，但是在进行自由写作的时候，如果你接受不断地写作这个唯一、简单、机械的目的，就能满足最大化的需求。用自由写作的方式写出一篇令人叫好的文章并不代表比10分钟反复写一个句子更好。两种自由写作都完成得不错。自由写作的目的在于过程，而不是结果。

　　这里有一个自由写作的例子——这个例子不是由写作老师带领的小组完成的，而是由一位经验丰富的作家带领的小组完成的：

　　　　第二节课没有老师，我很难想象如果没有一个了解一些事情的人在这里会有什么结果——我是说，了解关于写作的一些事情的人。我对写作略有所知，快速写作甚至会使我大鱼际曲线内的肌肉抽筋，因为我握笔太紧了。我知道什么看上去是正确的，当我写得正确或者别人写得正确时，我都看得出来。但是，这是正确的吗？仅仅因为我读到的是正确的，或者别人写的是正确的？如果没有一个知道什么是正确的人在这里纠正我们写的东西，我们怎么能知道谁是真正正确的呢？

"–ite" "–ight" 和 "r's" 的发音，舌尖打转，令人愉悦，我认为擦音是描述写作的正确词汇，用正确的规则，让合适的作者去聆听、裁定。擦音是否必须有 "s's" 声？因为 "r's" 发音速度很快，所以擦音可以合理地没有 "s's" 声。我的抽筋越来越厉害，我记得我父亲从法兰克福寄给我母亲的信中写的全是 "f's"，那时 "f's" 除了我八岁的小儿子所说的 "发誓之王"（King of Swears），还有别的意思。

来自法兰克福的信中写道："亲爱的埃菲，四个愚蠢的家伙因为害怕而跟着我……"，我不能继续下去了。按照我最初的想法，"这听起来不太对"。现在，抽筋拖慢了我的速度还偏离了主题，我希望我们的非领导者能让我们停下来。她喊停了。

医学博士罗素·霍克西（Russell Hoxsie, M.D.）

自由写作的好处

自由写作可以从心理根源或者写作中的基本难点入手，帮助你更轻松地写作：在脑海中找到词语，然后把它们写在一张空白的纸上。也许你将太多的写作时间和精力都花在了**非**写作上——疑惑、担心、画掉、第二种想法、第三种想法、第四种想法。而且很容易写文章写到一半停下来（这就是为什么海明威给自己定了一条规则——永远不要一页没写完就写另一页，除非句子没写完）。频繁的自由写作练习可以帮助你学会简单地**继续下去**，而不是因为担心而退缩，比如担心这些词语是否合适、正确。

因此，自由写作是最好的学习方法。在实践中学习，而不仅仅是在理论中学习，自由写作将创作过程和修改过程分开。练习自由写作迫使你当下不做批判性行为，这样稍后你可以做出更好的批判。

当你坐下来准备写作时，做10分钟自由写作是一个不错的热身方式，这样在执行正式的写作任务时，你就不会浪费太多的时间，也不会为找词而苦苦挣扎。写作总是在开始写作后展开得更为顺畅：现在你可以"开始"已经开始的写作了。

自由写作可以帮助你在你不想写作的时候学会写作。自己设定截止时间去练习，自己掌控进度，逐渐学习如何获得那种特殊的、在压力下快速工作时偶尔会出现的能量。

自由写作教你不假思索地写作。通常我们说话时不需要考虑言语，因为不需要考虑如何在嘴里形成单词，如何发音，以及我们无意识遵守的句法规则，所以我们可以一心一意地关注我们想说的话。但是，写作不是这样，或者至少大多数人会因为拼写、语法、规则、错误而分心。大多数人在写作中都会经历一个尴尬的，有时甚至是瘫痪的**翻译**过程："让我想想，我该怎么说这个。"自由写作可以帮助你**直接**写出来。常规的自由写作有助于使写作过程透明化。

自由写作是一种有效的释放方式。我们的脑袋里有很多东西，比如我们对某人很生气，为某事难过，对一切都很沮丧，甚至是不合时宜的快乐，这些让我们很难清晰地思考及写作。"当我坠入爱河时，我怎么能想着这份报告？"自由写作是释放这些感受的一个快速途径，这样，当你想写别的内容时，这些感受就不会妨碍你。有时候，你把需要告诉某人的一切写在纸上，10分钟后，你的头脑会异常清醒（其实如果你的感觉对你生活的其他方面造成了困扰，那么频繁地自由写作可以帮助你——不仅为这些感觉提供一个合适的舞台，而且把感觉写在纸上可以帮助你更好地理解它们，透彻地看待它们）。

自由写作可以帮助你思考要写的主题。只要坚持写作，跟随线索的指引，你就会得到你需要写的一些想法、体验、感觉、人物。

最后，也许这也是最重要的，自由写作可以提高你的写作水平。它本身并不能创造有影响力的作品，但它会指引你写出有影响力的作品。这是一个神秘的过程。当人们谈论这个禅那个禅的时候，我想他们指的是在集中你的能量的同时，把你有意识的自我控制放在一边，从而给你带来力量和洞察力的特殊增长。自由写作在这种专注但不费力的特殊模式下进行实践，它能帮助你避开障碍，让你按照词语本身或思想的顺序来选择词语，而不是通过自我意识。通过这种方式，自由写作会逐渐在你的写作中产生更深的影响。

但是，自由写作也会立刻给你的写作带来一种表面上读起来连贯的感觉。如果你写得很快，你就不会写得语无伦次。你可能会违反正确的规则，你可能会犯逻辑错误，你可能会写得很愚蠢，你可能会在说出任何有意义的话之前就改变方向。也就是说，你可能会说："我和她，我们去了那里，看到了那些人，但是这让我想起了我昨天想的事，哦天哪，我真正想说的是什么？"但你不会产生句法混乱——读完自己写的内容后发现语言乱七八糟，担心自己是不是有什么问题。

然而，如果仔细看看你实际上是如何制造出这种语言困境的，你就不会害怕。如果用旁观者的角色看自己，你会看到自己开始了四五次，然后每次开了头就把这些句子丢到一边，从而让头脑变得越来越混乱；你终于开始了，但在句子中途停下来，想了想你是否走错了方向，从而丢失了你的句法线索。你会看到自己又开始用一个稍微不同的句法写作，然后注意到一些真正错误的地方，修正它，再次失去线索。所以，当你最终结束自己的句子时，你实际上是在写一个不同于你之前写的句子的结论。所以，最终的句子，不管是否正确，都是难以置信的尴尬，实际上它是由三个不同的句法组成的片段，是用线捆绑在一起的头脑中的句子。然而，当你写得很快的时候，比如自由写作，你的句法单位是连在一起的。即使你在句子中改变了主意，如上所述，你的中断也很清晰。你不需要像仔细写作时那样，把两个或三个句法单位拼凑成一个。自由写作产生的句法连贯性和言语能量应当逐渐转移到你更仔细的写作中。

如何自由写作

如果你认为自由写作是一种锻炼，可以帮助你长期成长，而不是在短期内让你的写作变得优秀，那么有时候你就可以使用自由写作写出一些好作品。但是，如果你为了写出好文章而陷入自由写作，你就会在这个过程中承受一种短期的功利压力，从而妨碍自己获得其他好处。

我想如果你在写完之后再去读，最好是大声读出来，或者让别人读，会有一些额外的好处。这可以帮助你更好地把你内在可用的能量有意识地整合到你的思想中。但是，不要接受任何形式的批评或评论。

如果阅读自己的自由写作作品或把它给别人读会阻碍你未来的自由写作——这很有可能，那么最好把它扔掉或藏在某个地方不去读它。读它可能会让你太难为情，或让你觉得"咦，这是什么垃圾？"或"哦，天啊！发生了什么，我怎么会如此鬼迷心窍？！"。随着你自由写作作品的增多，这样的想法会让你开始检查并删改自己的作品。不要阅读你的自由写作，除非你能以一种友好的自我欢迎的精神这样做。我曾经着迷于我的自由写作作品,保存它们并定期阅读它们。现在我就会把它们扔掉。

抵抗的直觉

我还记得自己为某篇文章的某一部分感到苦恼,我希望能够发表这篇文章。尽管我似乎一直在挣扎,但这仍然不能让我的想法明确。我头脑混乱,语无伦次。最后我终于流利地将我的想法说出口,我松了一口气。两天来,我一直说不出我想要什么,现在我就能说出来了。但是,当我在一两天后读整篇文章时,我注意到这一段特别枯燥,很无力,就像关掉阀门后的消防水管。

这验证了一种我相信的神话,但我并不知道如何将它融入其他我对写作的信仰中:写作是为了克服某种阻力——你想把一只犍牛摔到地上,想把一条蛇摔进瓶子里,想战胜坐在你头脑里的恶魔。要想成功地写作或讲道理,就必须压倒那头牛,那条蛇,那个恶魔。

但是,如果你在写作的过程中真的累坏了,那你就有麻烦了。是的,现在你有了控制它的力量,你可以说你想说的话,但在把这种抵抗力量变成软弱无力的面条的过程中,你不知怎的也把你的话变成了软弱无力的面条。在某种程度上,和你斗争的力量也是赋予你文字生命的力量。你必须制服那头牛、那条蛇、那个恶魔,而不是杀死它。

这个神话解释了为什么有些人文章写得很清楚流利,读起来却非常无聊,虽然他们用恰当无误的语言表达了自己的意思。他们的语言中没有任何反抗、固执和惊喜,这种语言太顺从了,你感觉不到任何力量被制服。另外,当作品真的很优秀时,文字本身会给作者带来一些能量,作者会控制自己的文字,力避被抓伤或咬伤的危险。

这就解释了为什么有时候一个结结巴巴、语无伦次的作家比一个语言流利、总能随心所欲地写东西的人更容易写出强有力的文字。想象一下他们两个，一个像是不均匀的、卷曲的、尖锐的笔迹；另一个像是圆的、柔和的、均匀的笔迹。当我让这两个人自由写作时，不连贯与杂乱的笔迹往往会立刻变得生动、有力。另外，柔和的笔迹只是继续写它一直在写的内容——清晰而完全服从作者意图的语言，毫无生气。这个顺服的作家要花更多的时间才能获得力量，而笔迹缭乱的作家要花更多的时间才能获得控制文字的能力。

这个瑟瑟缩缩的作家如此语无伦次、讨厌写作，是因为他被牛、蛇、恶魔辖制，他不能在写作的时候掌控大局，也不能在写作的时候时刻做出那些细小的决定。当我强迫他做自由写作练习时，或者他强迫自己做练习时，他终于把文字写在了纸上。当然，他还没有完全掌握主动权。他并不是一下子就能做出写作所需的所有细微决定的人。虽然他把文字写在纸上，但很多决定仍然是由文字自己做出的。因此，他在写作中经常迸发出力量，但几乎没有控制力。

另外，语言流利的作家善于在写作中迅速做出决定，他们善于指导和管理，但即使他写得很快，他的作品也仍然缺乏来自抵抗力量的生命力。

自由写作的目标并不是绝对的清晰流畅。如果你是一个写作受阻的人，自由写作将帮助你克服阻力，让你逐渐走向更流畅和更有控制力的道路（虽然走这条路会有很多让你感到完全失控的时候）。但是，如果你是一个控制力很强的作家，可以写任何你想写的东西，但是文字缺乏力量，自由写作会逐渐复活那个你已经杀死了的牛、蛇和恶魔。经常强迫自己不停顿地写作10分钟会给你的语言带来更多的**阻力**。当你试着把黏土捏成碗时，黏土会在你手中与你做斗争，但最终成型的碗会更栩栩如生、更富有力量。

3 分享作品

我脑海中的对话：

"交出来。"

"不交。"

"如果你想写作，你就必须交出来。"

"我不想交。我可以借出去，或者藏起来，或者干脆卖掉。如果有人保证会喜欢它，

或者承诺忍受痛苦，我会把它交给他们，但我不会轻易交出来。"

和学生的对话：

我："写得很棒。你真的在用眼睛观察你所描述的事物。"

学生："我过去不尊重作家。我以为他们只是那些轻易就把东西写下来的人。我没想到写作需要勇气，需要付出这么多。我不喜欢这样。"

写作的核心是**给予**。这里面有一种无法平息、无法简化的东西——你因为想让某人拥有某物而把它交给她，不求回报。假设这是你给她的一份礼物——写作一直是这样，你要冒着她不喜欢甚至不接受的风险。如果你对给予这件事感到狂热，那么它是罕见而特别的，但它只是一种自然、自发的人类冲动。

奇怪的是，在大多数的写作指导中，给予这个核心行为被忽视

了。否则，人们会分享他们的作品——只是为了共同的快乐而把它给另一个人阅读，就像他们把它交给老师评价一样频繁。然而，对于大多数人来说，他们很少分享他们写的东西。

让我感到尴尬的是，我花了这么长时间才明白分享的重要性，甚至才意识到它，我明白了除了获得反馈，我还可以用一篇文章做其他一些有用的事情，也就是把它交出来——为了我给予的快乐和他们阅读的快乐。我想，之所以花了这么长时间，主要是因为我是一名英语教师，而我注意到分享的原因是我开始成为一名作家。作家更倾向于把写作理解为给予：“在这里，拿着它，享用它，感谢我。如果你愿意，可以付我报酬。但是，我现在对评价或批评不感兴趣。”另外，英语教师通常想不出怎样对待一些作品和写作，除了给予一种批评和另一种批评——对伟大文学作品的高度批评，还有对学生写作作品的低度批评。我想这就是英语教师很少写作的原因。

在我意识到把作品交出去的重要性之前，我必须先满足两个迫切需求：一个是对写作的**安全感**的需求，也就是说，在不给任何读者阅读的情况下，找到更多的写作方法。另一个是对写作中更多关于**经验主义**的需求，也就是说，要找到更多的方法来了解真正的读者发生了什么变化，而不是仅仅从权威人士那里得到评价和建议。在这两个需求得到满足之后，我终于可以体会到更深层次的分享作品的需求。

许多写得不好的作品，更多的是由于作者内心深处没有真正同意**赋予**作品意义，而不是因为她可能缺乏技巧。同样的一个人，只要她绝不退缩，不轻易屈服，完全放开自己，她的作品就能拥有相当大的力量和娴熟的技巧。当我回想起我写过的很多作品时——尤其是在大学和研究生院写的作品，我能更清楚地理解在给予方面写作发生了什么。当时，我只是觉得自己在努力尝试写好——而且大多没有成功。教师们可以看出我很努力—— 一位教师是这么说的，他们也可以看出我有一些有趣的见解，我试图与他们交流，但他们和我都不明白为什么我总是说不清楚自己想说的话。我记得一个教师说："为什么要把它复杂化呢？为什么不把你最初的想法写下来呢？"但在我看来，我并没有使事情复杂化。然而，现在，我可以看到，事实上，我可以回想起来，我几乎可以感觉到，我的写作确实是一种复杂过程的产物——我表面上渴望成为一名好学生，但内心不愿意将自己**交出来**，这两者之间的一场拉力过程。这种矛盾的心理使我在把拙劣的文字和思想在纸上写出来前受尽磨难。在我试着写几篇文章发表之前，我的写作还没有逃离这个迷宫。我不再不愿意给我的读者阅读，事实上，驱使我的是一种相当强烈的欲望——不管他们愿不愿意，我都要让他们接受。

　　分享有很多种方式，但是除非你有一个专门的舞台（或者有可以很容易发表你写的东西的方式，因为分享确实是一种发表的方式），否则分享需要勇气和自信。这句话的意思是，你走到某人面前说："我能把我写的东西念给你听吗？我不想得到反馈。我只是想让你听听。"有时候不管你们之间的友情有多牢固，这都并不容易。也许你忘了把它包含在婚姻誓言中："爱它，尊重它，真诚地倾听所有的作品。"如果你能定期与三人及以上的小组开展以分享为目的的见面会，那么分享就很容易。分享是一种庆祝。你会发现这是一种巨大的解脱，习惯分享以后，你就不用再担心他们的反应，考虑他们的反馈。当然，你也会有一些偶然的自发反应，比如在做诗歌朗诵或表演时：一段文字会引起笑声；另一段会引起沉默；如果你的作品有很多晦涩难懂的文字，别人会打呵欠。但是，反应并不是重点，关键是你说出来了。这为你打开了一扇门，在某种程度上帮助你想出更多要写的东西。

　　分享也可以是向远方的朋友发送副本，但面对面交流并大声朗读你所写的东西有一种特殊的力量。你可能会觉得大声朗读很可怕，但这很重要。因为写作和说话之间有一种深刻而本质的关系。它虽然复杂而神秘，但有一件事是明确的：要想写得清晰而有力量，你必须对自己的文字负全责——不要拐弯抹角、有所保留、模棱两可。大声朗读你的文字是一种生动的外在行为，它增强了你对自己文字的责任感。这就是为什么誓言和承诺必须大声说出，才能发挥最好的作用。如果你只在纸上默默地做记号，喉咙不发出声音，你就可以保留一些自我，可以在背后默默祈祷。

大声朗读你的文字很可怕，许多人总是读得含糊不清，读得太轻或太快。我们不愿这样明目张胆地炫耀我们的作品，但这正是最有效的方法。因此，当你分享你的作品时，如果你的听众不能舒服地倾听、理解你的话，你要允许他们打断你、对你诉说，允许他们让你**交出**文字。大声朗读你的文字就是做俯卧撑，这是为了锻炼你负责文字的特定"肌肉"。

以下是分享作品的一些额外好处。分享是一种学习写作的简单方法。你听说有人每周或者每两周朗读一篇文章，这个人并不比你优秀，但她写出了一篇很棒的文章，用的都是你和她一直在纠结的老材料。有时候，你从分享中学到的关于如何提高自己写作水平的知识，比你从清晰的错误解析和如何改正的好建议中学到的还要多，比你从关于好作品的七个要点的鼓舞人心的讲座中学到的还要多。你也没必要说出来。你只是在用耳朵听和学习。有关语调和声音的问题尤其难以谈论或传授。最好的学习方法是听你喜欢的内容，模仿它；听你不喜欢的内容，删除它。

有时候你从作品分享中获得益处的可行性比其他方式都强。因为一直阻碍你写作的是你内心深处的感觉——你感觉自己不可能写一些真正影响别人的文章。但是随后，你这样的人写了一个很优秀的段落。它并不是令人难以置信得精彩，真正的特别之处在于它的可信度——虽然它与其他平凡普通的段落混合在一起，甚至还有一些明显的弱点，但它很不错，这个段落让你积极地渴望听到更多，让你希望这是自己写的，最后还让你意识到你**可以**写它。我喜欢这种直言不讳的感觉，有一次我私下听到有人这样说："如果那个**书呆子**都能写出这样的东西，那我也能！"

分享是给予和获得反馈的完美练习。读者很难给出好的反馈的一个主要原因是，他们太在乎该给出什么反馈了，他们不能真正地倾听或集中注意力在内容上。但是，分享可以让读者无痛练习，让他们只需要倾听并享受他们所听到的，让他们逐渐学会对自己的反馈有信心。

作者很难从反馈中获益的一个主要原因是，他们把作品交给读者时太紧张了，所以他们无法真正听到反馈或接收到他们得到的反馈。但是，分享不会增加处理反馈的负担，帮助他们交出作品——交出作品本身已经够可怕了（我怀疑，即使你独自一人在房间里写作，不感到害怕，你大声朗读自己文字的可怕经历也会阻碍写作）。

但是，如果我过于严肃地谈论恐惧、学习和为自己的文字负责，我就会掩盖分享的主要意义——分享本质上是一种社交和享受。它的作用是缓解孤独和写作的辛苦。人们通过分享开始了解彼此以及他们的写作方式。

你可能会说："噢，天哪，也许分享组的听众会**喜欢**一些不那么优秀的作品。"如果这让你担心，你最好小心，因为它确实会发生。但是，我想到我两岁的儿子班吉（Benjy），他说"seep"表示**睡眠**（**sleep**），"pill"表示**溢出（spill）**等，这些情况大多数听众会难以理解。我理解他是因为我经常听到他的声音，因此我**通过**他外在的语言听出他背后的含义和意图。在我儿子学习与人交流的过程中，有一个听众，能让他的语言发挥作用，这无疑是一种帮助，而不是阻碍。

为了提高写作水平，你至少需要与一些读者结为同盟，让他们在交流过程中完全与你**合作**。当你把土豆递给他们时，他们不会只是坐在那里，看着你拿着装土豆的碗，做出一副"如果我想要土豆的话，我会**向你要**的"的表情。他们会接过碗感谢你。

这一章和前一章是这本书较短的两章。它们之所以简短，是因为它们所描述的程序非常简单。但是，我相信，通过自由写作和分享作品，会比通过本书中描述的其他行为方式更能提高写作水平。

我脑海中的对话

"你希望读者绞尽脑汁地理解你在说什么吗？"

"太对了！我挣扎了很久才弄明白自己要说什么。为什么他不需要挣扎？此外，如果他轻轻松松就理解了我的作品，那么他也不会欣赏这个作品。"

4　直接写作——让文字跃然纸上

如果你时间不多，或者关于某个题目有太多想说的，那么直接写作就是最有效的办法。这是一种为完成任务的写作过程，是我认为比较适用于撰写备忘录、报告、复杂的信件或没有太多新想法的文章的写作。如果你没有写作经验或对写作感到紧张，这也是一个简单的好方法，而且不会像我在第二部分中所描述的方法那样，在纸上写些东拉西扯的句子。

不幸的是，直接写作最常用于意料之外的情况：时间有限，而你必须写一些你**不**了解的东西。陷入这种困境时，直接写作不一定能写出令人满意的作品，但这是我所知道的最佳方法。

直接写作的过程很简单。把你的有效时间分成两半，前半部分时间用于快速写作，不用管结构、语言、正确性和精确度，后半部分时间用来修改内容。

如果有读者要阅读，首先要仔细考虑读者的感受以及写作的目的，这样做可以帮助你弄清楚自己到底要说什么。但是，如果不需要考虑以上情况，就把这两者放在一边，你会发现在写作过程的早期阶段，忽略读者的感受和写作目的会得到一些好处（关于如何与读者打好交道，请参阅第四部分）。

无论如何，在前半部分时间，你需要写下所有你能想到的属于写作任务或者与写作任务相关的内容——写故事时头脑中的情节、写诗歌时脑海中的画面、写文章时心里的想法和事实。快速地记下这些，不要浪费任何时间或精力在如何组织结构、怎样开始、如何分段、如何措辞、拼写是否正确、语法是否正确或其他任何表达方法或与效果相关的事上，只是快速地记下事情。如果找不到合适的词语，就空在那里。如果不能用你想要的表达方式表达出来，就先用错误的方式表达出来（在错误的地方画一条波浪线来提醒自己，会让你感觉更安心）。[*]

　　我并不是说写作中不能停顿。我们没必要让写作变成一个疯狂的过程。有时暂停一下，对于让你的头脑重新回想起一些你遗忘的有意义的想法是非常有益的。但是，不要停下来去担心、批评或纠正已经写过的东西。

　　在进行这种杂乱无章的写作时，不要太离题。跟着手中的笔走，但当你突然意识到，"嘿，这与我想写的没有任何关系"时，请停下来，放下整个事情，跳过一两行，让自己回到与标题或者主题相关的某个方面。

　　同样，不要有太多的重复。当你写得很快的时候，有时你会发现自己又回到了已经写过的事情上。也许你第二次或第三次写得更好，或者进入更适合的语境里，但是如果你意识到自己在重复以前写过的内容，就停下来，继续写与主题相关的其他内容。

　　当你试图快速记录下脑海里的一连串想法的时候，经常有新的想法或与之无关的想法出现在脑海中，而你正好在思路中间。两三种新想法不时涌上心头，这可能会让你困惑：你不想打断你正在写的事，但你担心如果不把这些想法写下来就会忘记它们。我认为快把它们记下来大有裨益。这些新想法一出现，我无论写到哪里，都马上停下来，草草

---

　　[*] 节选自一封我收到的针对早期草稿的反馈信："我尝试了直接写作的过程。虽然听起来很简单，但现在回看过去，我经常在拼写、标点等方面花费过多的时间，而中断了写作。我会花几个小时来写一段开头的文字，很多时间胶着在词语上。如果这个写作有截止时间，我就必须在有限的时间内匆匆完成剩下的部分。"乔安妮·特平，1978年7月24日。

写下几个单词或短语作为提醒，然后继续我的写作。有时候我会把提醒记在另一张纸上。当我用打字机写作时，我通常只是在句子中间用双括号 **（（像这样））** 加上大写字母用于提示，或者干脆重起一行，

像这样

然后另起一行继续之前的思路。但是，有时候这个突兀的想法感觉很重要，或者说是灵光一现，我就想马上着手处理它，这样就不会漏掉它。如果是这样，我就会放弃正在进行的思路，开始着手处理新的想法。因为我已经写了最初想法的一部分，所以我以后可以重新回到这个想法中去。这里重要的一点是，你前半部分时间写作的产出，在没有任何损伤的情况下非常碎片化，而且不连贯。

我发现有关写作实践过程的一个很重要的小细节。因为我逐渐意识到，当我改变主意时，我并没有停下来画掉我刚写的东西，而是把它放在那里，另起一行写下新单词或短语，所以我的页面上可能有很多像这样的段落：

我的许多页面

不过，我不是说你应该停下来重写每一段，直到你满意
为止。

这种外观。

这涉及培养提高对错误的容忍度的能力。如果你发现自己每次改变主意时，都把纸揉成一团，然后扔掉它，重新开始写一张，那么你实际上是在说："我必须销毁所有错误的证据。"有些人热衷于潦草地涂掉每一个错误，甚至连"y"的尾部都看不出来，这还不算极端。停下来画掉错误不仅浪费精神能量，还分散你的注意力，使你不能把注意力完全集中在想说的话上。

更重要的是，我发现不画掉错误使修改更为容易。我画掉所有的

错误后写成了一份草稿。然而这个草稿是一个完整的整体，难以修改。但是，当我把我的第一个选择和第二、第三个选择留在页面上时，我就没有草稿了，只有一系列的材料。通常，将一系列材料组合成有用的内容，比**打乱**一份草稿再重新拟一份更好的草稿更容易。事实证明，我可以仔细研究那堆材料，删掉一些单词和段落，重新排列一些片段，最终得到一些相当有用的内容。回想起来，我常常发现我最初的"错误短语"确实比我用来替代它的词更好、更生动，或更接近我最终想说的。

★　★　★

如果你只有半个小时的时间写一份备忘录，那么现在你需要强迫自己在15分钟内把你所想到的关于这个备忘录的所有直觉、见解和思路都记下来。如果你今晚必须写一份实质性的报告或论文，现在已经是晚上10点半了，你已经用了两到两个半小时尽可能多地写下来，还剩两个多小时的时间来完成这件事，那么你现在必须停止写你的原始素材，即使你没有写出足够的东西，或者还没有弄清楚自己到底想说什么，并为此感到沮丧。如果你一开始没有真正地理解你的主题，那么你肯定不会对现在这一团乱麻感到满意。你只需要接受这样一个事实：如果你昨天就开始工作的话，你今天的成果与昨天相比当然会显得更差。但是，现在你得明白，更重要的是，如果你为了原始素材写作而占用修改时间，那么你会做得更差。此外，在修改过程中，你有机会弄清楚你想说什么，所有这些成分加起来是什么，并补充一些缺失的部分。值得注意的是，我在这本书中所说的修改，不仅仅指的是整理句子，还有一些更有价值的东西。

所以，如果你的总时间已经过半，不管你有多沮丧，现在就停止吧，进行到下一步修改的过程。这意味着进入了另一种完全不同的意识状态。你必须把自己从一个思维敏捷、思想松散的人变成一个冷酷无情、意志坚强、逻辑严谨的编辑。由于你是在时间压力下工作，所以你可能会使用快速修改或剪切粘贴修改（见第5章和第14章）。

★ ★ ★

　　如果你写作特别困难的话，直接写作和快速修改是一个很好的开始，可以证明自己**有能力**迅速地把东西写出来，并且让人接受。虽然结果可能不是你的最佳成果，但是这个方法有效，能够让你达成目的。一旦证明自己能完成这项工作，你就会更乐意使用其他方法将文字写在纸上进行修改，这个过程对你的时间、精力和情感要求更高。如果写作是一个巨大的斗争，那么你或许已经陷入太多的混乱，多次失去平衡。直接写作是一种以非常可控的方式限制混乱数量的方法。

　　从实用写作的角度来解释直接写作过程最容易——你很急迫，你知道自己大概想说什么，你不需要太多的创造力或才华。但是，我需要强调的是，直接写作适用于非常重要的作品和毫无头绪的作品。而且有一个条件至关重要：你必须相信一旦开始写作，你就会有很多话说（否则，请使用第二部分中描述的开放式写作或循环写作过程）。

　　举个例子，我写这本书的很多部分时，思绪并不清晰，也没办法理清思绪，没办法逼迫自己拟出大纲，而且我很在意结果。但是，我知道有很多**东西**在我的脑海里盘旋，在准备被我写在纸上。我采取的方式是直接写下来，只是把想到的一切都写下来，然后继续修改。

　　但是，如果你想用直接写作的方法来完成重要的写作，你需要有充分的时间。也许你没办法马上写出自己想写的文字，这些文字只需要快速修改就能完成。也许你需要彻底地修改或根据反馈修改（见第三部分）。对于重要的写作，我总是花更多的时间修改，而不是花更多的时间写下自己的初步思路。

直接写作的主要步骤

• 如果你的写作有截止期限，把你可用的总时间分为两部分：一半用于原始写作，一半用于修改。

• 写作过程中记住读者的意愿和写作目的，如果忽略这些有助于你的原始写作，那么就忽略它们。

• 尽可能快地写下你能想到的与主题有关的一切文字。

• 不要重复、偏题或者离题。不要担心自己写的东西的顺序、措辞，或是画掉你认为错误的东西。

• 时间过去一半的时候，如果你还没有完成原始写作，那么一定要停下来，换成修改模式。

• 在素材丰富或者完成时间紧迫的情况下，直接写作是最有效的方式。

5　快速修改

快速修改的重点是得到一个干净、清晰、专业的终稿，不需要花太多的时间，不需要大量的反思和重组。这是一个清洁抛光的行动，不是一个成长转变的行动。你需要特地避开更深层次的组织问题，避开重新构想。

实施快速修改的最佳时机是在结果无关紧要的时候。你或许不是在准备一个最终的成品，而是想写一份草稿给朋友阅读。文章必须清晰易读，如果可能的话，甚至要能提供阅读的乐趣。但是，这不一定是你最好的作品，也不一定是你最后的想法。也许这是一个供讨论的草稿，也许这只是一个让人们了解你对某件事的想法的机会，就像你在给他们写信一样。或者你只是在为自己写作，但你想整理自己的草稿，这样当你再次回顾草稿时阅读更方便、更有成效。

但是，不幸的是，实施快速修改还有另外一种情况，这是你最有可能使用它的情况——在一个**非常**重要的场合，作品**必须**写给一位很重要的读者，而你的时间不多。在剩下的时间里，你没有时间重新审视、思考，以及完全重写你的原始写作。现在也许你在捶打自己，是你的过错导致时间不够。也许这是难以预料的情况，无论如何，你陷入了困境。现在是晚上10点半，你只有10页杂乱无章的想法，而明天早上你需要一份出色的、精雕细琢的、完整的报告，你非常在意读者对它的反应。在这种情况下，你必须克服焦虑情绪和应对时间不足的情况，你需要进行快速修改的训练。因为我想强调实弹作战条件下的体验，所以我在这里描述为你好像正在为明早一位重要的读者准备一篇重要的文章（如果这是一项小工作，比如在30分钟内写下备忘录，你就不会完成我下面描述的所有步骤。在写完15分钟的初稿后，你站起来舒展筋骨，剩下的时间用新的眼光审视你所写的内容，弄清楚你真正想说的是什么，然后写下终稿，终稿也许保留了大部分初稿内容）。

快速修改简单且工作量少，需要你有正确的心态——高效和客观。一定程度的残忍是最佳状态。不要否决一切："天哪，太**糟糕**了，我得改变**一切**。"而是淡漠地认为："是的，确实存在一些问题。希望我能重新开始，做好这件事，但现在没别的办法，我得在这个基础上呈现出最好的一面。"如果你太担心自己写的内容或者太投入其中，你就得加班加点才能拥有正确的心态，你需要站在旁观者的角度去看待问题。

首先，如果这篇文章是写给一个读者的，想想这个读者是谁，你写这篇文章的目的是什么。在创作阶段，你可以把所有关于读者和写作目的的想法都放在一边（如果这样能有助于你的思考和写作），但现在，你在做修改方面的重要决定时，必须考虑你的读者和写作目的。修改的时候，试着先考虑你的读者的感受。写一篇总体上不错的文章是没用的——不管这意味着什么。你需要一些对你的读者和写作目的有益的东西（有关这方面的更多信息，请参见第四部分，特别是第18章）。

接下来，通读你全部的原始作品，寻找写得不错的段落。当我这样做的时候，我只是在页边空白处画一条线。不要担心选择它们的标准，凭直觉就好。如果这句话或这段话符合写作目的，或者对读者来说很重要，那就做个标记。

下一步，找出你的中心思想，并按最佳顺序排列你最好的部分。如果你能先弄清楚中心思想，那就最容易了。这就给了你一个杠杆，可以计算出段落的排列顺序。但是，有时你的中心思想藏了起来，也就是在这篇文章中你真正想**说**的事情、总结一切的观点藏了起来。你所有的写作都是围绕着一个你还不能完全弄清楚的中心思想。在这样的困境中，请继续为你的好文章制定最佳顺序。优先级的排序过程通常会将你的中心思想从隐藏中找出来。

如果你的作品短小精悍，你可以在优秀部分旁边的空白处写上数字，以正确排序。但是，如果你的作品冗长复杂，你就需要先做一个大纲，然后才能真正制定出最佳顺序。制作大纲由完整的观点和动词组成，也就是**思想**，而不仅是**范围**。这样最有帮助。

当然，你制定出这个顺序或大纲时，你会想到一些遗漏的东西，你的终稿中应该出现的想法或问题还没有写在原始草稿中。你现在可以分别用一句话指出它们。

如果经过这一切后，也就是你找到所有观点并按正确顺序排列之后，你仍然缺乏把这**一切**连接为一体的最重要的思想主张；或者说如果你已经连接起了所有材料，但是找不出把它们联系在一起的唯一想法。这些情况时不时会发生，你只需要继续做下去，在截止日期前完成作品。你的中心思想或者文章的重心很有可能会在后面出现，即使没有出现，你也有其他选择。

下一步是写出整个作品的纯净版非终稿，不包括最开始的部分。也就是说，不要现在就写你的第一段或第一节，除非这对你来说很轻松。等你有了主体的草稿，再决定如何写引言或者考虑是否**需要**引言。因为在你清楚地知道你在介绍什么之前，你没法清晰又自在地介绍这部分内容，所以从你的第一个明确的观点开始写这个草稿。如果第一点意料之外地引起了"如何开始"的困惑，那么就从第二点或第三点开始。

也许你可以原封不动地使用写得好的段落，复制或剪切，只需要写过渡语句，从一段话过渡到另一段话。也许一部分内容你几乎需要重写，但你可以写得很快，因为你脑海里有所有的观点和顺序。如果你想做出清晰明确的陈述，唯一的主要思想就是将这些内容结合在一起。

如果你还不知道你唯一的中心思想，写草稿的时候就有一个非常好的机会。写作过程中，把真实的部分写给真实的读者常常会驱使你说："我真正想让你明白的是……"**这**就是你的中心思想。这种情况尤其可能发生在文章的结尾，也就是你试图总结事情或者说明为什么所有这些内容都重要或者有意义的时候。如果你的中心思想以这种方式出现，来得太晚，那么你可能不得不回到前面，对你的结构进行一些调整。你写的最后一段话，你最后用最少的词准确说出你的意思时，就是你第一段所需要的（也许**要**稍做调整），这是很常见的。

少数情况下，你仍然无法捕捉到中心思想。你知道这是一连串的思路，你知道你在说什么，但你不能用一句话来概括。你被困住了，现在你必须做出一些选择。你可以直接承认你还没有集中注意力开始或结束你的作品。当你为自己而写时，这通常是最有用的策略（事实上，有时尽可能准确地陈述你的困境，有助于解决问题）。或者，你也可以只是提出你的思路，而不需要对任何一个主要观点做出陈述。或者你也可以用一个含糊不清的、胡说八道的假总结给读者一种浑然一体的感觉。但是，这很危险。如果读者发现你糊弄他，他会生气，或者轻视你。即使他没有意识到你在做什么，他也会很容易生气。对于读者和这种情况而言，一个真正统一集中的文章结尾是很重要的。那么除了进行彻底手术，你没有什么可以做的了。在你的写作中找到最好的想法，并把它作为你的中心思想。整理和它搭配的内容，把其他内容都扔掉。这通常很痛苦，因为这意味着扔掉一些你最好的片段。

现在你已经有了一个草稿，并且清楚地陈述了中心思想。最后，你可以写出你需要的介绍性段落或篇章。几乎可以肯定的是，你需要清晰传递给读者你的主要观点——你将要说些什么。如果你一直是在紧迫的截止日期的压力下写作，你的终稿就会存在一定问题，因此现在不是采取投机策略的时候，也不是让读者一无所知的时候。当你能把所有事情都做好的时候，你就会变得敏锐。

这也是确保你有一个令人满意的结论的时候——文章最终以精确和复杂的方式总结了你所说的一切，而这只有当读者已经阅读并理解了所有细节后才有可能理解。例如，对于大多数读者来说，你必须以一个易于理解的一般性陈述开始一篇文章，例如"我想解释一下原子弹是如何工作的"。但是在最后，你可以更快更准确地总结你的观点："简而言之，$E = mc^2$。"

现在你已经有了一份草稿，很可能和你最终的版本很接近。下一步是由作者意识向读者意识转变。因为在写草稿的时候，你就像一个作者—— 一个最终弄清楚自己心思并试图将其写在纸上的人，这显而易见。现在你应该作为一个**读者**通读这份草稿。最好的方法是大声**读出**你的草稿——你不需要去寻找草稿中不清晰、尴尬或缺乏生命力的地方，你会**听到**的。如果你在办公室、图书馆或其他不适合发表演说的地方，你可以像在讲话一样默念或低声宣读草稿，这也能使你得到差不多的益处。如果你同时用你的手指堵住耳朵，你可以听到你清晰响亮的说话声。正是**听到**自己的话，让你从作家意识中解脱出来，进入读者意识。

最后，要避免语法和用法上的错误（有关该过程的更多信息，请参见第15章）。

在某些情况下，一些人能够在确定了其主要思想，列出或概述他们作品的最好部分后，将这些零碎的步骤组合在一起形成最终完整的副本。但是，这意味着你努力写出清晰语言的同时，需要注意拼写、语法和用法——同时把注意力集中在看得见和看不见的地方。除非你是一个写作非常流畅、善于润色的作家，否则这不是一件明智而富有成效的事情。大多数人，包括我自己，都是等到最后才担心语法和用法上的错误，以此来节省时间。

即使你是给朋友写非正式的邮件，你也要注意改正这些错误。你的朋友可能会说："哦，谁会在乎这些琐碎细节是不是正确的！"但是事实上，大多数人都有偏见，即使是无意识的，也会反感这样有缺陷的作品。他们更倾向于以高人一等的态度对待你的写作，或者不太认真地对待你的写作，或者因为写作技巧的失误，拒绝去体验你所说的内容。

* * *

在思考快速修改的整个过程时，你应该意识到最重要工作的是**删减**。学会忽略那些不是很好的事情或者很容易做好的事情；学会从删减中获得快乐；学会撤退、减少损失、做个胆小鬼；学会说："是的，我非常在意这个段落，我非常投入地写这个段落，但正是这个原因，我不能让它正确地发挥作用。扔掉吧！"当然，如果你写文章是为了非正式地与朋友分享或为自己保存，你就不必如此无情地删除。你可以保留那些感觉很重要但不太有用的部分或不太适合的部分。你的作品可以在组织上或概念上变得有趣而混乱，**只要措辞和句子不混乱**就行。只要你的句子和段落清晰易懂，朋友们都愿意去思考你还没有完全消化的想法。

当你有**大量**的修改时间时，你往往会完成比你预期的更长的内容。内容会自发生长，你有时间整合它的生长。但是，快速修改通常会产生比你预期的更短的内容。读完这篇文章，读者可能会有些吃惊："已经完成了？这看起来有点儿不够。不过，一切都做得很好。事实上，还不算太糟。"与其让读者陷入一团乱麻，从而不再集中注意力，甚至停止阅读，还不如让读者稍微失望一下。

最后，快速修改的关键是要有正确的态度。像你那位活泼、和善的英国阿姨那样吧，这个阿姨也是位护士："好了，别担心，我知道这简直一团乱。但是，我们会马上把它整理一番，让它看起来像样。宝贝儿，这不是一件艺术品，但它会看起来不错。"

快速修改的主要步骤

·试着走出自己的圈子，进入一种务实、超然的精神状态，着重于删减。

·记住你的读者和目的。

·标记优秀段落。

·找出主要观点。

·把优秀段落按顺序排列。可以的话拟个大纲。

·添加缺失的部分。

·写一份不包括开头部分的草稿。

·写开头部分，确保你有一个合适的结论。

·通过删减使文章紧凑而清晰。大声朗读草稿，从一个读者的角度进行体验。

·避免语法和用法上的错误。

6 危险办法——第一次就写正确

在写作过程中，除了复杂的最后两章内容，尝试在第一次就把文章写好，这非常具有吸引力。你不需要把初稿弄得一团糟，你不需要在毫无头绪的情况下暗中摸索，你不需要进行大量的修改，只需在最后稍微整理一下。难怪大多数人会本能地尝试这样写。当你知道有些地方写错了需要修改的时候，为什么还要继续写呢？很明显，你应该停下来，画掉它，直到写对了为止。

如果你想使用这种一步到位式的写作方法，那么你就要学会关键技能（通常建议作者这么做）：在开始写作**之前**，把你的意思在脑子里弄清楚（实际上，你又陷入了两个步骤——弄清楚你的意思，然后写出来）。

在写作之前，人们有很多方法弄清楚自己的意思。写大纲可能是最常见、最通用的方法。大纲，从本质上来说会迫使你弄清楚你真正想表达的是什么。大纲由于其压缩的视觉形式，让你一眼看到你的全部思路或故事脉络，从而发现你慢慢写作时漏掉的问题（记住，你的写作总是比你的读者移动得更慢——如果没有切实写作，你就会经常停下来改变或修正一些内容）。

当你想清楚自己要写的想法、事件、画面，并试图澄清和组织这些内容时，大纲是最有效的办法。如果你还不知道自己想说什么，你就会发现大纲根本没用。谁没经历过坐在那里试图把一个无趣的想法变成一个由罗马数字、大写字母、阿拉伯数字和小写字母组成的建筑的沮丧经历呢（当你遵循教师的命令，从大纲开始写起）？

A. E. 豪斯曼（A. E. Housman）的实践证明了在头脑中解决问题的

最奇异的方法。他会把诗歌的大意或成分记在脑子里，然后午餐时喝一大杯啤酒，接着昏昏欲睡地走一段很长的路（至少他是这么说的）。散步结束时，他那首经过精心润色的诗就在脑子里完全浮现出来了。显然，他不需要积极思考或操纵其他素材，他只需要让诗歌在被暖和的啤酒浸泡的意识中自行蒸腾。我听说过许多数学家和设计师也采用了类似的方法：他们把所有困扰他们的问题都记在脑子里，然后打个盹儿，当他们醒来的时候，他们往往会找到需要的答案或方法。

关键在于当你放弃对材料的意识控制时，你可以进行更深层次的思考。这种深度加工需要你放手，喝杯啤酒，散散步，搭乘公交车，打个盹儿或洗个澡，这些方式都有助于人们放手。

写作前弄清楚自己想表达的意思，更常见的一种方式是推迟写作，你至少需要个机会，可以让你花几天时间仔细思考和琢磨自己的主题。如果可能的话，多用几天时间。许多有能力、有经验的作家在没有足够的时间进行前期酝酿之前，从来不会真正开始写任何内容。

写作前弄清楚自己想表达的意思，另一种方法是就这个话题进行对话或讨论，甚至是争论。你可以尝试各种想法、方法和表达方式。思想成熟了，关键的区别显现了，精确的术语就会清晰了。

写作前弄清楚自己想表达的意思还有一种方法，那就是尽量想清楚这篇文章的受众（如果有），以及你想要你的文字产生的影响。在你脑海中，想象把你的读者带到你的面前，并清晰地看到他们。至于目的，不要满足于"我想让我的话起作用"，具体地将你想要写的文字形象化：让读者看到什么，让他们感受到什么情绪、执行什么操作，让他们改变什么想法。对受众和目的的清晰把握可以集中你的思路，这样你就能立即意识到自己需要写什么、该怎么写。

你也可以通过增加自己的压力的方式快速集中思想。压力锅的温度越高，烹饪速度越快。也就是说，我们之所以弄不清楚我们真正想表达的意思，原因之一就是有太多有趣的事情**可供**选择，我们还拿不定主意。堵住作家文思的往往是想法太多而不是太少。但是，如果你站在舞台上，已经被介绍过了，观众就坐在那里等着你发言，你只需要决定说什么。这可能不是正确的决定，但这也是一个决定，而且你可以说出来。

事实证明，在写作中，你也可以轻易地给自己带来同样的压力。只要把所有工作推迟到截止日期的前一天晚上九点。经过一个小时的思考，你的压力变得很大，最终不得不决定你要写什么并开始着手行动。"哦，见鬼，已经10点了，我想我会选择这个结论来建立我的报告。我不喜欢它。我都不确定自己是否相信这个结论，但我得写点儿东西。"（你在截止日期前开始写东西时，缺乏压力有时会让你做出错误的决定，这样导致的后果比根本不写导致的后果更糟糕，因此你根本不写。）

你也可以通过完全不让自己修改来给自己压力。就像你不能在面对听众演讲时修改一样，就是这样！正如你填写不能修改的官方申请表，或者直接在昂贵的油画布上作画。我想起了我已故的同事威利·翁泽尔德（Willi Unsoeld），除了他以外，我们会把学生的官方评价以草稿形式写出来，这样我们就可以修改订正，然后再交给秘书打印出来（因为这些文件是学生永久成绩单的一部分）。威利直接用打字机在官方表格上准确无误地为每个学生打印一两页的评价。他是一名登山者，对压力下的冒险行为和执行力的重要性深信不疑。他利用受众和时间带来的压力，清晰表达自己的意思，将一项繁重的任务转变为一场表演。

★ ★ ★

我对第一次动笔就写好文章表示认可，难道我还能继续写一本书来歌颂相反的过程吗？我其实不打算继续写这本书的其余部分了。当我弄清楚这一章的时候，我已经写了这本书的大部分内容了。这样写作给了我安全感，让我感受到这些优点，虽然这些优点来自一种危险的方法。

当这个方法神奇地发挥作用时，也就是说，发挥你最深层的力量，在你写下文字之前，一次性加工好所有内容，有时会实现比修改更好的整合联系。虽然这只是在准备充分的时候才能发挥作用，也就是说，你只是将停留在你脑海表面的东西写出来，会比用两步法更快地写下你的作品，不确定性也更少。

不过，这是一种危险的方法，因为它会给你更大的压力，而且其成功与否取决于一切是否顺利进行。如果你缺乏练习，或者没有安全感，或者只是结构有点不对，那么你可以多尝试第一次就写好文章，而不是将时间花在粗略地写一遍再修改上。然而，这种方法也经常失败。也就是说，你可以坐在那里思考发呆，试着勾勒出大纲，还可以尝试喝啤酒、小睡和散步，但你仍然不知道你想说什么，甚至不知道有什么好说的。要正确处理才能让你脑袋里的素材井然有序。你在甲点寻找乙，而你对乙的渴望阻止了丙、丁、戊的出现，因为它们与乙完全不同。

到这时，你已经浪费了可以用来写这篇文章的大部分时间，你觉得有事情困扰着你。（"**其他**人都可以通过写大纲来弄清楚要说什么！"）因此，你要么选择一些显而易见又索然无味的内容，要么在没有决定自己真正想表达的意思的情况下，只通过整篇文章摸索方向。

即使在你开始写作之前，你已经做好决定，确定你想表达的意思，并且对此感到满意——"是的，这就是我想说的"，如果你写作时坚持这个意思，你就会阻止一切创造力和新想法的迸发。你满足于你已经知道和理解的东西，把自己锁在了比你的能力更迟钝的思维中。其实你已将你的最佳想法排除在外。当你看到一篇非常空洞的文章时，你可以肯定，这是因为有人觉得他必须在开始写作之前弄清楚自己的论点，然后不惜一切代价坚持下去。只有你知道自己已经有了很好的见解，第一次尝试把文章写对才是明智的。

还有另一个危险之处。想把文章写对通常意味着写得非常慢、非常仔细。在句子和段落之间做长时间的停顿，用以确定方向。这通常会导致写得过长或过于复杂。你时间充裕，可以用于精确措辞和进行巧妙复杂的构思。你写得缓慢又仔细，也对这份草稿投入了很多爱和努力，毕竟**那些复杂的表达**是花费了脑力的，你很难把这些可爱的宝石扔进垃圾堆。因此，虽然听起来很奇怪，但试图一开始就把文章写对不仅会增加使写作枯燥乏味的危险，也会增加使写作珍贵到油腻的危险。

但是如果你允许自己**写错**内容，第一次、第二次、第三次……美妙的事情发生了：你脑海里有一个故事或者一个想法，但是抓不住。你发现只要开始写作，强迫自己坚持下去，最终就能找到你寻找的东西，虽然一开始你甚至不知道自己在找什么。你发现你可以写任何你想写的东西，你变得更有勇气。另外，试图在第一次就把事情做好，往往会让人们变得胆怯，甚至不愿意**尝试**去做，因为这往往会让他们经历挣扎、陷入困境，最终却一无所获地放弃。我怀疑，对于那些想要写作但没有去做或停止写作的人来说，第一次就把事情做好的渴求往往是罪魁祸首。如果我不是为这种危险的方法所困，我肯定不会经历两年完全无法写作的时光。

建议

• 有时候在你修改完任何一篇文章之前，你应该弄清楚自己到底想说什么，并用一句话概括（在诗歌或小说中，你不一定要让自己明白你要传递的意义或信息，也许你的作品没有任何意义或信息。但是，你要弄清楚你的计划，你的作品是关于什么的，或者你想要达到什么效果）。如果你想要写出佳作，充分发挥你的洞察力和见解，最好不要从你想表达的意义的精确概念或者确切的目标**开始**，而是让它在你写作的过程中主动浮现，或在你修改时强迫它浮现。然而，如果你的主要目标是节省时间和简化写作过程，那么在你开始写作之前，明确你的意思会有所帮助。重要的是要记住，只有当你能快速做好的时候才可以简化，而提前弄清楚你要表达的意思就是一种简化，否则你会付出更多力气。

• 提前弄清楚自己的意思是值得练习的方法。如果你的脑海里已经有了很多素材，那么列出大纲、考虑受众的感受、给自己施加压力都是很好的方法。如果你还是很茫然，那么打个盹、仔细斟酌一下，或者讨论一下会更有效。

• 有个好办法可以提前弄清楚你的意思，这个办法就是，无论何时，只要你想写点儿东西，都可以快速尝试一下，但是不要执着于成功或努力太长时间。

• 当你写的是不太重要的小片段时（比如一些备忘录、信件、报告和摘要），试着**强迫**自己在开始之前弄清楚自己的意思。在这些类型的写作中，便捷比质量更重要。如果你学会在写备忘录、报告、信件时闭目养神一会儿，或者快速草拟一个大纲，之后快速地写下这些文章。你会很有收获。如果要进行作文考试或听写书信，你就必须掌握这种危险的方法。

• 为非虚构类文章写大纲的最好方法可以分为两个步骤。一是写下你的所有想法，不用管先后顺序（如果你的文章需要仔细复杂的思路，你就要强迫自己用一个动词构成一个完整的句子。仅仅一个词或短语，例如"大纲"或"大纲的重要性"，并不能像一个句子例如"大纲很重要"那样阐明你的思想。你可以通过坚持使用包含一个**行为**动词的句子更清晰地表达你的想法，比如"大纲**组织**你的思路"）。二是浏览全部句子，找出你真正想表达的中心思想。然后按照清晰的顺序排列句子，这样就能"讲故事"。你可能需要添加一些观点，完善顺序；扔掉一些观点，消除序列中的一些扭结。现在你就知道你在说什么，以及你要说的顺序了。

•当你试着第一次就写出正确的内容时，不要试图做到**完美无瑕**。如果你在开篇以及措辞方面给自己留些余地，就可以更快地完成工作，同时也可以避免过分讲究和不必要的重写。也就是说，除非你马上想到合适的开头句子和起始段落，否则别试着写出来。这样你可能会浪费大量的时间去拟定一个好的开头，而你完成作品的时候也许还需要更改这个开头。给作品的开头写作留个空间，直接从你要写的内容的主体部分开始，这样就可以在以后更轻松的时候再写开头部分。你写作时，可以适当地斟酌措辞，调整语言，不要在落笔之前坚持它是正确的。如果你不总是纠结于准确的单词或短语，你会写得更快、更自然。完成作品后，你只需要回顾一遍，画掉错误的单词，间或写一个新的单词，就能够快速润色文章。最终你的文字会更生动直接，而且能节省时间。

•如果你技巧熟练，甚至会不自觉运用技巧，你感受到你能在头脑中有更多样的烹饪方式。你如果是这样的人，就应该努力开发天赋，利用它，这样就可以在创造性写作和重要的作品中使用它。

•你可能会认为，在写作前弄清楚自己的意思对没有经验或不熟练的作者特别有帮助，因为胸有成竹地写作，给了你太多的安全感和信心。但是，实际上，只有经验丰富的专业人士才能可靠地使用这种方法。只有专业人士才能凭借大纲、小憩、宁静的散步将生命和创造力融入作品。当你看到一个专业人士坐在桌子前凝视前方，不写一个字，你要相信他正在从事着多产又高效的创造性工作。但是，如果你看到我们这些人那样坐在那里，你就得拍拍我们的肩膀，对我们说："哥们儿，动笔写起来。"

第二部分
写作的其他方法

本部分导览

　　如果我将这一部分称为"写初稿的其他方法",也许我的总体观点会更清晰一些,但我想强调的是,第一阶段的写作并不需要采用初稿的形式。也就是说,它不需要是一篇连贯的文章。没有什么合理理由让你在第一次写作时就一定要写出想要的那种形式。当然,如果你对所写的文章结构拥有远见卓识,你自然要以草稿的形式进行初稿写作。但是,如果你只有直觉或一些隐约的初步构思、事件、画面,而你不知道应该如何塑造它们,那么最好还是继续下去,投入我所说的原始写作中。你要制作的不是草稿,而是一堆粗糙的素材。事实上,通过写下这些素材,塑造素材,你往往会得到更多更好的观点。这些素材源自你的笔尖,而不是你所谓的"正确"形式。在你真正动手写作之前,你想出来的任何结构都会像是你在一个陌生国家旅行的计划——通常情况下,你一旦到了那里,就会知道事情如何运作。

　　把文字写在纸上的成功秘诀是学会采取一种重要的态度:一种信任感,这对大多数人来说都很新鲜。当你萌发了一个想法,甚至只是对想法的渴望,这时候如果你开始写作,你迟早会被引导到你正在寻找的文字上去。你需要学会避免由于对想法的渴望而做出那种普通的反应:等待,直到

想清楚为止。除非你想要的文字已经在你的头脑中，否则不动笔写作。

　　我已经在第一部分描述了三种写作方法：

　　•自由写作。一种能最快、最有效改进你的写作方式的练习方法。目标在于过程，而不是结果。

　　•直接写作。这是一种最简单、最实用的让文字跃然纸上的方法，适合时间有限或者材料充足的情况。相对而言，这是一种引起混乱较少并且可以将混乱控制在有限范围内的方法。当你写作时，你不必按照正确的顺序写出内容，但你一定要时刻牢记你的目的，避免偏离主题和迷失方向。

　　•危险办法。试图在第一次就把东西写对，在特定情况下，这种方法对大多数人都有效。但只有少数人能将它作为正常写作程序进行高效、创造性的写作。

　　第7章"开放式写作过程"，它与直接写作过程处于相反的极端。它对直觉的需求最高，最容易引起混乱，需要花费最多的时间，你需要让写作这个过程本身决定写作目标。

　　第8章"循环写作过程"，尝试了两个极端的优点。它可以帮助你有效利用所谓的"纯自由写作"，可以是任何主题，即使这个主题对你来说很陌生。如果你的写作主题让你感到厌烦，或者你想不出有什么能写的，那么你会发现循环写作过程非常有效。循环写作过程是将创造性想象带入非虚

构写作或说明性文章写作的最有力的方法。

第9章"比喻为作品注入活力"，包含了隐喻性的"俯卧撑"，帮助你更多地了解主题，更有创造性地思考。

第10章"写作的时候别想写作"中，我提出一些生活中常见的情况：你本来不想写作，但却写出了不错的内容。写作本身并不重要时，你不必为此担心，甚至不用去想它。对于其他更正式的写作，这种写作方法更有帮助，对你来说更舒服，你的作品对读者来说也更自然和活泼。

第11章"写诗没什么大不了"，描述了一种强调恰当的目标并令人愉悦的写诗方法。

在前两部分中描述的八种将文字写在纸上的方法，实际上是激发创造力的不同策略。你也可以把它们看作是管理混乱的不同策略。在一些阅读过我早期作品的读者的眼中，我似乎只喜欢混乱。确实，我认为大多数人需要学习在写作中更好地利用混乱——它有助于打破偏见和旧框架，带来成长和新想法。你可以用混乱炸开困住你的东西。但是，一旦我说服你使用混乱，我就会迫不及待地承认，在许多情况下，你应该将混乱控制在最低限度（就像危险办法和直接写作）。混乱会增加焦虑，会延长工作时间。很多时候，除非我有框架用以写作，否则我根本无法思考。我必须在我的思想起飞之前，先做出一个简单而又整洁的大纲，即使它单调

无趣。在这种情况下，理论上我会用一个刻板的框架限制自己以阻止混乱；但实际上，如果我试图处理我能力范围以外更多的混乱，我会受到更多限制（有时候，大纲就像一个需要挣脱的牢笼——你的一些想法并不适用于这个大纲，但是没有这个大纲你就不会有这些想法。这是不要花太长时间制定完美大纲的论点之一）。

我选择这八种用于写作的具体过程，并且在一些过程中阐明了详细步骤。我并不是在试图暗示这是上天所造的八种纯粹的写作方法精华，只是想展示一个公认的人工过程，你可以轻松学会使用，还可以对其进行更改和增加。通过这样做，你将最终使自己从一般人的状态中解放出来，这种状态是指，无论何时，你一坐下写作，就会沦为一个一成不变的齿轮。你看不到选项，你甚至不清楚你自己的过程，你只是在"写"。有些人已经学会了自如应用一种方法，而很多人却陷入了困境，困于某种写作方法。但是没有一种方法能够对所有类型的写作任务产生理想的效果或创造性力量。

7 开放式写作过程

开放式写作过程与直接写作过程处于相反的极端。开放式写作过程是一种未知的、未想过的作品的诞生过程，它创作的是一种还没有在你心里的作品。这是一种观察、感受和思考新事物的技巧。这个过程会导致极大的混乱，让你迷失方向。你必须愿意在很长一段时间里，通过许多阶段来培养一些东西，并且忍受着不知道要去哪里的困扰。因此，这个过程不仅可以改变你的写作语言，还可以改变你自己。

作为最具创造性和最无条理的写作过程，我把它与诗歌、故事或小说联系在一起。但是，它也会引导你写其他类型的文章。这让我联想到这本书和我之前写的其他关于写作的书的部分内容［特别是《写作无师自通》（*Writing Without Teachers*）中关于"怀疑和相信游戏"的长篇文章，以及本书第25章和第26章关于"声音"的章节］。

理想情况下，你不应该提前选择你最终会得到什么。也许一开始思考着想写一首诗，但你最终可能会得到一则散文故事、一封给某人的信、一篇解决你困惑的文章。将这种开放式的写作过程一直持续下去，直到这个作品的内容完全成熟，呈现在眼前。有时这种过程会进行得很快，有时会持续几十年（不过，我会提出一些方法来加快这一进程）。

我认为开放式写作过程就如航行一样，分为两个阶段：海上航行和登陆。在海上航行时，你试图远离陆地——你出发的地方。迷失是获得新材料的最好机缘。当你来到一个新的地方，你就会对正在写的东西形成一个新的观念或愿景，然后你逐渐重塑你的材料，以适应这个新的观念或愿景。海上航行是一个发散、分叉和混乱的过程，登陆是一个汇聚、修剪和澄清的过程。

★ ★ ★

要开始这趟海上旅行，无论身在何处，都要不停地进行自由写作。大多数情况下，你会以一个对你来说很重要的想法、感觉或记忆为开端。也许你已经有了写作的想法——或许是一些关于文章的想法，或许是脑海中浮现的某些诗歌的形象，或许是故事中的某个角色或者事件，你也可以从描述你所设想的结局开始。当然也要意识到你可能不会这么做。开始写吧。

开放式写作过程适用于感觉有东西要写，但又不明确要写些什么的情况。随便写什么都行。如果你在面对一张白纸时下笔困难，就问问自己**不想**写什么，然后从它开始写，在你否决它之前就动笔。第一想法很可能会引导你找到你需要写的东西。

至少坚持写10分钟、20分钟或30分钟，时间的长短取决于你有多少材料和精力。你必须写足够长的时间，直到感到疲倦，并让自己从脑海中最重要的东西中解脱出来。但是，时间不要太长，你不需要在写作中暂停并休息。

然后停下来，坐下来，安静下来，把所有内容都集中起来。也就是说，通过回读、回想这部分内容，找到这些文字的中心或者重点，并将其写在一个句子中。这或许意味着不同的事情：你可以在其中找到主旨，或者在其中发现新想法，或者在其中发现想象的中心或重点，即一个形象、物体或感觉，或者突然想到的全新想法，对于此刻的你而言非常重要。这些事情看上去和你的写作内容无关，但是却作为你完成写作的结果呈现在你眼前。试着站远一点儿，让中心或焦点自行出现。无论如何，别为此忧虑。为你文章的重点选择一些内容或者虚构一些内容，然后继续前进，唯一的要求是它得是单一的内容。跳过几行，写下它。给它加下划线，再画一个框圈住，这样以后你就可以轻松找到它（有些人发现让自己写下两三个重点的句子很有帮助）。

　　如果这个中心或重点是一种感觉或一种形象，那么也许一个简单的短语就可以了："一种有好事要发生的感觉"，或者"一只蜷缩在餐桌下的毛绒猴子"。但是，完整的句子或断言更好，特别是当这个中心是一个构思、想法、见解时。也就是说，不要只用"经济学"或"经济维度"这种词，因为这些词只是模糊地指向一个大致的方向，所以请试着找出类似"这些事件的发生必定有经济原因"这样的句子。

　　你现在已经经历了一个循环，它包括不间断地写作，然后坐下来探索中心。你使用了两种意识：一种是潜心钻研，你低着头沿着文字的轨迹在灌木丛中奔跑；还有一种是客观判断，你站在后方，从高处往下看，看到形状和轮廓。

　　现在重复这个循环。把你刚刚写下的中心句子作为一篇不间断写作的新文章的跳板，这样你就可以用多种方式进入新的写作。也许你只是采纳了这一中心句子，写下更多相关内容；也许这看起来是错误的做法，因为你写下的内容已经完结了一个想法，而这个中心句让整个部分都不对劲，如果你围绕它写更多文字，那就只是在不断重复。在这种情况下，就从接下来的事情开始：下一步、之后的事情、回复、各种回答。也许"接下来的事情"符合之前写下的内容的逻辑，也许接下来你想到的内容发生了逻辑跳跃，也许下一件事是质疑或否认你已经写过的东西：反对它的论点、以相反的心情写作，或以不同的方式写作（从散文写到诗歌）。从客观角度看看会发生什么。

　　不管是哪种跳跃，都请你进入第二波不间断写作，无论你能坚持多久。可能时间会长到让你感到疲倦，甚至忘记自己是从哪里开始的，但也不要太久，久到让你停顿不前，失去动力。然后，再来一次，停下来，从你所沉浸的文字灌木丛中走出来，获得一些平静和观点，找到第二篇文章的总结或重点。

海上航行就是不断重复这个循环。坚持写一段时间，让自己放松，让自己感到疲惫，让自己做一次航行，或许这样就可以超越自己的思想和情绪。但是，通常一篇开放式的文章需要几次甚至很多次的长时间创作。开放式写作的主要组成材料包括时间、变幻的情绪和观点。

当你改变写作模式，从写作到找重点，再回到写作，然后再回到找重点，练习让这个过程本身决定接下来会发生什么。例如，你的中心句是否会促使你对同样的材料进行新的处理，变成对该材料的回应，或者变成接下来要讨论的其他新话题或模式。虽然说"让它决定"听起来有点神秘，但我并不是要排除有意识的思考。"让它决定"通常意味着你意识到在写作周期的这个点上应该严格遵循逻辑。当练习开放式写作时，你会更确切地感受到在某个节点应该做哪个步骤。最重要的是不要担心做得是否正确，多做就好。

当你在海上航行时，你要允许自己忘记最初的想法，允许偏离方向，允许新想法出现，迎接来自意料之外的种子，允许思想的改变。你正试图通过一个不断转变的过程来培养你的思想、观点和感觉，这是烹饪和成长的过程（对于烹饪和成长过程更全面的处理，参见《写作无师自通》的第二章和第三章）。

当你看到新的陆地时，当你对文章的最终稿有了一个可靠的看法时，你的海上航行显然就结束了。你可以看到一个论点，以及论证的方向；或者看到一首诗，感受它的大致形状。

为了到达目的地，你需要把这个愿景变得更清晰、更完整。也许你的第一印象告诉了你什么是中心——现在你需要更完整地写下中心事件或想法。如果出现的内容主要是概念性的，比如一篇文章，你可能需要列一个大纲。你无法清楚地看到你的结构，除非你通读所有你写的文字，找到你觉得重要的点，把每个点写成一个完整的句子，然后把这些句子按逻辑或最容易理解的顺序排列。即使是一个很长的故事或一首诗，你也可能需要一些整体的示意图，这样你就可以一眼看到全部内容。

但是，也许现在就提出大纲或概述还为时过早。你无法真正得到清晰、正确的最终愿景，除非把你现在的框架投入一个新草稿中，从故事或小说的第一个场景开始，从诗的第一行开始，从文章的开篇思想开始，一直努力下去。也许**这样做**比任何计划或概述的方法都更有帮助。

如果你不停地写啊写，感觉到海上航行真的结束了，但你却看不到陆地。你觉得你已经把所有能放下的都放下了，你开始重复自己，不再有差异。你成功地迷失了方向，虽然令人沮丧，但现在这个未知的领域开始变得熟悉。

你可以试着加快到达陆地的趋同过程。回顾你在海上航行过程中写下的所有中心或重点。思考一下，然后在此基础上不间断地写作。开始写："我还不知道所有这些文字到底是关于什么的，但这里的重要元素似乎是……"当然，你不能把它们按正确的逻辑顺序排列，你并不知道正确的逻辑。你试图把它们聚集在一起，让它们迸发出同样的能量、获得同样的关注。你可以这样写：

> 有些文字听起来像是作家在说话，有些文字以某种神秘的方式引起共鸣，有些像是电台播音员讲话的声音，充满活力，但听起来完全是假的，有些_____，有些_____。我怎么能理解这一切？

你要让重要的元素在一个狭窄的地方相互碰撞。

尝试厘清你的写作是关于什么的，尽你所能坚持写作。也许文章中心会出现，如果没有，那就退一步，寻找文章中心。如果这还不是最终的中心，那就继续另一波写作，保持一段时间。继续写下去，也就是去经历和海上航行一样的过程，但这个过程不是用来分叉和迷路，而是用来集中和发现。如果这不起作用，你可能只需要停下来休息，给予写作更多的时间、更多的思考空间。任何需要这么长时间才能出现的东西都可能很重要。一些复杂而重要的事情正试图在你体内发生。

＊　＊　＊

运用我现在提出的一些不同的方式不停地写作会引出重点句子，重点句子会带来新的不停的写作。我想提出一些更宽泛的模式进行展开，这些模式你会在完整的开放式写作过程中遇到。

•写作可以改变语气和形式：从散文到诗歌，从经验到概念，从逻辑到联想，从第一人称到第二或第三人称，从对话的目标是一个人到是另一个完全不同的人或者没有人。

•也许在开放式写作过程中，所有写作都围绕着同一个领域。你在啃一根硬骨头，你就像一架瞄准机场的飞机一样不停地转圈。在你最终得到正确的观点和重点前，你的写作都在连续产生着相同场景的照片。例如，你开始写一个特别的下午，这个下午于你而言非常重要。你的写作让你对那个下午有了不同的看法，对发生的事情有了不同版本的解读，对事情的意义有了不同的感受。也许你开始写一场特定的战斗，你持续写作就是为了叙述这场战斗。首先你发现自己在描述实际发生了什么，其次是从你的角度看它是什么感觉，然后是其他人的感受，接着是一个幻想版本。最后，你产生了一个想法，解释了这场战斗的真正原因，你或者会以一场类似的战斗的虚构版本作为结尾。

•另外，开放式写作过程并不是让你在同一个领域里走上一条循环的道路，而是让你走上一条穿越的旅程，让你远离起点——每个阶段都是一个**全新**场景的草图，是对新主题的处理。例如，或许你还是以这场战斗为写作的起点，但开放式写作过程会引导你描写一个人的肖像，接着又去描写另一个来自遥远过去的人的肖像，最后去描写一件重要的童年往事，与最初的战斗毫不相关（当然，这些文字可能只是看起来不相关——童年的事件也许能真正揭示这场争斗的意义）。

• 一篇短文在开放式的写作过程中会产生连续版本，经历不同阶段或转变——你最后会保留"最终版本"的内容，并扔掉之前所有版本的内容，也就是说，扔掉你所写内容的95%。

• 但是另外，也许你会发现，你几乎一直都在忙于写一篇篇幅很长的作品的草稿，这根长线缓慢地展开，而周期性的重点仅仅只是展开过程中的停顿。也许它是一本小说，也许是一封长信，重点在于停顿，因为有个声音说："暂停一下，让我总结一下我对你们说的话。"或者这是你所经历事情的漫长记录——即使历经很多情绪或形式的变化，你所写的一切也都**属于**你。

我把开放式的写作过程说得太复杂了，这很危险。我可以更简单地描述如下：开始写作，持续写作，除了吃饭、睡觉和生活，都不要停止写作，保持这个过程直到你弄清楚自己在写什么，做到这一切以后，继续写作直到达到目的。这是整个过程的核心，如果这是你所做的并且效果卓然，那就太棒了。但是，我想强调两个额外的元素，它们是你们的过程的一部分，但你们对此关注不多。第一，在自己不知道去哪里的情况下开始写作，即使在前进过程中更加迷茫。第二，在不间断写作和暂停下来以专注于你所写的内容之间切换。当然，只要你不间断写作的进展顺利，就没有必要停下来关注重点。但是，如果你一直在写作，却没有任何进展，那么有意识地在沉浸和观察之间来回切换会有所帮助，这样做会帮助你在每一波写作中走得更远，让每一次停顿不仅是一次休息，而且是一次进步的机会。

★ ★ ★

以下是两个读者尝试开放式写作过程后的描述，选自对本章早期草稿的反馈。

开放式的写作过程令我惊讶。我惊讶的不是过程本身，而是通过这个过程得到的结果。和其他人一样，我心里也有想要写的东西，但这却困扰着我。因此，我对此发动攻击，在自己不想用语言表达的时候找准时机冲进去。经过四次尝试后，我惊奇地发现我已经抓住了主题。虽然这在你的经验中可能并不罕见，但我发现我努力思考的最初有些模糊的概念实际上并不是我的主题的中心。但是，通过把它写下来，与自己讨论，我发现脉络变得清晰起来（我希望如此）。我最终得到了一个非常宽泛，但在我看来非常有用的大纲，它给了我一个前进的方向。我想，这个过程虽然并不总是这样的，但我很高兴这次能如此快地找到事物的真相。

格洛丽亚·坎贝尔（Gloria Campbell），1978年8月23日

按照你的建议，我开始不停地写作。我记得这是我第一次感到完全迷失方向，完全无法控制自己的写作。我写道："我不知道为什么这篇文章与我的想法相对抗，我想按逻辑顺序记下所有东西，就像一篇紧凑的杂志文章那样。关于朝圣主题的文章应该完全符合其类别，即描述朝圣的历史，以及它对所有信仰来说是如何共通的，等等。"

　　从那时起，我继续记录所有在我脑海中闪过的图像，彻底陷入混乱。我做了大量的研究，并在巴勒斯坦旅行了一段时间。这混乱中出现了埃杰里亚——一个四世纪的朝圣修女，埃及人（在希罗多德时代）乘着一艘驳船在尼罗河上漂流，去参观猫女神的神龛，一群阿拉伯青少年坐在露营车的后面，一边喊一边挥手："你好，美国人。"从公共汽车站到八福山尘土飞扬，而我在这漫长的道路上跋涉而行。还出现了很多人物和场景的画面，不过我获得了想法。我开始嘲笑自己，现在我可以满怀热情地写作了。毕竟，我要去哪里又有什么关系呢？在去往目的地的路上，我拥有着美好时光。突然间，我到达了中心，扔下铅笔，盯着那句话，恍然大悟。我终于明白你说的找中心是什么意思了："让作品做出选择。"

　　在通往朝圣的路上，我还有很长的路要走，因为我找到了新的中心，再次旅行时，我想把主题变成一本关于中东的不同类型旅游的图书。如果试着解释这个开放式写作过程给写作的朋友们，我把这个过程描述成与传统的创作方式完全相反的过程。也就是说，站得足够远，客观地看待材料。在开放式写作中，当我到达第一个中心时，它就像我站在一个圆圈中间，向外看，看不到整个全貌，但如果我稍微转动一点儿，我会对下一步看到的画面感到非常兴奋。这是一种完全不同的看待问题的方式。这有点儿可怕，雕塑家第一次开始凿的时候一定是这种感觉。

乔安妮·特平（Joanne Turpin），1978年7月24日

★　★　★

最终作品的构思成熟后，以及在新草稿中（也许从大纲开始）弄清楚这一构思之后，你需要修改、润色你的终稿。开放式写作过程产生的草稿有时不怎么需要修改，有时需要大量修改（修改办法见第三部分）。

开放式写作过程的主要步骤

• 不间断地写15—20分钟。从你想到的任何东西开始，或者从你一直想写的某个主题开始。一定要随心所欲地写作。

• 暂停一下，找到写作的中心或重点。用一个句子把它写下来。

• 用这个中心句开启新的不间断的写作。再说一次，让写作的思路去它想去的地方。让自己渐渐忽略或者突然忘记开始写的事情。

• 再次，停下来，集中注意力，写下重点句子。

• 保持上述这种交替循环，直到你找到自己想写的那篇文章。

• 想办法写下来：也许是你已经拥有的草稿，也许你需要从一个新的草稿开始，也许你需要在开始写草稿之前制订一个大纲或计划。

• 如果你感觉自己有想写的内容，但不太知道它是什么，如果你愿意在写作发展过程中付出时间，允许混乱存在，那么开放式写作过程是最有效的。

8 循环写作过程

我已经描述了写作过程的两个极端。一个极端是危险的方法，仔细斟酌后再动笔，你需要在写作之前就完全弄清楚自己的意思，从而在写作时控制全程（直接写作的过程不完全如此，总而言之，你可以控制你的写作方向）。另一个极端是开放式写作过程，让写作本身引导自己，你不知道会在哪里结束。危险的方法可以节省你的时间和减少你的困惑，但它经常给你带来麻烦或导致你思考迟钝。开放式写作使你最大化成长，衍生出纸张上的新想法，但你要付出的代价显而易见：时间、精力和面对不确定性。

循环写作过程，兼顾了控制力和创造性。一方面，使用这个方法，你可以去你要去的地方。比如，你必须写一篇关于法国大革命原因的文章，教师不会接受你写的小说或情书。但是，另一方面，它有时甚至比开放式写作过程更能拓展你的观点。它能激发出你的新想法，不是碰巧发现你内心深处存在的想法，而是一种将创造力**集中**在目标上的方法。因此，如果你想不出有什么可写的，或者被困在让你感到厌烦的话题中时，这就特别有用。循环写作过程会比直接写作过程花费更长的时间，但没有开放式写作过程花费的时间长（我会假设你的任务是写一篇论文或其他非虚构作品。如何将循环写作过程应用于诗歌、故事或戏剧，这显而易见）。

我之所以称这个过程为循环，是因为如果你应用它，就仿佛进入了一个椭圆形的轨道航行。前半程**出发航行**，你进行一些近乎自由的写作，在这期间你可以让自己向外伸展，也就是说，可以忽略甚至忘记你的主题到底是什么。后半程，也就是**返程归途**，你在选择、组织和修改的旅途中产生部分内容，在这一过程中，你会回到原来的主题重新努力。开放式写作过程是一段探索新大陆的旅程，而循环写作过程则是绕道而行，所以你可以回到最初的主题，但会对主题有一个全新的看法。开放式写作只适合你可以自由选择主题和形式的情况，而循环写作则在你**别无选择**的情况下非常有用，尤其是当你讨厌写作，对其感到厌烦的时候。

　　这个循环写作过程实际上是我对人们对于我所写的《写作无师自通》的反馈的回应，人们反馈我所说的"好吧，成长和烹饪"对于创造性写作来说非常有用，但对于周一早上他们写的关于法国大革命原因的文章毫无帮助。起初，这种反馈让我很生气。我想说："不，这个方法**能**提供帮助，这里有你所需要的一切，对于这一类型的写作，我有考虑在内。"但是，听到足够多的反馈后，我最终不得不承认，对于你不感兴趣的必修论文、备忘录或报告，我没有给出尽可能多的指导，以便能够快速、自由地写作。我最终放弃坚持，并开始尝试写作去满足这些人的需求，这个过程促使我产生了新想法。我所说的这个故事是反馈教给我的一课。通常，当读者抱怨你的文章中缺失了什么东西时，你**认为**是他们错了。但是，如果你最终能从他们的角度看问题，体验他们的感受，就不仅仅会对自己的写作有新的认识，而且往往还会得到让自己兴奋的全新想法。

　　循环写作过程中的创造性成分源于你暂时忽略你的写作主题，开始进行一阵又一阵的原始素材写作。这会使你的**感受**和思维更多地产生联系。一些教师反对道："如果没有写作技巧，连文章都写不好，为什么还要鼓励他们**多**写呢？"但是，我发现，只要人们有强烈而令人兴奋的想法时，他们就能写出最好的作品。当人们试图用对他们来说平淡无味的想法编织一篇文章时，他们的语言往往会支离破碎、语无伦次——

他们试图从他们知道的不值得付出努力的东西中创造出坚实的东西。如果你与主题没有建立联系，你对主题没有任何兴奋的想法，那么你怎么能合理地推论并组织出强有力的语言呢？当你建立了这种联系，写出了大量令你感兴趣的文字后，在返程途中，你就会使用其所需的冷酷、严格的准则，撰写一篇有条理、有重点的文章。

出发航行

对于循环写作中的出发航行，我建议分为13个步骤。在描述返程归途之前，我将对这些步骤进行解释和讨论。写一篇文章用不到所有步骤，通常几个就够了。但是，如果这些步骤你全部都练习并掌握了，你就会知道哪一个最适合你面对的写作任务。

1.**第一个想法**。这是一个好的开始。对你的主题进行任何阅读、研究、计划或创建新想法之前，你就应该开始着手思考。只要尽快写下你对这个话题的所有想法和感受，你就会发现比预期更多的材料。不仅是记录下你的感觉和记忆，还会记录下你忘记的一些确凿事实和想法。

前半部分直接写作过程中，你或多或少会写下第一个想法。对于一些主题，你会为你的整个写作找到足够的材料和第一个想法，如果是这种情况，继续前进，下一步进行修改。如果你使用了我在下面描述的一些技巧，你的想法可能就不会那样丰富有趣，但将节省大量的时间和精力。

如果你觉得自己没有任何想法，那就错了。那是因为你没有倾听或接受它们。也就是说，我没有要求你提供**好**的想法或**真实**的想法，只是说**第一个**想法。你如果觉得困难，就采用科学家的思维框架，简单地记录下你思考这个话题时下意识的反应和想法。大多数情况下，你不是没有想法，而是有太多第一个想法，请选择最吸引人的那个想法。

如果你在写某种分析性或描述性文字，比如对一个人或一个程序的评估、对一个案例的总结、一篇长文的摘要，你首先想到的往往是一些从记忆中跳出来的细节或事件。你可能不知道为什么。它们看起来毫无意义或是随机的，但事实并非如此。这些最初的微小细节和快速印象往往掌握着关键的重要见解，如果你在写作时直接进行细致的分析思考，你就会错过这些重要见解。

假设你正在写一篇关于两个相互竞争的提案的报告，一篇相互矛盾的理论的文章，一篇帮助你决定是否与某人分手的个人文章，如果你在两三种意见之间做决定时特别困难，那么第一个想法就特别有价值。"你**认为**你应该做什么？立即回答。""你觉得你最后会支持哪一个计划？第一个想法。"因为这些都是赤裸裸的直觉，缺乏任何明确的理由支持，所以你常常羞于认真对待它们，更不用说把它们写下来了。但是，你应该写下来，这并不是说你必须相信这些直觉是正确的（虽然令人惊讶的是，产生直觉通常是因为你的大脑飞速运算，考虑到了一切，并得出一个明智的答案）。但是，你需要更慢、更仔细地思考，如果你的直觉是正确的，就会做得更好，因为你公然地把它写下来了："荣格（Jung）的解释比弗洛伊德（Freud）的感觉要好。荣格的感觉是……而弗洛伊德的感觉是……"当然，你的直觉可能是错的，但事实证明，如果是这样的话，直截了当地把它写下来，比把它藏在脑海里更容易让你抛弃它。

至少花15分钟不间断地写下最初的想法，虽然这看起来是在浪费时间。如果材料看起来不错的话，当然要花更长的时间。但是，在这个早期阶段，不要试图花时间让你的思想正确有序或相互协调，只要尽快把这些想法都写下来即可。

2.**偏见**。这也是一个很好的开始，你应该在阅读、思考或研究你的主题之前就这样做。在你的主题领域你有哪些偏见？以前文所述的荣格、弗洛伊德的第一个想法为例，我显然也在阐述偏见。关于法国大革命的原因，什么样的解释最让你**满意**？你是否怀疑君主制是一种从本质上就不公正的政府形式？你是否认为君主制是导致革命的根本原因？你觉得暴民们总是做错事吗？或者"人民"最后总是正确的？知识分子是麻烦制造者？如果你写信是想说服某人或某个委员会采纳某项政策，在仔细思考之前，先写下你赤裸裸的偏见。这会帮助你看到你的偏见和你的真实的论点之间的区别。如果你想有效地说服别人，你需要看到这些。

　　如果你不清楚你的偏见是什么，先想想，然后用客观冷静的态度仔细阅读你所写的内容，看看其中展现了哪些观点、假设或偏见。但是，你要全身心地**投入**这个观点，尽可能地带着偏见去写。你不需要仔细思考，只是让自己的偏见在没有任何审查的情况下肆意展开，这样你就能更清楚地看到它们是什么。如果很难停止审查，那就假装你是**另一个**极端主义者在写自己的观点。

　　即使你的主题看起来不像是观点，而更像是事实，也许你正在写一份环境影响声明，写偏见还是对你有所帮助的。偏见在事实问题上更加难以捉摸。例如，当你在写拓宽一条道路对县城周边地区影响的文章时，也许你找不到夸大自己偏见的理由，但即使你没有明显的偏见，你可能也没有意识到，你仍然有一整套的假设和先入之见。如果你写得好像你是一个在这个问题上非常有偏见的人，你会发现一些你原先没意识到的事。这个有偏见的人也许是住在路上的人，强烈反对拓宽道路。通过采取与你自己的观点不同的观点，并尽可能认真地接纳它们，你会注意你自己无意识的假设，因为它们违反了你无意识的假设。如果你有两三个不同的观点，这样最好，其中有一个是你自己的"客观"看法。

你可以在它们中间写一个论点（参见下述第4点——对话）。

写下你的偏见也能帮助你产生新的想法和见解。只有痴迷于一个想法，尽你所能想到所有方面，你才会注意到所有支持它的论点和证据。如果哥白尼没有痴迷于太阳的重要性，没有拥有可以痴迷于此的空间，他就不可能找到行星日心说的证据。此外，当你给自己的偏见更多的空间时，你就会注意到更多与之**相反**的想法。也就是说，你会开始注意对手会说什么。这有助于你为自己的观点想出更好的论据。

3.临时版本。如果你能在半小时内完成任何一项长篇写作任务的最终版本，那将是一个奇迹，不过，假装去努力实现这个奇迹是值得的。干脆否认你需要做研究、思考、计划，为你的最终作品画一个草图——一份临时预测版本。你必须假装知道你不知道的事情，在不确定的地方表现得好像你已经下定决心，编造事实和想法，省略大块内容（可以用小方框标记，象征这些遗漏）。这样做，你可以**促使**自己快速写出最终版本。

对于一份重要报告或论文，有些人在进行广泛研究的过程中身陷囹圄。你做的研究越多，开始写作就越难。不管是在你的脑子里还是在你的笔记里，你已经有很多素材了，但你找不到开始的地方，找不到缠成一团的线头，抓不住它。你可以写更多的笔记，但你无法开始写作。此外，你从不觉得自己完成了研究，你觉得还要找几本书或几篇文章，这些作品听上去很有潜力，或许记录着一些非常重要的材料，可能会改变整个研究状态，所以最好不要写任何文字。最后，你在截止日期的前夜（或者第二天晚上）凌晨三点惊慌失措地写作。写下最初的想法、偏见、临时版本可以防止你陷入这种研究的瘫痪状态。要意识到，现在写作更容易是因为你知道得较少。你可以使用后续的研究来查验你的想法，修改你的写作，达到你所希望的复杂程度。

如果你写下第一想法、偏见、临时版本其中之一，特别是使用了其中几个技巧，你的收获会比为你的论文做阅读和研究得到的更多。研究越无聊、越困难，这些早期的文章就越有帮助。它们会让枯燥的研究变得有趣，因为你在这个话题上已经是一个"权威人士"了——你已经有了很多想法和观点。你阅读时会发现自己既兴趣盎然又充满警惕。你会看其他权威人士什么时候足够聪明，赞同你的偏见，你会找到自己的兴趣所在。当发现权威人士偏离轨道时，你会对自己敲响警钟。当他们提出对你来说是新的数据或想法时，这会非常有趣，会激励你。简而言之，你的大脑已经有了一套"设备"或者接收网，可以帮助你吸收所有枯燥的信息。你就不会在做研究的时候处于消极被动的状态，垂头丧气地张着嘴，试图接受**一切**。你会根据一点儿笔记记住更多信息。

顺便说一下，你还会发现，你在查阅别人的数据和论点**之前**，经常会得出合理的论点和有效的结论，最终你会感到更有力量。你认为除非你知道所有的权威人士都说了什么，否则你什么也写不出来，这种心态是诱使你陷入糟糕写作的主要原因之一——你只是通过总结"他们"所说的话来进行写作。上述这些方法可以让你从这种无助的境地中解脱出来，你的第一个想法、偏见、临时版本把你推到主动和掌控的位置，这样你就可以通过阅读和研究来积极地检查和修改你的想法，而不是被动地找到一些东西来思考。

即使你的研究纯粹是定量分析，这些早期的写作程序也会助益良多。也许你写的是皮吉特湾各种化学物质的污染程度，或者政府在各种军备和国防方面的开支。写一个临时版本，自己编数据（或凭直觉或凭幻想）并得出结论。在你后来转向枯燥的研究时，你会在观察数据、记忆数据和理解真实数据方面做得更好。

这三个早期写作步骤还有另一个好处，尤其是在论文于你而言很难写的时候。即使是经验丰富的专业作家也经常将大量的精力浪费在陈旧的恐惧上，有时是无意识的恐惧上："这一次太难了，我想不到什么可说的，我将是一个失败者。"在你写下第一个想法、偏见、临时版本中的任何一个后，这些陈旧感觉就无法对你造成太大的麻烦了，因为从某种意义上说，你不是要"写一篇论文"，你只需要"修改一篇论文"——改变一些数据，添加一些内容，扭转一些结论，甚至调整整个结构，然后结束这一切。即使你会从一篇完全由虚拟想法和虚拟信息组成的简短、粗略、杂乱无章的论文开始，它仍然是一种论文。通常情况下，你会在最终版本中保留一些强有力的部分。你已经创造了让所有写作变得神秘和困难的内在奇迹——从无到有创作了一些内容。

4.**对话**。如果你发现自己有2—3种相互矛盾的感觉而不是一种明显的偏见，那么你就很适合写一段对话。给每一种感觉赋予一个声音，让它们彼此交谈。用旁观者的角度记叙，让你的铅笔动起来，对你作品而言，这些声音会说很多重要的内容。你可能会在某个地方发现这些人**是谁**：或许一个是你的大脑，另一个是你的内心；又或许一个是你的母亲，她总是从个人的角度来看待事物，另一个是你的父亲，他总是从公众的角度来看待事物；也许有一个声音来自某个特别睿智或有洞察力的人，他曾让你窥见事情的发展过程。这可能会对你的对话写作有帮助，正确命名这些声音，并在你写每一个声音时成为这些声音的主人。但是，不要因为好奇这些人到底说了什么而偏离主题，让他们继续说下去。如果努力成为这些角色减慢了你的写作速度，那就回到最初的"无名"对话。

但是，我不建议你总是在进行研究或思考你的主题之前进行对话，研究之后的对话也很有价值。对话帮助你消化和理解所有的思考、研究和早期的写作，并得出结论。在你读了路易十六（Louis XVI）和伏尔泰（Voltaire）的故事后，让他们就法国大革命的原因进行交谈和辩论。让其他人也加入这个谈话吧——农民、朝臣、一两个你熟悉的关于这个话题的作家、你自己、任何可能对此有话要说的人。或让那些反对道路扩大的房主与土地开发商进行谈话，但这一次不仅仅是让他们脱口而出——假装他们知道你在环境影响的研究中找到的所有具体数据，看着他们在争论时如何帮助你解释这些数据。

对话写作的主要原则是，你不需要提前知道一个人要说什么。只要选出演讲者，让他们发言，然后看看他们会说什么。他们经常会说一些你从未想过的话，让你大吃一惊。虽然你知道你的两个老朋友在某个话题上可能会说的所有话语，但如果你只是为他们每个人写独白，你就不会知道当他们开始相互交流时所说的一切。争论是产生新见解的肥沃土壤。

有时，选择那些观点不是很明显的人是有帮助的。举个例子，如果你觉得自己已经知道了路易十六关于法国大革命的所有言论，不要选他，选一些与之相关但又有点不可预知的朝臣。但是，不要担心这个问题——即使你认为自己已经知道路易十六或你母亲会说什么，他们也会在真实对话的情况下提出新的、令人惊讶的东西。请把对话当作对"意料之外"和"自发"的邀请。

对话的部分力量来自使用**演讲**和**谈话**的语言方式，远离"散文语言"，后者通常更麻烦、更做作，离你的感觉更远。因此，确保你**在纸上进行谈话**。轮流用不同的角色思考，写下那个人说的话，这很重要。这意味着你可能会写下很多在口语中出现但不包含实质性含义的词，例如"好吧""嗯""也许""你的话有些道理""我不知道，让我想想"等。当人在谈话中不太确定自己到底在想什么时，就会使用这些短语。这正是你在写对话时应该处于的位置。除非你写下人们**说**了什么，否则你无法真正进入他们的脑海，无法从他们的想法和观点中获益。他们的"发言"代表的就是他们，因为你需要从他们的思想中获益，所以你需要他们的发言。此外，让真实的对话得以展开比寻找想法或争论更有趣（与说话的节奏和结构保持联系，这对你所有的写作都有帮助）。

如果你在分析性写作方面有困难（意味着你可能在写论文和报告方面有困难），对话就特别有用。写对话可以得到理性的论证，它们在你的感知中自发出现。让两个人在纸上争论，或者赋予你的对手一个声音，让他可以在纸上和你争论，你会很自然地提出论点——断言、支持理由、证据。由于你是在激烈的辩论中提出这些论点的，而你的对手打断了你并在中途改变了论点，所以这些论点可能混乱无序或有不足之处，但你仍然写出了你所需要的大部分内容，这些内容是你进行一套聪明而有力的推理时所需要的。*

5.叙事思维。如果你的主题让你感到困惑，例如，你发现你的思维从一个想法转到另一个想法，或从一个观点转到另一个观点，却不知道哪个想法或观点更有意义，那么就简单地写下**你的想法的故事**。"我想了这个，又想了那个"，等等。这个过程可以帮助你厘清脑海中混乱的思绪。如果你写一些非常复杂的作品时遇到困难，这个方法就特别有用。例如，假设你试图分析一个纠缠不清的电影情节或一个令人困惑的法律案件，那么就进入精确的叙事模式，讲述发生了什么以及你的反应。例如，"她描述了发生在她身上的事情，以及为什么她应

---

* 缺乏经验的论文作者很少从老师的批改中受益，部分原因是老师通常试图纠正论点中的缺陷，而学生还没有学会在纸上自主进行持续的论证。学生们将反馈视为一种双重约束："你让我进行持久的、抽象的、独立的推理，这对我来说很困难，我是在接受你对我的惩罚。"

该得到回报，我认为她是对的；但当他回答时，我同意他的看法；但当我想到……时，我又开始改变我的想法"。不用说，你可能不希望你的最终版本处于这种叙事模式，因为这样很慢。但是，这种早期的叙事性写作可以帮助你最终清楚地看到问题，这样你就可以写一些非常紧凑和切题的内容。特别是，它经常会帮助你注意到困住你的潜意识假设。

6.**故事**。写推荐信、工作分析，或写对一个人、一个项目的评估，最好的方法是先让脑海中浮现出一些故事和事件，然后非常简短地记下来——好的故事和坏的故事、典型的故事和特别的故事、有趣的故事，最重要的是，这些故事以某种方式让你难以忘怀。这将使你从评估和报告所特有的那种可怕的枯燥感中解脱出来，避免空洞的概括和呆板的性质列表或无趣的形容词列表。每个故事都会带来生动的见解，特别是从令人费解的故事中产生的见解会比你只思考这个人、这个项目、这份工作时产生的见解有用得多。此外，你还可以在最终版本中加入这些故事的一些片段，使其更清晰、更生动。以真实事件为例的推荐信最有效果。

当你阅读有关法国大革命的书籍时，你会想到哪些故事或事件？有些故事显然很重要且具有说明性。你腾出位置，让别人的想法直接出现在你的脑海里。这些想法不会都来自你所阅读的内容。也许皇室的困境或农民的困境会让你想起自己的处境。也许城市贫民的行为让你想起了自己曾经做过的事情，把这些联想写下来。此外，试着思考与主题中的理论或结构元素相关的故事和事件。例如，关于**原因**，什么故事让你印象深刻：当一件事引发另一件事，但原因似乎与你通常认为的不同；你是否造成了某些令人困惑的争论；没有原因或原因太多的一些案例。

简略地写下这些故事和事件。你要以最快的速度记录尽可能多的信息。如果是一个冗长复杂的故事，你就把它在脑子里通读一遍，然后用一个长段落写下总结。你也可以用一串短语代替整个句子，但一定要包含细节。这种循环写作过程的有效性源于从记忆中挖掘出大量丰富的具体细节。你想让大脑专注于叙述和体验层面，而不是"我对法国大革命的原因有什么**看法**"。前面的循环写作过程会给你一些想法。现在你想让自己的大脑问："我的**记忆**和**经历**与法国大革命有什么联系？"在你的叙述和经验记忆中，有许多宝贵的知识是你无法通过思考获得的。许多智者通过讲故事来达到最好的思考效果。

学会相信自己。要知道，那些与主题相关的故事和事件最终会对你有用。练习这个技巧，就可以在3—4页的文章中简短地讲述15—20个故事或事件。有时你想到的材料非常重要，你知道自己应该花更多的时间把它们全部写出来。

7.场景。时间停止流动，拍一些静止的照片，专注于个人时刻。关于法国大革命，你脑海中浮现了什么地点、时刻、声音或情绪？这些事物不仅来自你的阅读，也来自你自己的经验。请假设脑海中浮现的这些事物很重要，尤其是一直在脑海中挥散不去的事物。

如果你正试图在事业上做出决定，或者在两个人之间做出选择，或者想转变生活状况，那么尽可能多地记下你想到的过去的场景，记下那些你状态良好或者事情进展顺利的时候，同样也记下状态不好或者进展不佳的时候。通过阅读这些场景，你可以做出一些真正值得信赖的判断：你的技能、你的优势、怎样发挥最佳状态、你的弱点、尽量避免什么地方。*

---

* 我从盖尔·马丁（Gail Martin）那里第一次学到了这个有用的策略。

如果你在写文章分析小说、故事、诗歌、电影，阅读场景这个方式就特别好用。这些作品中的哪些时刻、景象、声音打动了你，你就明白这些作品的中心在哪里。当你把脑海中的这些快照放在一起看时，会出现什么样的结构呢？添加出现在你脑海中与你其他经历有关的场景。关于你对作品的分析、你的先入之见和观点，这些场景会为你引入重要的见解。

8.**肖像**。想想你的话题，看看有什么人会出现在你的脑海里。描绘出他们的缩略图——不一定要有符合语法的完整句子，只用几个短语就行了。说出这些人在脑海中挥之不去的品质或特征，比如他们的外表、奇怪的动作或姿势或步态、有趣的品质，以及他们说过或做过的事情。有些肖像与你的分析有明显的关联。当你思考你的话题时，看看还有谁会出现在脑海里——你遇到的其他领域的人会浮现脑海中。要有信心，当你在思考法国大革命的原因时，你脑海中浮现的三年级教师是有帮助的。写出你对这位教师有什么特别的记忆，之后你可能会获得一些见解。

如果你试图评估一个组织或分析一部小说，画肖像的方式通常会立即引导你找到最好的见解。如果你正试图做出一个艰难的个人决定，你生活中重要人物的肖像将帮助你看到什么对你最重要，并把它从仅具有吸引力或诱惑力的事物中区分出来。

9.**不同的受众**。把你的主题写给一些人，那些与你的作品的真正受众完全不同的人。如果你的读者见多识广，那就试着写给一些见识没那么多的人，比如小孩子。如果读者是你不认识的人，那就写给一个亲密的朋友。如果读者对这个话题有明确的观点，那就写给持相反观点的人。如果你为一位正在求职的朋友写推荐信时遇到了困难，那么先把你想对雇主说什么这个问题放在一边，给你的朋友写封信，坦率地告诉他你对他的感觉。

如果你在改变受众方面有困难，那就试着把这些不同的受众想象出来，在写作中定期提到他们的名字，就好像你真的在和他们说话一样。如果你和许多人一样，常常忘记自己的读者，没有特定的受众，那么你的写作可能会走向死亡。想象着你的读者进行写作练习——你真正的读者和一些其他读者。

向不同的受众写作，这个行为不仅仅是为了说明你的想法，也会让你产生新见解。假设你得为一位高高在上的领导写一份工作报告，如果预设这份报告的读者是你的孩子、父母或任何与你工作没有关系的好朋友，你就会发现工作中的其他重要方面。如果只是给指定读者写信，你就永远不会注意到这些方面。写法国大革命的原因，就好像你是基辛格，在给政府中其他成员写一份关于如何防止革命的备忘录，你会得到新见解。

10.**不同的作者**。当你变换受众时，自然也会变换作者。每种方法都会产生新见解。写作的时候，想象你是另一个人，一个对所写话题的看法与自己截然不同的人，或者假设在不同文化背景中写这个话题。如果你正在分析一项特定的政策，就假装自己是受其影响的人。如果你是写一个特定的人，也许是一篇关于历史人物的文章，或者是一篇对客户或同事的评价，那么**成为**那个人，描写一幅**自画像**或**自我分析**，会有很大的收获。你会再次学到你不知道的东西。如果你在写一本小说、一首诗或一部电影，你可以成为作品中的角色，体会这个角色会说些什么。或者成为作者，谈谈自己对创作作品的理解。

11.**不同的时间**。写作的时候，就好像你生活在过去或未来。以描写法国大革命为例，你写作时可以假设自己生活在那个时代，或者生活在法国大革命还未发生的时代，但是你的直觉告诉你，会发生这件事。

写的时候就好像这个**话题**是在不同的时代——如果你写的是关于非暴力反抗或两性关系，就从遥远的过去或者未来去写这个话题。同样，试着给过去或未来的**读者**写信。

关于话题，如果你想不出有什么可说的，或者如果你想到的一切都普通、显而易见、无趣，那么变换受众、作者、时间会卓有成效。

12.**错误**。写下以假乱真的内容或试图令假成真的内容、你被诱导着去思考的内容，或者思考着别人思考的内容，但你知道这些想法是错误的，而且是危险的错误。"人们只关心自己拥有的东西。""约翰本性懒惰。""革命总是发展的一部分。"把这些写下来可以减少你头脑中的干扰。这个过程将你的思维一点一点地集中限制在一个越来越窄的空间里，这样一个杂乱无章、令人困惑的问题就会渐渐变得清晰和易于处理。

13.**谎言**。快速写下你脑海里所有奇怪疯狂的想法。例如：法国大革命不是由西雅图的世界劳工协会发起的，也不是由列宁、马克思或马克思兄弟发起的，也不属于女权运动。它没有持续40个日夜，圣经中没有记载，他们不是仅仅灌醉敌人，再把敌人扔进大海。如果你让这些毫不费劲的胡说八道持续10分钟或者15分钟，去更详细地阐述一些个人的幻想，你会发现一些有助于思考的想法，即使它们不是真的（这些想法也许是真的。法国大革命有可能是女权运动的一部分吗？）。

尽可能多地写下谎言，尽可能快地让你瞥见自己的潜意识。你会发现一些与主题相关的重要关注点和假设。当然，很多都是无关紧要的，但如果你能更多地意识到它们，你就能更好地思考这个话题。此外，即使你不能从你所写的废话中得出任何结论，把它全部写下来的过程也有助于清除你头脑中的迷雾。这些迷雾使你困惑，阻碍你的思考。清除这些迷雾后大多数情况下你会再次充满活力。

应用这些循环写作技术

在大多数情况下，使用3—4种技巧就足够了，它们使你对主题产生很多好的想法。有时候，写作遇到困难，你需要应用更多的技巧。第一想法、偏见和临时版本都是写作早期阶段热身和创造的好方法，错误或许也是个不错的方法。在你做了一些研究、思考和早期写作后，对话、故事、场景和肖像会对后期的写作很有帮助。不同的读者、不同的时间和不同的作者在写作的任何阶段都能提供帮助。这些对于扩大你的观点或让你更投入你的话题特别有用。

如果你要写的是政治或道德等观点占主导地位的话题，比如堕胎，那么写下你的偏见就特别有价值。但是，在你的期末论文中，你要**小心**使用偏见——仔细看证据，好好论证，记录你的结论。简而言之，小心不要让你的偏见欺骗你或蒙蔽你。而在这里，你却想做与其相反的事情。有时候，只有抛开所有的顾虑，看看会发生什么，你才能真正从外界了解自己的假设和观点。理解你自己的参考框架，无论你的目的是客观分析还是巧妙说服，只有这样做，才能很好地处理棘手的问题。

如果你找不到真正的议题，找不到有争论的地方，找不到能参与的事情，看上去只有一大堆真实而无趣的想法，对话就会特别有用。对话能激发冲突和活力。如果需要做一些比较和对照分析，对话也是理想方法：你可以让两个提议、两位候选人、两种政府模式或两首诗歌彼此对话，并让他们为彼此的分歧而争论。

如果你需要分析一部小说或某种艺术作品，故事、场景和肖像有助于你注意到作品背后隐藏的结构或能量中心。对于一个让你感到头晕目眩的话题，错误是个好方法。如果你试图消化和理解你所知道的东西，可以试试不同的受众、不同的作者、不同的时间。如果你试图在持续蔓延的思绪中集中焦点或者组织结构，这些方法也能帮助你。

最终，你可以在这些技巧中做出选择，这个选择不是基于写作任务的类型，而是基于你自己的气质和技能。例如，有些人用体验写作比用思考写作更舒服、更熟练。他们更擅长写故事，讲述自己的感受，描述特定的景象、声音、感觉和气味，而不擅长抽象的推理、分析、论证和构建思路。如果你是这样的人，那么当你写论文和报告的时候，你的作品看起来可能会比你实际的样子乏味得多。但是，如果你使用这些体验型循环写作技巧：故事、场景和肖像，你就能够在概念写作中获得真正的洞察力和智慧。当你阅读自己用这些技巧写出的作品时，你会发现几乎每一件作品都包含了很好的见解，你现在可以轻松将其放入概念模式中："现在我明白这两个故事告诉了我什么。我相信，当我给约翰指明方向时，他会精力充沛、认真负责地工作。但是，我没有指明方向时，他就会游手好闲。"或者"这首诗让我不断地想起自己苦乐参半的记忆，这与这首诗不同。我不会说这首诗是忧郁的，但是把这段记忆和这首诗放在一起思考，我终于可以在一些画面中看到一种淡淡的忧郁，它虽然有些模糊，但对于解释这首诗为何如此有力量这件事来说很重要。"

如果你气质相反，喜欢在纸上推理和辩论，你的论文或报告将以不同的方式受益于故事、场景和肖像，你的论证会更有生气。事实上，如果你的论点过于抽象，也就是缺乏实际经验，不接地气，你的品位和技巧会**削弱**你说服读者的能力。可以说，你会被论证不充分的那些人驳倒。故事、场景和肖像的描写需要在有血有肉的读者身上展开，这将给你的论点增添更多的经验性。此外，即使你喜欢推理，这些循环写作技巧也会直接为你提供更多的想法，比你平时想到的**更多**。推理本身就是演绎，它只会告诉你更多你已经知道的东西。但是，写故事、场景和肖像是归纳的过程，会引导你获得仅靠推理无法获得的新见解和新观点。

重要的是要尝试这些方法。你会在不同的情况下知道哪种方法最适合你。你可能会开发出特别符合你需求的不同的新方法。

返程归途

出发航行的过程中，随着写作的进行你会产生许多新见解、新领悟。但不要苛刻对待这些想法，也不要强求这些想法。如果你想获得新见解，就必须在航行期间**忽略**你的主题。让你脑海中的目标、意义和成品消失一部分，以便思维重组，产生新观点，如果你一直盯着目标，就不可能重构思维，产生新观点。

但是，返程归途是回转驶向最初目的的一个过程。返程中，全心全意想着你的目的：尽可能精确地、有意识地思考你的主题和与读者相关的问题。如果有任务或指导方针，你要仔细想想它们是如何表述的。并且你要想想你到底想对读者做什么，他们想要什么，以及他们与你的关系。然后回顾一下你在出发航行旅途中写的东西，寻找有用的想法和见解。

很明显，因为返程途中，你正在进行修改。你的创造性思维已经产生了大量的例子、思考，而且在制造想法，现在你需要从这些原始写作中用批判性思维创作一个连贯的草稿。你可以在多种修改方法中选择适合你的方法（我已经在第5章描述了快速修改，其他方法在第三部分"修改的其他方式"）。

我通常从通读文章开始，完全不写东西，只是让自己沉浸在我所写的所有文字中，文字中记载了许多我的不同观点、不同的模式和心情。我或许会在页边空白处做标记，在那些我觉得写得特别好的地方或重要的地方做标记。在阅读过程中，当我有一些新想法，但又担心自己会忘记的时候，我会草草记下一些笔记。第一次通读让我了解了文章的大概情况。有时候，只要通读你写下的文字，你就会清楚地知道想表达的主要观点和其他所有要点，虽然有时你还不知道如何把这些观点转换进草稿。

或许可以这么说，循环写作过程会比其他写作过程更混乱，特别是当你用这个方法来写一篇说明性文章或概念性文章时。在使用危险办法和直接写作的过程中，你要时刻盯着目标。在开放式的写作过程中，你可能会逐渐进入最后的写作阶段。在循环写作过程中，你可能在排序方面更为困难，需要付出更多努力。

首先，你要扔掉更多的材料。这样具有创造性的生成过程会不可避免地产生更多见解，你无法符合逻辑又轻松自在地在作品里填充这些材料，所以你得培养力量去扔掉一些好材料。当你想出最后的思路时，你或许还会发现一些需要填补的空白。

此外，你必须更加努力地解释这个过程所产生的一些见解。也就是说，虽然有些表面的见解在你的写作草稿上，但还有些见解隐藏在文字背后。当你在写一些特别的故事或肖像时，不知何故似乎耐人寻味，你并没有处在看透法国大革命起因的最佳位置。但是，如果你仔细思考你的主题，将所有这些不同的写作方法应用到主题上，你会看到自己的见解。

有几篇文章仍然晦涩难懂。你写了一段对话，对话中的两个人针锋相对，他们的分歧只会让你感到困惑。你是否知道这个候选人是否适合这份工作？你是否了解你对环境影响的研究的可信度？你不知道。法国大革命的起因，故事或肖像告诉了你什么？它是在告诉你去思考某个人的影响吗？它是在告诉你去思考"**起因**"这个词的特定含义吗？有些段落不会泄露秘密。抓你能抓住的信息，放走其他信息。

首先假设每一条信息都有意义，并认真思考其意义是什么，但一段时间后，不要再为此花费更多时间。也许这个意义以后会突然出现，成为其他思路的一部分。

这种循环写作过程适合一种我称之为"拼贴"的写作方式，第14章我会讲解这种写作方式，其中有两篇拼贴文章，利用这两篇文章，我对使用循环写作过程中产生的成分进行了说明。

循环写作程序总结

- 第一个想法
- 偏见
- 临时版本
- 对话
- 叙事思维
- 故事
- 场景
- 肖像
- 不同的受众
- 不同的作者
- 不同的时间
- 错误
- 谎言
- 循环写作过程通常有助于将实际生活体验融入抽象写作，特别是你感到主题无聊或文章与主题脱节的时候

9　比喻为作品注入活力*

　　这一章包含了一些隐喻性的问题，能帮助你对主题产生更多的想法、认识和感觉。这些问题能帮助你更全面地了解你想要写的事物，也能让你找到你惯性思维中的局限之处和盲点。

　　例如，如果你准备写一篇关于你认识或共事过的人的案例研究、报告或论文。"描述_____作为**两个人**，这两个人如何合作（或不合作）。""_____永远不会遇到什么事？如果发生了，结果会怎样？""把_____描述成一个坏人。""说出三四个脑海里出现的最重要的声音，让人联想到_____。"如果你试着快速回答这些关于你认识的人的问题，你会发现以前你不知道或一知半解的事情。

　　你的新印象虽然不一定都是准确的，但是大有用处。例如，当你把人描述成坏人时，你可能会发现，你对这些人一直有着模糊的不认可，这其实是你内心深处的一部分，但只是你的一部分有意识的偏见，这种偏见来自你过去的感觉或态度，或者你永远不会原谅他们多年前没有邀请你参加那个派对。自由写作可以帮助你看到这些障碍，从而更准确地看问题。

　　当你开始思考和写作时，这些问题通常是最有用的。所有的这些问题，你都不需要写下长长的答案，通常用一个短语就足矣。然而，有些问题可以触动你去写一篇重要的文章，比如"将_____描述成坏

　　*　感谢德怀特·佩因（Dwight Paine）帮助我设计了早期版本中的一些问题。了解更多关于这些练习问题背后的隐喻创造和思维理论，参见《真正的学习和非学科课程》（*Real Learning and Nondisciplinary Courses*），彼得·埃尔伯，《通识教育杂志》（*Journal of General Education*），第3卷第2期，1971年。

人"。最重要的是，在你回答了一系列问题之后，你要尽快投入原始写作中。回答这些问题会让你产生比平时更多的想法和见解。

这些也是隐喻思维的练习。如果你经常使用它们，会逐渐提高你的创造力和想象力（亚里士多德说隐喻能力是智力的标志，我对这点表示赞成。但是，他说隐喻能力无法习得，我并不这么认为）。

每一个隐喻都是一种强制搭配，一种错误，一般是把不属于一类的东西或字面上不属于一类的东西放在一起。一个好的隐喻在诗歌或任何形式的写作中都是优雅又恰到好处的〔威廉·卡洛斯·威廉姆斯（William Carlos Williams）以一首诗作为文章开头："你的大腿是苹果树/其花盛开触及天空。"〕。不过，对于这里的问题，你给出的答案不必优雅，不必恰到好处。实际上这些答案会打破你对自己写作主题的一些惯性思维。

例如，你正在分析一个组织，比如埃克美包装公司（Acme Packaging）或者美国中情局（C.I.A.）。问题是："如果除了法式吻，还有埃克美包装公司式吻（或者中情局式吻），这个吻是什么样的？"也许埃克美包装公司式吻就是亲吻一张纸，然后通过内部邮箱发送出去。中情局式吻就是每两个月一次快速而有力的拥抱，并且确保不看对方一眼吗？你的答案可能马上派上用场，可能毫无意义，可能暗示一些你已经非常清楚的事情，可能让你注意到一种朦胧的感觉，然后继续寻找合适的词来表达。

或许你在练习写莎士比亚（Shakespeare）为何以城垛幽灵的场景作为《哈姆雷特》（*Hamlet*）开头的文章，并且练习要求"假装需要注入活力"。你一定要对你自己说："那么，如何把活力注入作品中，使作品像这样以这种场景作为开场？"各种各样的答案会浮现在脑海中。我首先想到的是，莎士比亚在开场就让我们失去了平衡（第一次阅读时，你无法分辨发生了什么），让我们准备好体验不确定性，这是该戏剧的主要潜在情感和主题之一。我发现这是一出以拒绝安定、模糊为基调的戏剧。

要达到最大化利用问题，就需要解决一系列问题，而不能仅仅依靠其中一个问题，不管你在这一个问题中得到多么幸运的见解。想象在各种地形上展开描绘，扭曲和拉伸你想要写的东西，并从中看到各种可能性。

那么，有关《哈姆雷特》的下一个问题是"把开场场景的问题想象成一个材料有缺陷的问题"。我首先想到的是，是否存在演员可用性的问题。是不是因为演员在扮演两个或更多角色时产生了一些复杂因素，所以不得不从伯纳多（Bernardo）、弗朗西斯科（Francisco）、马塞勒斯（Marcello）和鬼魂开始？还是因为这些演员需要在下一个场景的后台做一些事情？这个答案似乎没有什么意义，但对于这些问题，一些牵强或荒谬的答案是可以接受的。不要因为缺乏数据而退缩。你是在拉伸思维，而不是在试图确认答案。

但是，就在这些摸索中，另一个更直接有效的想法突然出现在我的脑海里。**观众**是有缺陷的一环。演出开始时，一些观众可能还在入场。一些观众还没有把全部注意力从日常事务或与同伴的谈话中转移到戏剧上。这个场景能吸引观众的注意力——它的神秘性和戏剧性。也许更重要的是这个场景没那么重要，如果一些观众花了一半的时间来集中注意力，他们也不会因此受到惩罚，他们不会因为错过这个场景而不能理解或欣赏戏剧中重要的内容。这似乎是一个有用的想法。

下一个问题是"厨师太多了"。太多的演员？戏剧开始时到处乱跑的人容易把我弄糊涂。太多的作家？会不会与其他人合作创作了这一幕？是来自莎士比亚无法拒绝的其他演员、股东的建议吗？会不会是早期版本的《哈姆雷特》或其他戏剧中受欢迎的鬼魂场景？隐喻性问题通常不会**给予**你答案，而是让你准备好去寻找更多种类的答案。

回答这些问题的诀窍是强迫自己不花太长时间想出一些答案，然后继续下一个问题。这意味着编造一些事情，有时还会产生一些无稽之谈——思想的翻转。如果你花费的时间超过一两分钟，无论结论怎样都要继续下一个问题。不用担心，你会发现你不可能回答问题集里所有问题，但你确实需要带着一种投入、假装、玩耍的精神来回答这些问题。（如果你想塑造的艺术品是你的身体，你会在哪里找到头、手、脚、心？如果是一辆汽车，你会在哪里找到发动机、消音器？）如果你不能全身心地投入这些问题，就不值得为之花费时间。但是，在你得出这些问题太愚蠢的结论之前，考虑这样一个事实，你每晚做梦时，都在进行同样的牵强附会的隐喻思考（虽然你忘记了）。你所拥有的富有创造性的隐喻联系能力，已经准备好接受更有意识的控制。

有时你会在得到答案后马上意识到它的重要性（"嗯，自由是圆形的。这是否意味着我理所当然地认为自由是完美的？"）。但是，通常最好不要在回答问题时寻求解释。它会让你过于陷入自我意识，过于渴求解释。因此，要求你把你的组织看作是一种中毒的方式时，你只能走概念翻译的道路："让我想想，我对我的组织有什么看法，我的看法让我联想起了哪种中毒方式？"这就忽略了这些问题中的杠杆作用。如果你能让毒药浮在脑海里而不去想它，那最好不过了。也许浮现在你脑海中的毒药本身完全无关紧要，但当你把它与其他一些看似荒谬的答案结合起来思考时，你会发现关于这个组织的一个新的、有价值的见解。事实上，你的答案会丰富你的原始写作，即使你从来没有意识到它们的含义。

★ ★ ★

我把这些问题分成几组，并按照以下具体写作任务进行了分类：

a.帮助你写认识的人或共事过的人的问题。

b.帮助你写你研究的人物或者通过阅读了解的人物的问题。

c.帮助你写某人的一生的问题。

d.帮助你写自我评价的问题。

e.帮助你写一个地方的问题。

f.帮助你写一个物体的问题。

g.帮助你写一件艺术作品的问题。

h.帮助你写一个组织或团体的问题。

i.帮助你写难题或困境的建议。

j.帮助你写抽象概念的问题。

同组中的许多问题适用于不同的写作任务。有时我的分组很随意。你会发现对你来说，有些问题特别适合你的想象力，对于你写任何类型的文章都有帮助。你还会发现，你开始自己提出问题，这大有裨益。

a.帮助你写你认识的人或共事过的人的问题（例如，你必须对某人写一份评估报告、推荐信或案例报告，或者你只是想更好地了解某人）

1.如果你什么都不知道，_____的脸能透露出什么？

2.如果你什么都不知道，_____的身体能透露出什么？

3.如果你什么都不知道，_____的姿势和步态能透露出什么？

4.如果你什么都不知道，_____的举止或风格能透露出什么？

5._____的名字是一种颜色的名字，是什么颜色？

6._____是一种动物，是什么动物？

7._____是一种食物，是什么食物？

8.谁会扮演关于_____的电影？

9._____的大脑不在头里，心脏不在胸膛里，内脏不在肚子里。它们在哪里？

10._____是两个人。描述他们以及他们如何合作或如何不合作。

11._____是个间谍。为谁工作？什么任务？

12.如果你要花一年的时间与_____密切接触，你更希望在哪里？在什么情况下？最糟糕的地方和环境是什么？

13.想象你认为人的所有性格和行为都来自年轻时模仿对其意义重大的"榜样"。你认为_____模仿了哪些人，什么样的人？

14.想象你是一种柏拉图主义者/毕达哥拉斯追随者/佛教徒，相信灵魂会一次又一次地转世，用他们的方式逐渐从植物变成纯净的灵魂。这个循环中_____在什么位置？上一世是什么？下一世是什么？

15.假设你是一个极端的弗洛伊德主义者，相信所有重要的行为都源于无意识的感觉，通常是性行为或攻击行为。快速解释_____的行为和活动。

16.如果你在写你和_____在一起时听到的历史上的**声音**（不包括文字），历史上最重要的三四个声音是什么？

17.假设你认为_____是一个非常好的人。现在描述_____。

18.假设你认为_____是一个非常坏的人。现在描述_____。

19.什么事情永远不会发生在_____身上？想象这件事发生了，结果会怎样。

20.想象一下当你和_____在一起时的一个重要情形。闭上眼睛，试着重回那个时候。现在假装你是_____，并描述那种情形。

21._____会给这个房间带来什么天气？

b.帮助你写你研究的人物或通过阅读了解的人物的问题（例如，艺术作品中的政治家、历史角色或人物）

1.描述_____作为一个普通人。

2.描述_____作为一个独一无二而特殊的人。

3.想象_____是另一个性别。描述_____过着的生活。

4.描述_____在一个完全不同的时代的生活。

5.编造或猜测_____童年生活中最重要的事情。

6.如果某件事没发生，或者发生了一些完全不同的事，描述_____的生活。

7.讲述一个有_____的科幻故事。

8.讲述一个有_____的肥皂剧情节。

9.什么会使_____哭泣？

10.想象一下，你非常生气，开始殴打_____，你会怎样打？从哪里下手？

11._____需要得到什么样的抚摸？

12.给_____恰如其分的赞美，_____从来没有听过。

13.想象_____的头发与现在以及过去完全不同。你会注意到什么你不曾发现的东西？

14._____有什么秘密是_____没有告诉任何人的。

15._____有什么事情甚至是_____都不知道的。

16._____的母亲或父亲如何描述_____？

17._____的孩子如何描述_____？

18.描述_____作为美国的好总统，或者坏总统。这两种情况下会制定或者做出什么重要的政策或者决策？

19.讲述一个_____反复做的梦。

c.帮助你写某人的一生的问题

1.描述_____一成不变的生活和性格。看起来像是改变的东西实际上只是保持本质不变的方法。

2.描述一些从本质上决定了_____的生活和性格的重要变化或转折点（即使在大多数人看来，似乎并没有这样的变化或转折点）。

3.假设你认为人们是真正自由的——他们的某种选择或导致他们身上所发生的一切。描述_____的生活或性格。

4.假设你持相反的观点：人们不是自由的，是由他们无法控制的事件决定的。描述_____的生活或性格。

5.在_____的生活中找到尽可能多的规律——以瞬间或数年为尺度，重复发生的事件。

6.什么事情在_____的一生中只发生过一次？

7.描述_____作为个体，主要受到国家、文化和种族的影响。

8.描述_____作为个体，主要受到个人和家庭的影响。

9.描述_____作为个体，主要受到经济和阶级的影响。

10.描述_____作为个体，本质上受到条件的制约。什么行为得到奖励，什么行为得到惩罚？

11.作为解决过去问题的方法，描述_____的性格。

12.作为承载着未来问题的种子，描述_____的性格。

13.为_____想两三个非常不可能的职业。描述_____在这些职业中（例如，把拿破仑描述成一个诗人）。

d.帮助你写自我评价的问题（适用于某些工作、企业或生命阶段）

1.在这个阶段或这个企业的电影中，谁会扮演你？

2.这段时间的主要天气是什么？或天气发生了什么变化？

3.想象自己做了一件很棒的工作。你注意到了什么？

4.想象自己做了一件很糟糕的工作。你注意到了什么？

5.为所有出错的事情负责。你是故意这么做的，还是因为你根本不在乎，或者是因为你很生气。解释这些事情。

6.说说这段时间中你最重要的三个时刻。

7.你从这些时刻中学到了什么？

8.你在这段时间中表现出了什么品质？

9.你的哪些品质是隐藏的或未使用的？

10.把这段时间想象成一次旅行。带你去了哪里？从哪里出发？

11.想象这段时间只是一段旅程的一半。你已经走了一半了，现在在哪里？旅程的后半段是什么？

12.把这段时间想象成更长旅途中的障碍物、路障或者阻碍。这段更长的旅途是什么，这段时间是如何让你停滞不前的？

13.如果这项事业是工作，作为娱乐进行描述，反之亦然。

14.想象一下，这个事业的目标与你预期的非常不同。想象一下这些令人惊讶的目标。

15.创造一个你自己在这个事业中的梦想。就用最先想到的梦想，不一定要讲得通。

16.把这整个事业想象成一个梦。梦到了什么？你醒来时会看到什么？

e.**帮助你写一个地方的问题**（在你的想象中去这个地方，选择一个特定的时间，一年中的一天。看着它，感受天气，倾听声音，安静地与之接触几分钟。）

1.在那里你的情绪会受到什么影响?

2.想象一下在那里待上一年。怎么能让你变得更好? 怎么能让你变得更糟?

3.想象一下，在短短五分钟内，你已经看到了这个地方自世界诞生以来的全部历史。简要叙述这段历史。

4.想象你的身体就是整个世界。你身体的哪个位置是_____?

5.如果有人说"这是_____天"，那会是什么样的一天?

6.想象一下你一直都看不见，简短描述这个地方。

7.让这个地方来描述你。

8.这个地方是种动物，是什么动物?

9.这个地方是一个人，是谁?

10.说出这个地方让你想起的一个故事、一首歌或一部电影。

11.这个地方永远不会让你想起的事，在你脑海中首先浮现的是什么?

12.这个地方让你想起了别的什么地方?

13.这个地方最适合什么天气?

14.有些地方有自己的专有名称，比如"芝加哥"。有些地方只有一个通用的名字，必须与类似的地方共享，如"浴室"。给你的地方起一个与它现在的名字类型相反的名字。

15.这个新名字会改变什么? （例如，你的感觉有什么不同? 你现在会注意到什么? 你现在不会注意到什么? 现在那里的情况会有所不同吗? ）

16.尽可能多地找到这个地方的规律。（例如，找出在那里定期发生的事情，无论它们是每秒发生一次，每个月发生一次，还是每千年发生一次。或者你注意到的其他规律。）

17.说出你所知道的，只在这里发生过一次的事情。有什么规律蕴含其中吗？

18.把这个地方想象成一个濒临死亡的老地方。现在告诉我它还是个孩子的时候是什么样的地方。

19.把这个地方想象成一个小孩子或小动物。现在告诉我它会长成什么样。

20.如果"＿＿＿"代表这个地方的常规名称，那么下面这句话的意思是什么："如果你再这样做，我就＿＿＿你"？

21.想象这个地方就是整个宇宙，而你一直生活在这里。说说你和你的邻居如何解释宇宙的起源，你们觉得宇宙会如何终结。

22.想象这个地方每一个细节都经过精心规划，现在从这个角度简要地描述一下。

23.想象这个地方一切都是随机产生的，从这个角度来描述它。

24.想象这个地方闹鬼，说说它。（例如，它是如何闹鬼的，它会对它不喜欢的人做什么？）

25.想象一个反向宇宙，所有事物都与我们所知道的相反。在这个反向宇宙中描述一下你的反向地方。

f.帮助你写一个物体的问题

1.想一想在某个特定的时刻，这件物品对你来说重要且有意义。闭上眼睛，回到那一刻，把物体和场景的真实感带回现实片刻。时辰、年份、空气、味道、你的感觉。

2.如果你以前从未见过这个物体，当你第一次看到它的时候，你会注意到什么？

3.如果你很熟知这个物体，当你看到它的时候，你会注意到什么？

4.如果你比任何人都更了解这个物体，如果你花了将近一生的时间去了解这个物体，当你看到它的时候，你会看到什么？

5.说出2—3种你可以拆开它的办法。

6.说说拆开它是什么感觉，然后，彻底拆开它的每部分（快去做，别担心）。

7.想象在另一个不同的世界，这个物体是由完全不同的成分构成的。这些成分是什么？说说这种新成分的优缺点。

8.说说这个**特殊**的物体是如何存在的（不是这**类**物体，也就是说，如果你在谈论铅笔，不要讲**普通铅笔**是如何存在的。请告诉我这支铅笔是怎么来的——产自哪里，用的是哪里的木材、哪里的铅、哪里的橡胶，这些物体是如何组合在一起的？）。

9.假装这个物体以另一种方式存在，说说它是什么样子的。

10.讲述这个特殊物体存在以来的历史。

11.讲述它过去五分钟的历史。

12.说说这**种**物品是如何存在的（例如，普通铅笔）。

13.讲述另一个关于这种物品是如何存在的故事，但这一次是某种爱情故事。

14.尽量想出多种方式分类这种物品（以铅笔为例，按长度、颜色、是否可以咀嚼、是否免费、铅芯的颜色等）。

15.想一想这个物体很多不同的实际使用方式。

16.说出三种**可能**使用这个物体的方式，但并没有使用过。

17.讲述一个神秘的故事，解释这些使用方式中的一种是如何派上用场的。

18.说出三种不可能使用这个物体的方式。

19.讲述一个科幻故事，讲述世界如何以其中一种不可能的方式发生变化。

20.如果这个物体是动物，它会是什么动物？

21.如果这个物体是人，会是谁？

22.如果这个物体会说话，它会告诉你哪些你没有意识到的关于你自己的事情？

23.说出三件这个物体**代表**的事情或提醒你的事情（例如，铅笔可能代表一棵树、学校或写作）。

24.想象一下如果你比现在富有得多，这个物体代表着什么；想象一下如果你比现在穷得多，这个物体代表着什么。

25.如果你比现在老得多，这个物体代表什么；如果你比现在年轻得多，这个物体代表什么？

g.帮助你写一件艺术作品的问题

1.假设你制造了这件艺术作品，你的生活中发生了一些重要的事情，你对这件艺术作品倾注了强烈的情感。发生了什么事？那些情感是什么？

2.假设你制造了这件艺术作品，但你的生活并没有发生特别的事，你对这件艺术作品也没有强烈的情感。描述一下你喜欢这个艺术作品的什么地方。

3.假设你制造了这件艺术作品，但是对它很不满意。你为什么对它不满意？

4.你把这件艺术作品作为礼物送给你认识的人（一个你生活中真实存在的人）。她是谁？她对你的礼物有什么看法？

5.把这件艺术作品想象成良药。能治什么病？这病有什么症状？这药是怎么治的？

6.把这件艺术作品想象成毒药。它会摧毁任何体验过它的人。描述一下这种毒药的效果和恶化过程。

7.想象一下这个世界上的每个人都拥有这件艺术作品，所有的婴儿都反复接触过它。会有什么影响呢？

8.第一次接触这件艺术作品的人最容易注意到什么？

9.如果你从来没有在**其他**媒介（其他小说、电影、芭蕾舞剧等）上见过这件艺术作品，你会注意到它的什么？

10.哪个微小细节比其他细节更能体现这件作品？

11.这件艺术作品是男还是女？

12.这件艺术作品会和其他什么艺术作品结婚？

13.他们为孩子们准备了什么艺术作品呢？

14.想象这件艺术作品是进化过程的一部分。它由什么进化而来？它将演变成什么？

15.这件作品是唯一被运送到火星的人类工艺品，是关于人类的唯一证明，以这件艺术作品为基础，火星上的生物会对人类做出什么样的猜测或结论呢？

16.想象你的艺术作品通过不同的媒介演变成新的艺术作品（诗歌、小说、电影、绘画、音乐、芭蕾等）。描述其中2—3件新艺术作品，看看这些演变告诉了你原始艺术作品的什么。

17.高雅艺术还是低俗艺术：把_____描述成与它正常归类相反的一类（例如，把《失乐园》描述成一部肥皂剧）。

18.匿名的民间艺术还是个人艺术家署名的艺术：把_____描述成与它的正常归类相反的一类（例如，把部落吟唱描述成贝多芬的交响乐）。

h.帮助你写一个组织或团体的问题

1._____是什么动物？

2._____的历史规律是什么？重复发生的事件或循环，以十年为尺度还是以一天为尺度？

3.对于_____来说，哪些事情只发生过一次？

4._____历史上最重要的三个时刻是什么？

5._____是活着的，能选择，能行动。将它的行为描述为完全有意识的、意志坚定的、深思熟虑的。

6._____有感觉。它现在是什么感觉？它过去的感觉是什么？

7.如果有两个_____，第二个会在哪里？它们如何互动？

8.想象一下，_____是一台机器，比如一辆汽车或一台弹球机，描述它是如何工作的（例如，马达在哪里？挡板在哪里？）。

9.这台机器最重要的部分是什么？哪一部分最容易损坏？

10. 将_____映射到你的身体上：哪里是头、脚、手、耳朵和眼睛？

11.假设所有的组织都有与_____相同的结构或运作模式。对世界会有什么影响？

12.它激发了成员身上什么样的人性？它压抑或弃用了什么样的人性？

13.如果除了法式接吻还有_____接吻，那接吻是什么样的呢？

14.把_____描述为一种毒药，它的影响，它的解药。

15.把_____描述为一种武器。你怎么让它爆炸？它是用来做什么的？谁发明了它？

16.从进化的角度来看_____。它是由什么进化而来的？它进化的方向是什么？

17._____是什么形状？想象一下运动中的那个形状，它是如何运动的？

18._____是生态系统的一部分：它依赖什么？什么依赖它？它吃什么？它产生什么？什么吃它？什么产生它？

i.帮助你写难题或困境的建议

1.需要注入活力。

2.有缺陷的材料。

3.太多厨师：一群人设计、操作这个作品。

4.贿赂就能达到目的。贿赂谁？用什么？

5.问题是上帝生气了。生谁的气？为什么？那个人做了什么让上帝生气？

6.这是一个上瘾的问题。谁对什么上瘾？

7.这个问题表述错误，用两三个不同的方法来表述。

8.这个问题是数据错误。猜猜哪些数据是错误的，为什么？

9.这是一个棘手的难题：别试图解开它，用剑将其劈开。

10.汽车在冬天发动不了。你会做什么事情？

11.这是一个逻辑问题，例如，a对b就像c对d。

12.这看起来是个问题，但如果你用正确的观点看问题，一切都会好起来的。

13.假设这个问题没有解决方案。你从这个结论中得到了什么合理的行动方针或策略？

14.这是一个数字问题。试着对它进行以下操作：加、减、除、乘、百分比、移动小数点。

15.这只是消化系统出了问题：有人吃错了东西，或者有人腹泻、便秘、呕吐。

16.这是人的问题：性格无法相容、争取主导地位、相爱却又不能承认、感到害怕但不愿承认。

17.过时的设计。

18.这是钱太少的问题，或者是钱太多的问题。

19.这是蓄意破坏。

20.这是身体疾病。需要（a）特殊药物；（b）用少量的药长期调理；（c）帮助病人解决无法治愈的问题。

21.这是精神疾病。需要（a）休克疗法；（b）谈心疗法；（c）集体治疗法；（d）条件反射疗法；（e）得到帮助和支持以度过发病期，走出困境；（f）承认社会才是疯狂的，患者是理智的。

j.帮助你写抽象概念的问题（例如自由、民主、利他主义、性、正义，这样的主题特别受益于循环写作过程的经验技巧，如偏见、故事、对话、时刻和肖像。）

1._____是什么颜色？

2.什么形状？

3.想象这个形状在走来走去，它的运动方式是什么？

4.给予_____最糟糕、最偏颇、最扭曲的定义。

5.想象这个词或短语并不存在（想象一个民族在他们的语言中没有这个词）。

6.如果这个词不存在，会有什么不同呢？

7.想象_____是一个地方，描述它。

8.什么样的动物可以作为_____的徽章呢？

9.在你脑海中，哪些人与_____有联系？

10.如果_____与别的东西陷入爱河，那会是什么东西呢？它们会给孩子们什么呢？

11.为_____设计旗帜。

12.想三四个抽象概念，比_____更抽象，或者说能打败它的抽象概念。想三四个抽象概念，没有_____抽象，或者说被它打败的抽象概念。

13._____是生态系统的一部分：它依赖什么？什么依赖它？它吃什么？它产生什么？什么吃它？什么产生它？

14.与_____相关的最难忘的声音是什么？气味呢？

10   写作的时候别想写作

门打开，艾比哭着走了进来。

"哇啦哇啦哇啦哇啦哇啦。"

"发生什么事了？"

"哇啦哇啦哇啦哇啦哇啦。"

"发生了什么事？我不明白你的意思。"

"哇啦哇啦哇啦哇啦哇啦。"

"本杰朝你扔石头？"

"哇啦哇啦哇啦哇啦哇啦。"

"你吃了一块石头？"

"嗯哼。"

与艾比无法沟通的时候，我全神贯注地研究着她的语言。只要我和艾比产生交流，哪怕是一点点，我就会忽略她的语言，所有的注意力都滑过她的语言，穿过去，落到意义上，落到非语言的现实中，落到是否给医院打电话的问题上。当玻璃蒙上雾时，我们看到的是玻璃，我们只能看到玻璃。只要雾散开了，我们就会忽略玻璃，透过它看到外面的风景。

如果你有这样的情况，这会对你的写作很有帮助——你做的事情很重要，但写作的质量无关紧要。即你的注意力不在玻璃上，只在外面的风景上。举个恰当的例子，如果你试图整理思绪，不知道在两个工作之间选哪个。这几天你坐着心烦意乱，没去任何地方。终于，你决定花几个小时写下你所有的思考和感觉。你没必要试着进行有序的陈述或论证，你只需要不停地写，在纸上写下你的想法和感受，这个过程会让你摆脱困境。在写作中你先倾向于一份工作，开始为之感到兴奋，然后再转向另一份工作。这与你之前在思考时仅有的犹豫不决不同，因为写作以某种方式使其变成一种**坚持不懈**的过程，所以你会在其中发展、成长、进步。

不加以思考的写作，对于认真而有意义的写作来说是一种极大的解脱。它对你接下来的写作很有帮助。你可以更自在地写作，使那些文字更自然和活泼。在这个简短的章节中，我会告诉你几个场合，在这些场合中你可以在完成其他工作的同时进行写作。

• 如果你正面临着如上所述的困境，那么尽可能快速充分地写下你的想法和感受。不要只列出支持和反对的理由（结尾除外）。跟着思想和感觉走，看它们走向何处。

• 如果你想消化并记住你读过的内容，试着写下来，但不是做笔记。定期停下，简单地记录下你读过的内容和你的反应，比如在每一章的结尾，或是在打动你的关键情节。这个过程一开始可能会让你紧张，因为你无法"涵盖"那么多的要点，也不能像做笔记时那样把内容组织得那么整齐，但你会记住更多内容。结构完美、涵盖一切的笔记很好看，但它们只存在于纸上，而不是在你的头脑中。同样的方法对听课也很有帮助，如果你不做笔记，而是全神贯注地听，你会学到更多。听完后坐下来，花10—15分钟写下你听到的内容以及它对你的意义。

• 如果你需要发表演讲，不要坐在那里只动动脑子、做做笔记、写一些单词或短语，而是写下你的思路，弄清楚你想说什么，这样你的思路会更完善、更清晰。写完后，你或许还想做点儿笔记，不过，你只需要快速、简短地记下笔记，因为它们只是用来提醒你已经明白的事情的小小符号。这种写作过程和更简短的笔记也许能让你以一种更轻松的方式说话，并更好地与你的听众接触。

• 写日记。探索不同的写日记方法——不只是记录发生了什么，还记录思想、感情、肖像、谈话片段、语录。不只是在一天或一周结束时写作，还可以在每日闲暇之时断断续续地写作。例如，试着在一天开始的时候（当你坐到书桌前、早餐后或在公共汽车上时）花点时间，写下你当天想要完成的事情，或者你想要保持的精神或态度。艾拉·普罗戈夫（Ira Progoff）发明了一种特别具有启发性的记日记的方法——不仅要探索当下，还要探索你整个生命的形态。

有些人觉得在装帧精美的日记本上用精美的纸张写作是一种享受——是一件性感的事，但对许多人而言，这增加了写作的压力。要写得漂亮，要让人难忘，甚至要考虑读者的感受，这使写作更像是一种折磨。如果你的日记不是写在一个本子上，而是整理在一个文件夹中，这样某天偶尔有想法的时候，你就可以随手用身边的一张纸写下来。

• 当你有想法的时候，给别人写一些非正式的便条。"亲爱的拜伦，我很欣赏你主持会议的方式。你把自己的故事讲出来对我很有帮助。谢谢你在我们都跑题的时候让我们重新回到议程上来。今天是非常忙碌的一天，我觉得你做得很棒。"虽然你经常见到某人，但有时在纸上表达比交谈更容易。当你想表达感激之情时，有时对方会太难为情，用不赞成你的话来掩饰他的情绪（"哦，不，实际上我搞砸了这个和那个"）。当你最终决定告诉某人，他怎样让你感到沮丧、伤害了你，有时他会用各种理由和借口反驳得你哑口无言。简而言之，如果你的目标是让别人**听到**你在说什么，通常写在纸上沟通比试着对话沟通效果更好，即使是不间断的随意写作方式，也会产生好效果。

• 写非正式信件。打电话当然更容易，或者等到下个月你就能见到对方了。写信不仅是个不错的写作练习方式，而且在某些方面比对话更有效。通常情况下，你文章中的从容、私密、反思会告诉对方什么是重要的：也许是你对他强烈的感受，或者是一段微妙的、不确定的思路。而且，你在写作中向读者展示的你的生活，往往比你在电话或谈话中展示的要多得多。你能更好地描述那天在树林里的情景，或者在你去上班的路上发生的事情。这种不间断的独白式写作能够让你说出真实的情况、真实的感受，完成整个故事，而不会经常被谈话中的你来我往打断思路。

★　★　★

在任何项目的自然循环中都有某些时期，在这些时期中停下来写下你的一些想法和感受是有用的，这项目可以是一份工作、一次旅行、一段关系、一门课程、一项写作任务。

• 开始。例如，当你开始一份新工作或学习一门课程时，如果你坐下来写下你对未来的希望、期望和恐惧，你就会做得更好。如果你写得行云流水，你就会发现一些重要的假设和感受："我想知道这什么时候会结束。""如果这份工作适合我，我会享受每一分钟。""学校的学习没用，而且无聊。"

写下**目标**的过程对你特别有帮助，可以让你更接近于其中的一些目标，而不是茫然地一会儿充满希望，一会儿又充满失望。写作可以帮助你看清哪些目标是可以实现的，哪些是不现实的陷阱。你可以看到哪些目标相互冲突。试着瞄准几个重要的目标，强迫自己敲定具体的第一步。"我需要某某的手机号码。""我得去买一双防水靴。"

• 僵局。当你被某项任务困住时，可以通过写下正在进行的每件事来再次出发。什么时候事情开始出错？从你现在所处的位置，你会如何描述这个问题？说出你内心的一系列事件，外界的一系列事件。即使你

写下的内容不能解决问题，它也能提高你对这类问题的意识，以便下次
能更快地注意到这类问题并将它处理得更好。

• 突破。摆脱了困境后继续前进，真是一种解脱。但是，如果你利
用这些轻松的时间来短暂地休息一下，趁你还没有遗忘，告诉自己你做
对了什么，或者必要的成分是什么。那么下次遇到困境你就会更有掌控
力，而不仅仅是依靠运气摆脱困境。

• 最后的反思。做完一份工作后、开完一系列会议后、一天结束
后，试着简要写下你做得很好的地方和你还可以改进的地方。这种有
意识的反思性写作可以让你看出自己是获得了成长，还是停留在了原
来的水平。关于这一点，我在常青州立大学收获颇丰，学生在每个季
度学习结束时必须写一篇反思日记，关于他们学到了什么以及如何
学习。

* * *

以写作帮助团队。

• 在一个任务工作组结成或一系列会议开始时，如果你能让每个人
花几分钟时间，写下他们的希望、想要什么、害怕发生什么，然后分享
这些非正式的写作或者以它们为基础进行简短发言，会有助于人们一起
工作。当然，大家会有不同的意见，例如："我期待一段亲密、舒适、
友好的时光。""我很期待你们的激烈辩论。"但是，如果这些想法可
以在一开始就公开，会带来很大的益处。有些分歧实际上是可以协商
的，至少其他人可以现实地接受它。一些人可能会意识到他们来错了地
方，然后离开。当期望没有表达出来时，冲突就会不期而至，也就会导
致团队运作中熟悉的模式，即人们最初抱有很高的期望，然后随着失望
而逐渐退出团队，有时甚至会在退出时对企业造成损失。

• 在会议或研讨会中，如果出现了一个特别难的问题，让每个人

用探索性的方式进行5—10分钟的写作是很有效的，人们会有更好的想法。和头脑风暴一样，写作为问题的探索提供了安全保障，但并不需要花费太多时间。如果有些人习惯沉默，你就无法从他们的想法和观点中获益，可能他们需要更多的时间、更私人的空间，去反思他们最初的想法是否愚蠢、简单。试图同时说话和思考是大多数会议的一大弊端——有些人喜欢这样做，但说得很糟糕，而且说得太多。有些人不愿意这样做，因此无法给团队做出贡献（如果你的同事不愿意静下心自由写作，不愿意因此暂停会议，你可以不予理睬，自己做）。

• 会议结束后，特别是小组未来还会继续开会的情况下，花点时间让每个人都写下一些看法，关于会议的过程哪些有用，哪些没什么用（例如，议程安排得很好，有人特别擅长提出问题，有人一直插嘴）。无论是写在纸上，还是简短的评论形式，都可以快速分享这些看法，并且没有必要讨论它们。通常情况下，通过传播这些看法，情况会逐渐好转。目的不是弄清楚绝对的真相，而是了解人们的体验。

显然，我提出的这些会议写作任务可以通过说话来完成，而不是通过写作来完成。而且人们很容易认为，说话总是比写作更真实、更直接、更真诚。但是，如果你决定在会议结束时听取大家针对会议过程的几分钟**口头**反馈，你会发现人们经常在闲聊，不会说出他们真正的想法。"我喜欢这次会议。我想如果我们都能尽量多地专注于这个话题，会有很大帮助。"如果说这句话的人有五分钟的时间把自己的想法写下来，他就更有可能站出来说："拉里，我觉得你让我们的工作更难完成了，因为你总是在别人还没说完的时候就打断他们，而且你讲话总是长篇大论。请别那样做了。"

产生这种差异的原因很有趣。如果有人让你在小组里**说出**你的看法，你必须同时做三件事：弄清楚你的想法，想想怎么说别人才会明白，以及考虑你是否**愿意**说出来（特别是问题具有争议或者涉及隐私）。在观众面前同时做这三件事是很困难的，所以你通常决定以什么都不说来解决这个困难。然而在写作中，你可以不受打扰地收集想法，你总会鼓起勇气来分享你认为无法分享的想法。把你的想法写在纸上会让你明白说出来并不难，这没什么大不了的，会让你更容易对自己说："我不需要拐弯抹角，应该有人对拉里在会议上的行为直言不讳了。"

★　★　★

人们通常认为写作就是为了和别人交流。当你为了交流而使用它时，你在**写作**的时候就会考虑得非常仔细——"这些话对读者的意义是否真的和它们对我的意义一样呢？它们会达到我想要的效果吗？"但写作也是一种非常有用的方法，你可以独自感受和思考。当你将写作的过程作为探索和发现的过程时，你不必在写作时仔细思考它本身（但要仔细思考你正在探索的问题）。奇怪的是，探索性的写作往往有助于交流性的写作。

11　写诗没什么大不了

我记得一个英国小男孩杰里米，他妈妈不得不告诉他，他的音乐课即将结束，而他的音乐教师认定他不懂音乐。他垂头丧气，对他的妈妈说："但是我对音乐有**感觉**。"

很多人**感受**得到诗意，拥有创作诗歌的能力。有时他们会有这样的感觉：虽然他们没有特别的想法、画面或感觉，但是他们想要写诗。只是一种感觉，他们想写一首诗并且他们可以写一首好诗。这种感觉在他们身体内部涌动，游走在胸腔腹腔之间。

遗憾的是，我们大多数人*都学会了把这些感觉放在一边，因为这只会带来失望。我们寻找素材想要写一首诗，要么什么都没写出来，要么更糟糕的是，我们写出来了，但在这种情况下，我们写的诗作汇集了语言中最糟糕的感觉：黏腻、恶心、令人尴尬。

事实证明，寻找写诗的题材——这是最糟糕的写诗方法，尤其是在我们没有经验的情况下。但是，有一种完全不同的方法，那就是忽略几乎所有关于写什么的问题。简单地（准确地）假设你有很多诗要写，你的工作是避免过于关注它而弄砸它（并不是说你忽略了**诗里**的内容，只用忽略诗与什么**相关**）。无论如何，你必须让它自己浮现出来，这样它才不会太过没有诗意，太虚假、僵硬。你需要集中注意力于我认为很多诗人关注的地方：诗的形式问题。

罗伯特·弗罗斯特（Robert Frost）说过，写诗没有韵律就像打网

---

*　我以一个非诗人的身份写这篇文章。我在青少年时期就喜欢尝试写深奥的诗，随着年龄增长没有再继续写，后来限制自己大约每七年为所爱的人写一首生日诗。但是，在过去的几年里，我喜欢更频繁地以本章所描述的方式写诗。

球没有网。因为需要押韵，所以他需要思考用词，这甚至给他带来灵感。试着写一首诗，把你的注意力集中在网上，以及怎样把球打过网。把写诗看作玩游戏，投球进筐，是一个需要解决的技术问题。这或许看起来不合逻辑，但它能让你在写诗时更有灵感。

写诗是一种有趣的游戏，也就是说，你必须得遵守一些有趣的规则。艾伦·泰特（Allen Tate）曾经这样描述诗人："愿意受到限制束缚的人——只要他能找到这些限制。"在本章中，我将提出各种各样的简单游戏、规则或限制。这样你就可以逐渐编造你自己的游戏了。

我们想到诗歌时，"格律必须有规律，诗行必须押韵"是我们想到的第一个规则，但由于各种原因，这不适合长期使用。我们大多数人会因此导致语言矫枉过正，感觉不真实，像是贺卡诗。并且大多数其他规则也会产生相反的效果。

从一个简单好用的规则开始："一行一行不间断地写，每一行都以'我希望'开头。"*这个生成文字的规则是一种很好的热身方式，可以让你不停地写作。事实上，这个开头的短语就像是一种语法蹦床，它给每个句子施加一点儿动力，这样一来，不必去寻找，更多的词语会自动出现。它可以帮助你脱颖而出。这个规则对你来说也是很好的开始，因为它不要求诗歌必须整齐划一、组织有序——只是一行一行的句子。但是，其中一些句子会有真正的价值，一些句子会给你、读者甚至听众带来乐趣。

---

* 向肯尼斯·科赫（Kenneth Koch）致敬。我在这里展示的大部分内容都来自他的书：《愿望、谎言和梦想：教孩子们写诗》（*Wishes, Lies, and Dreams: Teaching Children To Write Poetry*），纽约，1970年；《玫瑰花，你为何那样红：教孩子们写诗》（*Rose, Where Did You Get That Red: Teaching Great Poetry to Children*），纽约，1974年；《我从未告诉过任何人……：在养老院教诗歌》（*I Never Told Anybody...: Teaching Poetry in a Nursing Home*），纽约，1977年。对这一章特别感兴趣的读者可以参考科赫的书。

在你写的前几篇作品（以及任何特定写作阶段的前一两次写作）中，不要试图写出好词句，只要继续写下去，就像在自由写作中一样，看看会出现什么。松垮、重复、无意义，甚至陈词滥调、死气沉沉都可以，只要你继续写下去。你通常会在这个过程中发现一些不错的诗歌素材，即使没有，这也会起到热身作用。我在一次写作开始时写了以下内容：

> 我希望今天是愚人节，但今天是萨迪·霍金斯（Sadie Hawkins）节。
>
> 我希望这学季结束了，我的书读完了。
>
> 我希望我父亲不会死。
>
> 我希望现在能和他在一起。
>
> 我希望 我希望 我希望。
>
> 我希望事情成真。
>
> 我希望——我有什么愿望吗？也许一切都很好。
>
> 我希望我没有渴望，但我的生活建立在渴望上。
>
> 我希望我没有渴望，但我的生活建立在渴望上。
>
> 我希望是4月15日。
>
> 我希望——我不喜欢写我希望——它强化了我在条件化这一刻时的写作习惯。因此，我拒绝，写下
>
> "我希望。"停止。闭嘴。没有更多的了。
>
> "我希望。"够了，我不想再听了。
>
> "我希望。"如果你不停止说
>
> 我希望，我要尖叫。

我在开始写作时遇到了麻烦——我想我并不是真的想写作。但是，随着我逐渐接受并写下我的抗拒，我渐渐开始玩起了规则本身。我在游戏中获得了一些语言上的能量和快乐，最后得到了一些安慰。它让我充满干劲，写完之后，我想继续写下去，写更多。

另一个"一行规则"是每行以"曾经"为开头。下面是一个更标准的作品。

> 曾经妈妈有个桃子形状的饼干罐，
>
> 曾经我以为这个形状是苹果。
>
> 曾经我说，嘿，为什么是黄苹果？
>
> 曾经我一说完，妈妈就说不是。
>
> 曾经你看了它十年，
>
> 曾经你对此习以为常，
>
> 曾经一次看着像桃子，那时你觉得多么奇怪。
>
> 曾经以为这是一个苹果。
>
> 苏珊娜·雷斯（Suzanne Ress）

下文中，作者使用了"每行以**现在**开头"的规则。这条规则给这个可怕的时刻带来了一些集中和秩序：

> 现在她脸色苍白，
>
> 现在我知道有一种病在折磨着她。
>
> 现在，还有以后……
>
> 现在她喊道，
>
> 现在冷静，我担心，笑着流泪，

现在忘了如何，因为，

现在她出的汗太多了，我都害怕了。

现在她安静地睡着了，

现在，呻吟，哭泣，叫喊。

现在甜蜜而平静，我们从高尔基（Gorky）、帕斯特纳克

（Pasternak）、卡明斯（Cummings）或者……中寻求消遣，

现在她的脸因痛苦异常扭曲，

现在我祈祷。

金·卡夫曼（Kim Kaufman）

你有无数种方法开始写诗，不断循环你的句法能量。你可以每行开头用"是""否""和"或你认识的人的名字。但是，请记住，你并不是在尝试塑造完整的诗歌，只是在热身活动和创造一些好的素材。比如一个寻找过去记忆的好方法（同时集中注意力，避免语言过于生硬）是让每一行都以"我记得"*开始。

科赫也建议两行序列：

曾经……

现在……

---

　* 你不仅可以使用这种结构方法生成诗歌素材，还可以为任何一篇文章生成想法、感知或记忆。这个方法有助于产生创意。如果你必须写一个人，试着自由写作，每句话以这个人的名字为开头，写下你对她说的话，不管写出来什么词都不要停止。或者以"我记得……"为开头。你可以使用同样的技巧写关于组织、项目或阶段的报告。这种方法比其他任何方法都能更快地得到更好的想法。有些句子会变得很长——甚至发展成简短的段落，但是不要忘记用最初的方式写新句子。继续使用这个句法激发灵感，直到灵感干涸。不断地看着你的主题，并写下你对它说的话，或者句子开头反复出现"我记得"，把你的思绪拉回到事件中，不给你分析思考的机会，这些小伎俩迫使你脱口而出什么是重要的。

或者"我似乎……/但事实上……""如果……/然后……"，问题/陈述，"早上……/中午……/晚上……""8点……/9点……/10点……"等。

科赫建议使用一些简单有效的"一行规则"进行热身。因为没有提供开头词，所以没有开头重复。例如，每一行都写谎言。

> 我感觉好极了。
>
> 阳光照射在美丽黝黑的身体上。
>
> 时间是流淌的蜂蜜，人们发自内心地微笑，爱他们的
>
> 政府。
>
> 狗到处乱跑，我们也一样。
>
> 我讨厌这门课，它什么都没教。
>
> 但我喜欢懒惰，像植物人一样。
>
> 我吸引不了任何人，无论男女。
>
> 他们也从来不喜欢我，太糟糕了。
>
> 荧光灯真棒，让你看起来很健康。
>
> 小船真的很无聊，使我呻吟和虚弱。
>
> 西蒙·安塞尔（Simon Ansell）

这只是一种热身，但却产生了以下结果：

> 阳光照射在美丽黝黑的身体上。
>
> 时间是流淌的蜂蜜，人们
>
> 发自内心地微笑，爱他们的政府。
>
> 狗到处乱跑。

其他规则：每一行必须提到一种颜色、一个西班牙单词、身体的一部分。

与我而言，写下一行行诗句的这种简单的初始规则，重要的地方在于，这个办法不仅仅是热身，而且是用一种特殊方式的热身。这些素材会带给你意想不到的词语——让你惊讶的词语，或者你不容易想到的词语，这些素材使你看到了它们。一旦你热身完毕，你可以保持这种能力，以及保持这种对意外的开放态度，然后继续写一些更像诗歌的东西——写作时给自己一些时间来思考、反思、重新思考。

但是，如果你继续以一种更慎重的方式尝试更多形式的作品时，确保你在这个过程中坚持两个关键元素：制定必须遵守的规则、不要磨磨蹭蹭。

制定规则不仅会让你注意到技术问题，还会让你失去一点儿权威。"我想不出什么可以写一首诗。但是，如果**她**要让我写一篇关于早餐的俳句[*]，我想我能想出办法。也许不怎么样，但这是她的主意，不是我的。"诀窍是**你**可以成为**她**，那个说"嗯，让我想想，俳句：关于早餐"的人。这并不是因为你对俳句有什么偏好或需要，也不是因为你对早餐有什么特别的记忆或感觉。如果你没有这些偏好、需要、记忆、感觉，那就最好不过了（你甚至可以把所有的责任交给偶然——把规则写在卡片上，然后洗牌）。

不要磨蹭。是的，在你写作的过程中，不时会产生一些见解，第二

---

* 俳句，一种传统的日语形式，只有17个音节。纯粹主义者说每行应该是5音节、7音节、5音节。例如：

　　光脚,冷地板。
　　"我想要一个破碗。"
　　穿尿布,蹒跚。

个想法、第三个想法，但这不是像"我希望"那样的自由写作，不要在15分钟或20分钟过后，用一首短诗都没写来表示你的努力。你只需要强迫自己接受一些不满意的部分，或者对整首诗的一些不满意，然后说："管他呢。"毕竟这只是原始草稿，你可以以后再修改或者干脆丢掉，你有很多诗句可以选择。

你可以使用短语生成一节诗，而不仅仅是单行。规则：写一首关于童年的诗（关于你的父亲、母亲、喜欢的车，随便什么），粗略分为三个诗节，每一节都以"我记得"开头。虽然你对押韵、韵律没有要求，但是整齐地重复"我记得"，以及你知道你写的这个作品是诗歌，都会使你写的文字聚集诗歌的特征。

而且你可以收紧点儿规则：三个四行诗节以"我记得"开头，每四行中写下词语"记得"的一些形式（例如"记忆""想起"），在第一行和第二行或第二行和第三行重复一些词语或短语。

写一首关于你能看到的物体的短诗，以"（物体）（动词）……"为开头，在一两行内写上"它使我……"，有的地方可以提出一个问题。

> 电源插座闪烁，发出咝咝声，然后
>
> 往插座里看，我看到一条隧道，
>
> 闪耀的蓝色火花在时间里飞翔着穿梭后退。
>
> 它使我想知道我的仇恨到底有多深。
>
> 到达电线？车站？涡轮？水？
>
> 大坝？雨？太阳？夜晚？门口？
>
> 火？铁？竖琴？织工？
>
> 牧场？挑战？耳语？词语？

寂静歌声，晶莹空气消融，

一切不再存在。*

威廉·L. 麦克诺顿（William L. Mcnaughten）

这个规则可以扩展：按照上述规则写三节诗来描述一个房间或一个地方。但是，最后一节不能是一个问题。

我喜欢坚持让诗以一小段真实话语开始，也许不是完整的话语。说出的话语似乎注入了生命。

"但另一……"

他停顿了一下，

他低头看着自己的右手，

他手的五个手指都弯曲在一起，

捏着小粉笔头，

指着他的脸，

他甚至没有看到他的手，因为他的眼神呆滞，

---

* 关于修改的注意事项。有时候，修改时很难不去过度澄清或夸大你的意思。或者说至少我觉得麦克诺顿是这样的，他修改如下：

我面前墙上的插座闪烁着，嘶嘶作响。往插座里看，我看到一条隧道，闪耀的蓝色火花穿越时间飞回过去……这让我想知道我的恨到底有多深……
到达电线？车站？涡轮？大坝？
到达河流？雨水？太阳？海洋？
不堪承受，我看到了恒星碎片，宇宙冲突，
然后，只有沉默。

我相信他可以通过在措辞上不做任何改变，只从他长长的清单最后删去一些条目来增强他原作的力量。如果你能删掉不需要的部分，保留最好的原汁原味的词语，那么这是最好的修改方法。

他的手是他忘记说的话。

一个学生紧张地环顾四周，

她的头完全静止不动。

她以前从没上过他的课。

其他人稀稀拉拉坐在没有窗户的房间里，

欣赏地听着空调的声音，

自己沉浸于，

闻粉笔灰的乐趣。

彼得·埃尔伯

　　我心里没有任何想法地制定了这条规则。"但另一（方面）"是我决定规则后想到的第一件事，然后就被困住了，我**必须**继续下去，看看接下来会发生什么。因为困在那里，所以不得不从那里展开工作——写点**什么**，于是我从我身上挖掘出了一个完全计划外的形象（我已经遗忘了）。这个过程使我以一种我很少能做到的方式进行创新。这是一种快乐，这首诗不必与任何事情相关，只是去履行一个规则，并一直走下去，直到它自行结束。我不会强迫我的笔一直移动，但如果间歇或停顿持续了**整整**一两分钟，我就强迫自己放下一些东西，就像拼字游戏时间耗尽时，我强迫自己接受"它"。随后几分钟内，我编辑好结果，删掉几行文字和一些单词、短语。

　　写一首以脏话开头的短诗。

该死的！

你总是抱怨，

挖苦我。

我做的一切都是错的。

但那太糟糕了。

现在你死了。

所以别烦我。

凯伦·格林（Karen Greene）

写一首诗，以咒骂某人作为开头。

我从理查德·雨果（Richard Hugo）那里知道了一种形式：把它当作写给一个真实的人的真实的信来写一首诗。凯伦·格林的另一首诗：

亲爱的莎伦

我一直在找时间，

给你写信。

我收到了你的上一封信，

是很久以前的事了。

伊丽莎白现在可以爬了。

她微笑时，

露出两颗牙。

迈克尔很好，

我们不再

生活在一起了。

我不爱他。

我有一套单间公寓，

楼上有阳台，

铺着绿色绒毛地毯。

凯伦·格林

我最喜欢的一种开始方式是利用（而不是对抗）试图阻止你写作的魔鬼。这次我说，让魔鬼跟你说话。

惠特尼，

你知道那打字机的声音，

只会让我欲火焚身。

听着，

这样的声波……

咔嗒，咔嗒，咔嗒。

该死的不人道的机械。

你知道吗，惠特尼，

如果你在阳光下，

那么一个阳光明媚的隐喻就会

渗透和改变

这一页。

这样就不会有臭味了，

金属和电的臭味。

关掉打字机，惠特尼。

哎哟，你的耳朵。

为什么，艺术不能从这样的痛苦中产生，

转换和变形，

堕落和压倒。

你没看到它在喂养我吗，惠特尼？

它让我变得更强。

惠特尼·布劳维特（Whitney Blauvelt）

　　有时候，你最初用来创作这首诗的结构原则可以在你创作完成之后省略掉。宝拉·奥尔德里奇（Paula Aldrich）发现，她可以拆掉最初的框架（"每一行用你关心的人的名字开头"），最终得到一个更好的独立的结构。

爸爸，你走了。

爸爸，你死了，化为灰烬。

爸爸，我想你。

爸爸，我一想你就会哭。

爸爸，为什么我一定要哭？

爸爸，为什么没有你我一定会感到孤独？

爸爸，你为什么非死不可？

爸爸，已经两年了，为什么我还不能适应？

爸爸，春天来了。

爸爸，播种的时间到了。

爸爸，雪在融化。

爸爸，农田正等着你的拖拉机——等着你亲手播种庄稼。

爸爸，你住的地方是春天吗？

爸爸，你在那儿种菜吗？

爸爸，你走了。

你死了，化为灰烬。

我一想你就会哭。

已经两年了，为什么我还不能适应？

播种的时间到了。

雪在融化。

农田正等着你的拖拉机，

等着你亲手播种庄稼。

爸爸，你在那儿种菜吗？

宝拉·奥尔德里奇

　　传统上，诗人的创作是建立在他们在其他诗歌中发现的元素或结构原则之上的。肯尼斯·科赫读了布莱克（Blake）的《老虎，老虎》（*Tyger，Tyger*），并让孩子们写一首与动物说话的诗[*]。我们在课堂上读《哈姆雷特》（*Hamlet*），为了好玩，我制定了一条规则：诗的开头要有一个短语和对应的反义词（比如"生存还是毁灭"）。最后我得到了这个：

---

　　[*] 《玫瑰花，你为何那样红：教孩子们写诗》（*Rose, Where Did You Get That Red: Teaching Great Poetry to Children*），纽约，1974年。在这本书中，他强调，这一过程是一种阅读已存在诗歌的方式，而不仅仅是写新诗歌。

海滩上的哈姆雷特

进去还是出来。

这就是他们所做的一切。

他们出来时，水从身上滴下。

女人们拉起她们愚蠢的上衣。

男人们低头看了看自己的裤裆，假装没看。

他们摇摇头，小水滴飞向四面八方。

有些人用头撞着不动的手。

白痴。

他们要么是梦游者要么是疯狂的机械娃娃。

油得发腻。

几何学上的一个问题：太阳要在什么地方，

我才能看不到一个涂满油的身体散发的光芒？

云后面，地球后面。

他们的屁股上面。

进去还是出来。

让他们去做吧。

我为什么要在乎。

他们一进来就什么也不做。他们出去什么也不做。

他们只需要改变。

他们需要我来看看。

我们都各司其职。

在这个过程中，关键元素再次让我强迫自己在诗的第一节和第二节写短语和否定句，让我回应我随心所欲制定的规则（"进去还是出来"，以及游泳者在炎热的海滩上的画面）。然后强迫自己从那里开始，即使我没有计划。标题是后来取的。对我来说，这个过程的重要之处在于帮助我挣脱困境，同时还能集中我的注意力。

写一首诗，一遍又一遍地看同一件事或谈论同一件事，就像华莱士·史蒂文斯（Wallace Stevens）的《看乌鸫的13种方式》（*13 Ways of Looking at a Blackbird*）。我写道：

> 我们搬家之前，
> 我曾折断腐烂的枝丫，
> 珀西瓦尔街房子后面的樱桃树，
> 虽然树上还开着几朵花。
> 我们曾经从卧室的窗户往外看，
> 我们看到了那棵樱桃树。
>
> 我需要从卧室的窗户往外看时，
> 樱桃树帮了我的忙。
>
> 樱桃树在我们的争论中，
> 未曾偏袒任何一方。
>
>
> 为了闻花香，我不得不站很近，
> 所以无法集中注意力。简单公正。

> 决定，决定：每颗樱桃要么单独一个，
> 要么两个成双，或者三个一撮。
>
> 每一片叶子真的都相同吗？
> 这取决于你说的相同是什么意思。
>
> 我们假设每颗樱桃都有一只鸟。
> 这会让生活变得简单吗？
> 我们会吃不到甜馅饼吗？

我现在明白了，这是想念我们曾经住过的珀西瓦尔街的房子。也许还需要最后一节，用过去式叙说故事，这会更多一点儿地突出主题。但是，也存在着危险，因为如果我想写一首关于对那座房子的思念的诗，那可能会很糟糕，所以我不得不写一些关于樱桃树的小诗节，这对我很有帮助。

当然，这是要付出代价的。如果不是模仿得这么明显，这首诗也不算差（以某种友好的业余标准）。但是，如果我愿意付出这个代价，作为回报，我可以写出比没获得帮助时更好的诗。

早在肯尼斯·科赫教孩子和其他没有作诗经验的人使用简单规则之前，西奥多·罗特克（Theodore Roethke）就已经对认真学习写诗的学生使用了复杂规则。

> 罗特克对这个问题的解决方案，在某种程度上，使用了一些形式上的练习，因为这些练习非常专断，不由学生选择，所以几乎没有反对虚情假意、恐惧虚荣的论据。理查

德·雨果在《关于罗特克与教学的随想》（*Stray Thoughts on Roethke and Teaching*）中描述了一个这样的练习〔《美国诗歌评论》（*American Poetry Review*），1974年第3期〕：

名词	动词	形容词
落叶松	亲吻	蓝色
喉咙	弯曲	热的
信仰	摇摆	软的
石头	毁坏	坚韧的
狗	叮咬	重要的
青蛙	切割	摇摆的
矿渣	惊奇	锋利的
眼睛	受伤	冷酷的
云朵	拥抱	红色的
泥土	说话	皮的

用上面列出的五个名词、动词和形容词写一首诗，如下所示：

1.一行有四拍（可以变化）。

2.一节有六行。

3.三个小节。

4.每节至少两个内部斜韵和一个外部斜韵。（可接受完全押韵，但不鼓励）。

5.每节最多有两个结束停顿。

6.英语句子语法清晰（没有诀窍）。所有的句子都必须有意义。

　　读完雨果的文章后，我在课堂上尝试了这个练习，我发现如果我把它作为游戏呈现，学生们都愿意玩。他们会失去什么呢？这不是他们的诗，而是一场只能赢的游戏。这种练习的妙处在于，学生总能得到比付出多一点儿的回报。显然，有天赋的学生会把这个练习变成他们自己的作品，因为下面的诗歌非常独特。而那些不太有天赋的学生，至少可以直接学到关于措辞、押韵和节奏的重要知识。正如罗特克所说："即使是'听'一首好诗，也会使我们学到的远远超越普通教育中教授的。而一首诗，甚至是一节诗，无论多么笨拙和粗糙，都带有某种标志，带有某种具有作者真实本性的特征——也就是……人类的重大成就。"

斯塔比亚的普林尼

庞贝以南，舵手踌躇不前，
拒绝更进一步。他诅咒诸神，
看着火柱爆裂，弧形下坠，
分叉如松枝。
我们的单桅船在海浪里颠簸，
熔岩吞噬了东坡上的整个葡萄园。

泥浆从浓密的蓝色云层中缓缓落下。
在摇摆不定的热气中，狗恐惧地嗥叫。
尖利的岩石和浮石如雨点般倾泻而下，
人们被砸得遍体鳞伤，

他们在瓦砾丛生的街道上寻找避难所，

头上包着枕头躲避。

终于平静下来了。

火山灰像雪一样无声地落了下来。

我要了点水湿润我灼热的喉咙，

然后睡了一会儿。当我醒来时，

我发现其他人都走了。

太阳在布满红色条纹的天空中猛烈地摆动着。

玛格丽特·惠利（Margaret Whaley）

［此处省略了另外两首诗。］

使用这个练习之后，我还开发了其他的一些练习，这些练习也鼓励学生去修改和重做，并将学生从常见的个人障碍中解放出来。例如，我让他们翻译一首外语诗，并让他们阐述在这个过程中失去了什么或得到了什么。我给他们一些诗歌，这些诗歌被我改写成了散文，我要求他们恢复成诗歌［包括威廉·卡洛斯·威廉姆斯的散文代表作，以及具有韵律或者押韵的散文作品，类似于弗拉基米尔·纳博科夫（Vladimir Nabokov）的短篇小说《初恋》（*First Love*）中的一些段落］。有时我们会拿一本手册，比如路易斯·图尔科（Lewis Turco）的《形式之书》（*Book of Forms*），然后像《易经》（*I Ching*）或维吉尔占卜（*sortes Virgilianae*）……那样使用它。闭上眼睛，翻动书页，你的手指停留在什么形

式：短回旋诗体、威尔士四节诗等，就是命运让你暂时遵循的规则。[*]

翻译诗歌是另一种约束自己的方式——把球打过网。如果你找到诗的直译版本，你甚至可以翻译你不了解的语言（如果你能听到响亮的原始版本，那最好不过了，许多诗歌都被录制了下来。企鹅出版社的外文诗集在每页的底部都有诗歌的直译）。或者把一首古老的诗改写成新的，或者简单变形一首诗。托马斯·斯特尔那斯·艾略特（T.S.Eliot）曾说："业余者借，专业者偷。"本章中，我一直试图说明业余爱好者如何以业余精神写令人愉悦的诗歌，但现在我想说明的是，即使是一个认真的专业诗人写严肃的诗仍然可以达到这种精神，也就是写诗没有什么大不了：

诗篇81^{**}

一切都在你面前

大人物和小人物

穷困潦倒的人

前途光明的人

喧闹的，荒谬的

左边防守者，右边冲锋者

---

[*]　选自"庞贝以南，舵手踌躇不前"（South of Pompeii the Helmsman Balked），作者约翰·巴拉班（John Balaban），选自《大学英语》（*College English*），1977年12月第39卷第4期。

^{**}　刊登于《天主教工人报》（*The Catholic Worker*），1980年1月。

杂七杂八，难堪尴尬

旗帜飘扬，不速之客

列队游行！

每砍下一次

大镰刀挥得宽又远

（那些骨瘦如柴的手臂

那些收割人的手！）

就像刚出生的小鹿

深草中剪断两条腿

内脏和春小麦

捆绑在一起

眼睛

半睁着

一半生机

一半死亡

收获和种植

猎人

装好他的袋子，大步向前走

可怜

可怜我们吧

丹尼尔·贝里根（Daniel Berhigan）翻译

我引用的许多诗歌都是在课堂上或小组里写的。作为教师，我经常建议大家遵守规则。从某种意义上说，这是对其他人的一种帮助——我的权威减轻了他们的一些责任，帮助他们行动起来。当然，我对自己没有任何特殊的权威，但遵循自己的规则通常对我也非常有帮助。如果一小群人想要尝试这种方法，共同承担责任、制定规则会很有趣，例如五个人每人出一个在晚上写作的规则。

不管你怎么安排，其他人总会提供帮助。他们与你一起写作。即使**有时**你写得很糟糕，你也必须得坚持住，继续写下去，找机会大声读出你的作品，并听听别人写了什么。这些过程往往能帮助你把文字写在纸上、激励你，并集中你的注意力，尤其是在你缺乏经验的状态下。在小组中写作可以让你进步，之后你可以自己使用同样的方法写作。

小组写诗是汇集想象力的好方法。有一种熟悉的派对游戏方法，就是每个人只写一行字（你可以让每个人都知道前面所有的单行句，或者让每个人只知道前面的一个单行句，或者让每个人都不知道其他的单行句）。这些游戏能提供一种随机、放松甚至是欢乐的氛围，并且通常会增加每个人的语言和形象资源。然而，比汇集单行句更有实质意义的，是一种类似于集体写童年诗的活动：每个人写一小节，以"我记得"开头，其他限制可有可无（例如，分配给参与者不同的玩具、工具、房间、时间或者其他随便什么）。有很多方法可以组成一首像样的群诗。我们读莎士比亚的作品时，有七个人决定一起写《女人的七个时期》（*The Seven Ages of Woman*）。

婴儿

从子宫到乳房，

缺少温暖使我不知所措。

我不再安全，不再受保护。

还有很多事等着我去理解。

拳头紧握，双腿无力地踢着，

我想都没想，

就哭了。

只有感觉和本能告诉我，

我又饿又孤单。

女生

我今天追鲍比。

他跑开了。跑着远离我的虱子。

男孩有时很愚蠢。

我厌倦时，停止追逐，

在春天气息里大笑。

嘲笑鲍比紧张地回头看。

男孩总是最愚蠢的。

情人

火焰反射着你的背部的颜色，

光点跳动，你走进滚滚浪花，

源自我们创造的氤氲。

我让你触摸我，感受我们的节奏，

在运动中跳动，

跳跃成蓝色和绿色，

你移动的波浪为我染色。

主妇

麝香的气味渗透在夜间的空气中。

纸张乱扔，罐头碰撞，

像瀑布一样。声音带着

雷鸣般的撞击声传到深处。

塑料垃圾桶离开一只愤怒的手，

跳跃着撞在人行道上。

下次他能一次到位。

母亲

我的肚子变得柔软，

因为太多的孩子

太频繁，太快。

我的眼睛累了。

我见过

也知道

我的孩子们

必须学会生活在

痛苦的世界里。

但是

我想

护他们周全。

我知道

他们认为我

什么都不知道。

妈妈

就是个老古董。

但说实话，

我只是想

保护我的孩子。

奶奶

我分发糖果，

他们发光的眼睛，

甜美的笑容，

是给我的感谢。

那些黏糊糊的手指，

还会留到明天，

我心满意足地叹口气，

把它们擦干净。

老年

"合上新闻！

把它放回好莱坞广场。

仅凭你还能四处走动

并不意味着你可以选择项目。"

我待在这里的时间比他们都长。

人们过去也常来看我。

我看到他们逐渐消失。

我将会看到他们那可爱的亲戚不再来了。

"那么你就不会如此自作聪明"

哦，不，门铃响了。

我的头发还没收拾好。

我不知道舞会过后，

我是否会让他弄乱我的头发。

哦，妈妈，我今天不想去上学。

请让我留在家里和你一起做饭。

他们对我很刻薄，

还扯我的头发。

"别碰电话拨号盘。

我的眼睛没合上，

我只是在思考。"

帕姆·科温（Pam Corwin），布鲁斯·克利夫顿（Bruce Clifton），劳伦·菲尔布里克（Lauren Philbrick），宾·布里斯托尔（Bing Bristol），凯伦·克洛克（Karen Klocke），吉娜·卡内夫斯基（Gina Kanevsky），彼得·埃尔伯

简而言之，不要把诗歌看得太重要，让它顺其自然，并且不要用力过度，就可以写出让人喜欢的诗。有时你会写出一首很棒的诗，或者有能力做到这样，这是顺其自然的行为给你的额外奖励。如果你决定跨过危险线，开始认真地把写诗当回事，但是有可能你写不出一首诗，除非你已经学会为自己制定规则，切掉脆弱的东西，不再陷入原始框架，选择真正的语言，而不是偶然找到真正的语言。最重要的是，培养出一种鉴赏力，去欣赏那些过于矫饰的诗歌。

第三部分

修改的其他方式

本部分导览

　　每个人都拥有写出佳作所需的创造力（虽然有些人认为自己很难运用这个能力），但修改文章需要智慧、判断力、成熟的思想，只有通过实践和体验才能获得这些品质。新手作家有时也能写出精彩的作品，但只有伤痕累累、经验丰富的成熟作家才能出色地修改。

　　但是，我不想过多强调这种悲观的观点。是的，在所有任务中，修改是最困难也是最不愉快的任务。如果你做好自我管理，那么就不需要修改。如果你拥有丰富的素材，可以随意扔掉其中一些，那么修改也没那么痛苦。只有在你徒劳无功的时候，修改才令人筋疲力尽。不幸的是，这是一种常见的状态——边写作边修改，判断纠正写出的内容，试图删掉自己写的每一句话。心情低落，脑中空无一物，试图修复一份干巴巴的草稿。

　　当你提高了写作能力后，多写点，少担心，你会发现自己会自然而然地产生一种批判意识，从而可以很好地修改。这不仅是野蛮的否定——你有能力脱离自己的文字，并且抛弃你写作中不好的或不合适的部分；同时也是一种富有想象力的批判性思维——你有能力查阅自己的文字，看看哪些部分写得好，并明白这些好的部分是如何形成的。

　　有时别人指责我忽视修改、否定其重要性或对其缺之兴

趣。因此，我观察自己多年，以一种特别的眼光对待修改。我学到了一些有趣的东西。虽然我大力宣扬自由、无忧无虑地写作的重要性，而且我最终也在学习如何实践我所宣扬的东西方面取得了进步，但我发现我花在修改上的时间远远多于写内容的时间。我没对修改进行反思，只是埋头苦干——这就是为什么我总是忽略了修改，更重要的是，为什么我总是低效修改。但是，当我观察我的修改行为时，我开始意识到自己并不只是做了大量练习，我还有几个小方法。我可以改进这些方法，将它们发展成一套选项，接着我就可以试着将这套选项更有意识地运用到不同的写作场合。

我也思考了我为什么花这么多时间修改。不足为奇的一个原因是我的性格——我是一个多愁善感的人，总是考虑读者会如何反对或者发生什么分歧。正是这种性格导致我陷入了停滞状态，好几年都无法写作。即使在我重新开始写作后，我仍继续投入大量时间在修改过程中，这却不仅仅是因为我的多愁善感。最终我重新开始写作的原因是我相信我有重要的事情要说，实际上，我决定强迫世界听我说话。我不仅仅是为了自己的快乐而写作，我不仅仅是想交出一些东西让考官满意，甚至让他们眼花缭乱。我想让很多人相信我说的话，我想改变他们的想法，改变他们的行为。

因此，我认为最值得信赖的修改动机是想让读者满意。忧心如焚的状态曾使我不由自主地陷入琐碎的修改。直到我

坚持让读者听到我说的话，我的修改才开始有成效。

认识到修改的方法不止一种是很有帮助的。你有不同的需求，这取决于你所从事的写作类型、你所处的环境和你的性格。如果你练习快速修改（第5章）和下面的修改方法，你会掌握多种技巧应用于各种情况。因为标题一目了然，所以我便不在这里总结或描述这些章节：

12.全面修改

13.结合反馈修改

14.剪切、粘贴修改和拼贴

15.最后一步：消除语法错误

16.厌恶

练习修改别人的文章

你实际在写作中使用的技能必然不能使修改更加困难。我将在接下来的章节中描述这些技能。虽然这些技能要求苛刻，但如果我们不需要用自己的文章，就可以稳定而轻松地学习这些技能。外科医生学习切割技巧，并不需要在自己身上动刀。修改自己的作品就像在自己身上动刀，你得拆开它，重新排列，然后扔掉一大块。

在别人的作品上动刀，你不仅能更快地学习修改的外在技巧，而且能更快地学会引导你获得这些技巧的内在反应——无法容忍那些无效部分，愿意做出改变，哪怕需要删

除美好的部分。一旦你习惯了挥刀，习惯了看到地上的血，在自己身上动刀就更轻松了。

这很简单，几个人聚在一起，通过互相修改草稿来练习修改。此外，每个作者的草稿都会重写三到四次。尽管有时很痛苦，但这是一个很好的反馈——重写就是重新审视你所写的内容。修改的真正困难是，相信你写的东西在经过大量的删减和修正后仍然能表达你的意思。对于你写的文章，如果有人向你展示如何用更简洁明了的方式表达，你就会心甘情愿练习删减，重铸自己的话语，无论是删减重新排列，还是用他人的话重新改写。

或者出于某些原因，你不想以这种方式与他人合作，而且你手边也有文章需要修改。你可以选择想要修改的写作类型，修改你办公桌上的文章、报告或备忘录，你还可以翻译诗歌。报纸和杂志上也充斥着需要修改的文章：故事、论文、信件、短文。这些文章类型大部分都在仓促中完成写作和修改。而且因为这些作品印刷整齐，大部分都没有拼写和语法错误，所以人们常常觉得这些文章就该如此。虽然你很难看透这些文章，很难看到它们真实的样子，很难想象它们如何以不同的方式构思重组，但这正是修改所需要的技能。同样，你自己的写作也很难脱去外壳、重新构思，不是因为它打印得整齐无误，而是因为它是你写的。

　　如果修改已发表的文章，你可能会担心自己不能使它变得更好，反而使它变得更差。但是，你也有可能不会使这篇文章变得更差。即使变得更差，你也练习了基本操作——切割、重新构思和重新排序。

　　修改别人的文字是一个很好的机会，可以了解到文字对读者的作用。如果文章开头是决定读者反对还是赞同的关键，那么以同一篇文章的不同开头作为实验就特别有用，例如从商业角度简要概述观点；非正式陈述，甚至直接与读者闲聊；引出话题的逸事；一个象征性例子。

　　因为在别人的作品中随意修改更容易，所以可以相当快地生成整篇文章的替代版本。尝试不同的语气：健谈的、权威的、讽刺的。尝试不同的组织方式：以结论作为开头、以结论作为结尾；以理服人、以例服人；隐藏无力论点、公开无力论点。试着缩写一半的长度。在纸上尝试不同的格式，如列表、图片、图表。当然，你也可以对故事、散文和诗歌做同样的事情。你也可以用自己的作品来做这些对照实验，这种练习会引导你这样做，只是从别人的写作开始会更容易。

　　顺便说一下，当你修改别人的文章时，实际上是在合作。如果你进行尝试，你会注意到一个有趣的**合作写作**方法。三个人可能会这样进行：甲写一篇粗略的评论文或议论

文（他们可能会进行初步的讨论，但不是必要的，不必试图达成一致意见）。每个人都进行阅读并针对问题进行讨论（不是针对甲的写作质量）。乙在讨论中做笔记，然后写下新草稿，然而并不是试图把所有事情都做好，因为事情还在进行中。每个人都讨论乙的草稿，判断草稿哪里反映了他们的论点、哪里没有反应他们的论点，以推进小组的思路。丙做笔记，然后写一份最接近终稿的草稿，所有人都给出反馈，再出一个人做最后的编辑。如果合作必须通过邮件进行，那么这种方法特别有用——每个人都可以把自己的想法和回应发送给下一个作者。

　　这种方法通常比其他方法（一个人真正完成所有的写作，并在作品上留下自己的印记；或者是每个作者都写了一个片段，而最终的作品缺乏整合、连接不畅）更能实现真正的合作。最重要的是，它带来了更好的想法和写作方式——在合作的过程中出现了新想法，所有人都表示赞同，仿佛这个想法"恰恰就是我们想说的"，但却是创新的想法。这个过程听起来可能需要更多的工作，但其实并非如此，因为这样写作没有压力。人们会快速地写出草稿，并在写作中得到良好的实践，因为没有草稿是"恰到好处"的，直到"恰到好处"出现在眼前。

不修改

学会有时候不修改。因为我很重视修改，所以我这么说。如果你试图修改你写的所有内容，这会浪费太多的时间，而这些时间可以用于生产新的写作内容。毕竟修改三页的时间可以写13页新内容。你会变得对修改感到厌烦，然后你会开始满足于一份敷衍了事的作品，而不是真正地重新审视。确保你投入足够的时间进行粗略的探索性写作，不要修改，这样你就能写出**一些**真正让你满意的作品。你想让别人阅读作品的愿望会确保你对其进行修改，这将解决修改中最大的问题——充满热情地修改的动力和精力。

当然，如果你真的想让它对读者发挥作用，任何作品都得修改。因此我在这里真正想说的是，不修改的前提是确保你做的是其他类型的写作，也就是不必有特定读者的写作。为自己写作——使用自由写作，探索一种思路，想出一个决定，用写作摆脱沮丧。你甚至可以在特定场合为特定的读者匆匆写几篇文章，不用关心他们的反应。你并没有给他们一个成品，你只是让他们在你凌乱的工作室里查看一些正在进行的作品。你会发现你写出所有这些未经修改的作品的速度，几乎和你的想法产生速度一样快。你会全部写完它，因为这不是个大部头。

因为修改的核心是扔掉内容，所以最好写一些可以删掉的内容。修改中所有微妙的转变和重新安排的技巧都依赖于删减的意愿。出于某些原因，人们很容易对世界自然资源采取一种"一次性"的心态："管他呢，还有很多呢。"然而这些资源并没有那么丰富。奇怪的是，人们常常很难学习一种抛弃的心态，尊重我们自己的精神资源。涉及词汇、想法、感觉和观点时，我们有很多丰富的资源。你使用和丢弃的越多，你获得的就越多。然后你会发现你快速、轻松的修改能力与高产、有创造性的生产能力是联系在一起的。

此外，如果你总是追求质量，总是试图让你的写作为读者服务，就会抑制你某些类型写作的成长发展。这就好像你在表演中只演奏了一种乐器——你从不练习，也从不胡闹。如果你总是为了读者而修改，那么你会谨小慎微，并且这总会带给你压力。为了成长，你需要冒险。只有大量写作，尝试新方法、新想法以及大量实验才能使你缓慢而隐秘地成长。

★ ★ ★

还有另一种类型不需要修改。也许是自由写作，也许是写某个作品的草稿。当你没有忧虑、自由自在地写作时，你会突然间发现自己写得恰到好处。你写的正是你想说的，就是你想表达的方式。你在脑海里就做得很好，根本不需要修改。

　　这很难实现，但总有一天会实现。在特定的条件下，人人都有机会得到灵感缪斯的拜访。但是，即使实现了这种情况，你仍然必须修改。也就是说，你必须用批判、怀疑、修改的眼光重新审视你的作品，以确保它如你所想的那样好。有时候，你昨晚写作的时候会觉得这是一种神圣的灵感，但今天早上却发现那只不过是空话。

　　不过，事实是，如果你想认真对待修改，并充分利用我在以下章节中描述的修改方法，特别是"全面修改"和"结合反馈修改"这两章，你需要写大量修改前的内容。

12 全面修改

快速修改的优势在于跳出你的躯壳，成为旁观者；而全面修改的优势则在于时间，不只是工作时间，还有把它放在一边忘记它的时间。如果你先把它放在一边一两天，那么你与草稿做斗争的时间可以从三小时缩短为一小时，而且这一小时中，沮丧也没那么多。确实，有一些进步是你单靠纠结无法达到的，比如对你的材料产生一个全新的概念。通常情况下，只有休假，你才能有时间重新为自己的作品塑形。你需要时间去遗忘，你的潜意识需要时间去工作，你需要时间以你生活中完全不同的经历对你的作品产生冲击、改变其形状。所以你应该确保在全面修改的过程中，把文章放在一边至少两次，时间长到足以忘记它——几天、几个星期更好：第一次是前半段的时候，锤炼出内容初稿，组织成一个整体。第二次是后半段的时候，清理、润色，更加注意语言的细节。

塑造你的意思

全面修改的第一步是，如果这篇文章是为读者准备的，你就要**清楚地了解你的读者和目的**。你现在必须清楚地记住你的读者和目的，就像快速修改或其他任何修改一样，尤其是在你写作的时候故意让自己忽略这两者的情况下。没有所谓的"通用好文章"，你必须为这些读者、为这个目的做好准备。

下一步是，**通读你所写的内容，标出重要的部分**（就像快速修改一样）。

再下一步是，**找到你的重点**。这和快速修改的步骤是一样的，但这次你不会像快速修改那样，有时候选择"不"作为回答。当然，有时在你开始写作之前，你就已经准确地知道你的主要观点或重点是什么了——将坐下来写作放在首位的主要原因是为了让你专注于你已经在头脑中形成的那一件事（但是，不要太固执。写作的过程通常会带给你更好的东西）。

但是，如果你在写作过程中还没有找到你的主要观点，现在你就必须找到它。这通常是一个至关重要、棘手并令人沮丧的过程。你有很多精彩内容，但当你翻来覆去看它的时候，你找不到中心，找不到要点，也找不到能概括所有的语言。你想把一条强大的蛇抓进瓶子里，它不停地翻滚，你无法控制它。你有两个主要选择：把它放在一边或者继续和它搏斗。

把它放在一边几天是最简单也是最好的办法。当你四处走动做一些完全不同的事情时，或者当你在度假后再次坐下时，你就会清楚地意识到其中的要点。当你认为已经忽略了它的时候，你的大脑会自己思考这个问题。但是，如果这样没用，你就得再和那条蛇搏斗一番了。事实上，如果你能先努力让问题完全渗透到大脑中，让潜意识去解决它，你也许就能从休假中得到许多益处。

以下是我认为最有用的搏斗方式：

• 将优秀部分按最合理的顺序排列。这有助于你了解这些内容来自哪里或走向哪里。

• 想想谁会读这些文章。你不是在寻找一些要点，而是为了让那些读者明白你的意思。

• 一句话总结一个好观点（如果一篇文章有两三个独立的观点，就用两到三句话总结）。用包含一个动词的完整句子描述你的每个观点，你可以阐明你不成熟的想法。如果你把这些句子按逻辑顺序排列，你就会总结出完整要点。

• 多进行原始写作。抛弃批判修改的独立意识，重新投入不带批判的写作中去。绞尽脑汁之后，没有压力的状态下迸发出的新文字能帮助你找到主旨。

• 最后手段。如果你还是找不到要点，就写一个"错误"要点。扭曲或过度简化你所写的内容，并迫使你的要点最大化地进入一个稍微错误的观点中，相比找到正确的观点，这更容易。或者采取相反的观点，快速写一个支持反面观点主张的大纲。把事情总结成这种简单扭曲的或者完全错误的观点，往往会得出你一直在寻找的观点。

• 当然，如果搏斗不顺利，再度一次假也不错。

接下来，**根据你的主旨按顺序排列你作品的每一部分**。如果这些部分不能轻松地按明显的顺序排列，你就必须制定一个由完整的句子断言组成的大纲——在你最好的原始写作中找到每一个观点，强迫自己用一句话总结它们，然后把这些句子排列成最连贯的故事（当然，你可能需要填补一些空白才能写出连贯的故事）。

再下一步，**写一份草稿**。用你的大纲作为蓝图，写出包含整个事情的一份粗略草稿。你可以使用原始写作中的大段材料，剪切、粘贴可以帮助你很多（如果你比较聪明，在纸的一面上写内容）。但是，正常情况下，你必须写很多新内容。不管怎样，目标并不是完美、清晰、优美的语言。如果我只是试着说出我的想法，在这个阶段我就不用太担心尴尬、重复、累赘、不准确，至少我会获得更好的效果。在写草稿的时候，我必须做出这些决定：我可以在这里再次使用这个最喜欢的词吗？这种区分应该放在这里还是放在后面？两个相似的词中哪个是正确的？在我把草稿的全部内容写出来**之后**，总是可以更轻松地做出这些决定。

（这里的一般原则是逐步完善全部内容——不要**过于**集中润色全文中的特定章节，因为做**最终**决定的时候，所有章节都与彼此息息相关。这感觉就像同时把很多球都抛在空中，但从长远来看这样更轻松）。

你可能走的弯路是：处理一团乱麻。这是修改阶段，你必须为乱七八糟做好准备。也许只有小小的杂乱，例如，你写下的句子并不是运用随你所想的那样精心构建的结构。也许你在断言列表中写下了第三个想法，但不受控制地导致了第七个断言替代了第四个断言。在大纲中，三后面跟四看上去更符合逻辑，但当词语和句子融合在一起时，三后面跟七感觉更顺理成章。问题在于，写出的句子是否让你感觉到更加符合秩序？还是让你认为应该抵制这种不可控的感觉，应该迫使句子遵循原来的结构？你整理这些思绪，需要有客观判断力，休息一下可能是最好的办法。事实上，通常走哪条路并不重要，但你需要新的视角才能看清怎么走。

但有时这是一场大混乱，或者至少有可能是这样——不仅仅是观点上或有或无的小转变，而是一场大的分裂，也许你不得不转变想法，改变你所写的观点。

为什么动不动就会发生这样的情况？你知道你的主要观点和组织形式，你也就此写出草稿，但现在行至途中，你正在解释一些小细节或引入一些你之前没有想到的小插图，突然间，这些细节或插图就变成了地雷，把你手中的整个草稿都炸飞了；或者你偶然发现了一个特定的案例，它似乎否认并反驳了你的主要观点；或者当你在争论某个观点时，你试着思考对手可能会说些什么，你应该怎么做，突然间，你想到了一个你无法反驳的相反论点。这些是说明性写作或概念性写作中最令人沮丧的时刻。你不仅要意识到这种事情在写作中很常见，而且还得明白，不管你现在感觉如何，刚刚有**好事**发生在你身上。

你产生了新的想法、更好的想法。这些想法不是突然出现的，它们来自你所相信的事物的难点、感觉不对的小细节、特殊情况。真正能在思考方面取得**进步**的人的标志是愿意注意、倾听这些烦人的小细节、恼人的小事，这些尴尬和困惑，而不是不耐烦地把它们扫到地毯下面，这样的人能在8点半坐下来提出一套想法，在11点站起来提出更好的想法。解决一切，尘埃落定**之后**，一个显而易见的不错的新想法不可避免地诞生了。但一开始，新想法只是让人觉得恼火，而错误的旧想法却让人觉得是正确的。

因此，如果你在写草稿的时候第一次遇到这个困难，你就会不知道这是一个无足轻重的例外，还是一个让你对事物有更好的新看法的引导。你一直在努力厘清你的想法，组织你的结构，现在这个讨厌的细节虽然让你产生了疑问，但却无可取代。你只感到疑惑、困难，并试图将这块边缘弯曲的碎片塞进这张拼图的唯一空缺。

现在你必须做出决定了。如果你没有时间，也不愿意让文章彻底分崩离析，那么你最好退后一步，把这个有趣的困境留到以后再说。既然你不能改变拼图碎片的形状以符合你的结构，那么你就必须设法把它藏在地毯下或把它放在口袋里，希望没有人注意到它。让读者的注意力从未填补的空洞转移到其他问题上。你期盼自己最初的想法和结构实际上是正确的，而这个（现在隐藏起来的）细节**看起来**只是一个例外。

但是，如果你愿意顺着这条逐渐解开的线索走下去，你就必须把已经做过的一切都放在一边。这时候最有用的策略通常是投入新的、开放的、你不担心的写作中——在纸上思考，任由这个困难或怀疑的种子成长。你跟着新思想走，在困惑森林中越陷越深。根据我的经验，以下是你可以期待的结果。

• 新的探索很快会有个圆满的结果。你可以解释这个明显的矛盾，而且令人高兴的是，你的主要思想和原始结构仍然是坚实的，而且更强壮了。表面上的矛盾不重要、不值一提，或者它能作为一个生动的细节来说明你的主旨，能对你很有帮助。

•有时候，你在新的写作线索中探索时，出现的这种例外或反常会引导你以一种全新的想法或全新的方式看待你所写的一切。也许你会发现你的旧想法是完全错误的，必须彻底废除。

•有时候，你会经历一个有趣的变化。首先，你认为你的新想法是对的，旧想法是错的，你沉浸在自己这个新想法中。但是，你渐渐意识到，**在某种意义上，或者在某些情况下**，旧想法的"错误"观念是正确的。现在，你可以通过新的视角来看待旧想法，你可以把它作为你的新想法的子案例进行解释，这样更有成效。*

•最令人沮丧的结果是，你在森林中走得越远，就越容易迷路，你完全陷进去了。你已经对你最初的想法失去了信心，但你还没有想出任何连贯完整的内容来代替它。从长远来看，这是一种快乐的状态，因为你正在开拓新的领域，你可能会发现一些重要的事情。并且这是最好的一种思考方式——一种让你变得聪明和有创造力的思考方式，但现在，你被困住了。

处理这种令人沮丧的情况最有效的方法当然是休息。把你写的东西放在一边，一两天内忘掉它。你应该在修改的过程中定期这么做。但是，还有另一种策略也有帮助：不要试图解决困境，直接**接受**它，**描述**它。不要用头撞墙，不要用力推一个无法移动的物体。减轻你肩上的压

---

*　我经历过很多次这个过程，但我无法清楚地看到发生在我身上的事情，这种感觉就像在摸索。我读到托马斯·库恩（Thomas Kuhn）那本有趣的书之后才产生改变，这本书讲的是科学界如何从一种解释转向一种新的解释：《科学革命的结构》（*The Structure of Scientific Revolutions*, Chicago, 1970）。一个经典的例子是爱因斯坦发现，严谨地说从最大的角度来看牛顿力学都是错误的。然而事实上，牛顿模型仍然适用于大多数人类事件。从某种意义上说，爱因斯坦并没有驳倒牛顿力学，但他促使科学家们从不同的角度来理解牛顿力学，比如作为广义相对论原理的特殊限制情况。

力，假装事情还好，就像现在一样，处于矛盾或困惑的状态，尽可能准确、愉快地**描述**困境的细节或你对它的想法。这通常会产生新的视角和解决方案。

当然，你不会总是在混乱中绕圈子。大多数时候，你只是按照计划写出你的新草稿。我可以忽略这种偶然问题，使书中内容更简单。但是，当你遇到一团混乱时，你迫切需要信心和帮助。你以为你把所有东西都整理好了，它们却在你手中支离破碎。我建议你忍耐这整个过程，甚至对此抱着欢迎的态度，因为这是创造新想法最可靠的方式。如果这些麻烦从来没有发生在你身上，那么也许你没有足够的同理心去倾听讨厌的例子和相反的论点。

混乱的绕圈子过程结束时，你**可能**需要重新开始修改过程：记下精彩的部分，找出主要观点，列一个大纲，然后写出来。但是，通常情况下，一旦你真正地思考了新构想，你就可以愉快地调整你的草稿。

这些弯路反映了这样一个事实：在任何严肃或困难的写作中，你有时必须在写作和修改之间来回移动。有时候，会通过退后一步写作过程，通过尝试修改、塑造和理解事物而获得一些新观点。有时候，修改的过程会使你因为沉浸在快速写作的创造性过程中而振奋起来——纵然可能是朝着一个未知的方向写作（参见第28章，我对这种交替的经历有更详细的描述）。

强化语言

接下来，**精简你的语言，使其清晰明了**。最艰难的工作已经完成了。你有一份新写的草稿，它按照正确的顺序表达了你想要说的话。然而，它可能不精确、冗长、尴尬。你不需要再作为作者，而是要以读者的视角重新审视你的草稿。最好的方法是把它放在一边一会儿，然后大声地读一遍。

精简你的语言有两个目标：准确和活力。你越专注于你心中的确切含义，你就越能删除不必要的词，从而赋予语言活力。关键的行动是画掉单词和句子。你的新草稿会从你第一版原始草稿中截取大量内容，用剪刀和订书钉重新排列，这些部分需要大量切割。当你在制作过程中写这些内容时，你只是写出文字，而不必整理思绪，不必决定自己要说什么。你匆匆写下文字，可以留下模棱两可和矛盾的部分，就仿佛你在匆忙赶着一群马，却没有决定骑哪一匹马。自然而然地，最终会汇集太多的意思、太多的词语、太多的成分，有时候这些会出现在一个句子中。但是，现在你强迫自己在不同的成分中选择，并决定出你想表达的准确意思。你必须无情地扔掉所有应该遗弃的部分，即使也许你觉得其中有些内容对你很珍贵。

甚至你新写的内容可能也需要删减。虽然你当时好像只说了一件事，没有考虑到多种可能性，但是当你以**读者**而不是作者的身份回顾内容时，你或许讲述得没有现在那么清楚、那么简洁。

记住，你删掉的每一个单词都意味着你多保存了一个单位的能量，又多了一个还能再坚持一会儿的读者。在切割的过程中，最能有效帮助你心理活动的方法就是大声朗读。寻找在你说到一半时绊倒你或让你迷路的句子，那些需要解决的明显的尴尬之处；寻找那些让你分心甚至感到无聊的地方，那些让你无法集中精力的地方。这些地方可能是你写作中丢失主题、精力分散的地方。删去多余的、含糊其词的、离题的话语，恢复句子的能量。哪怕是阅读过程中出现的最轻微的颠簸或磕磕绊绊，哪怕是在你朗读时降低的轻微能量或分散的一点儿注意力。你还记得听别人大声朗读故事时，你是如何判断出读者什么时候感到有点儿无聊、心烦意乱，不再全神贯注于文字上的吗？当你读自己的作品时，注意听，听一听什么地方的词语没有表达出其本身的含义。

上述那些都是你需要提高语言准确性和活力的地方。你不需要知道问题出在哪里，不需要复杂的诊断，修饰语还是连词也并不重要。抓住自己的肩膀，抖抖自己，让你坚持自己的想法："**不要拐弯抹角了，告诉我你想说什么，不要再用'文章'解释**事情、谈论事情，也不要把你的想法翻译成'写作'语言。直接**说出来**！"假装有人坚定地跟你站在一起，并且他关心你，想知道你在想什么。

一个句子应该是鲜活的。它是在中间凹陷还是在结尾处逐渐减弱？是迷茫还是感伤？句子需要能量，这样才能使意思跳出纸张进入读者的脑海。作为作家，你必须把能量嵌入句子中——像线圈弹簧，设下陷阱。当读者读到第一个词时，意思就会突然弹出来。如果你只是把你的意思扔在地上，读者将不得不弯下腰去捡起来，你就不会有很多读者，除了那些帮你忙的人，或者早就想知道你要说什么的人，但即使是这些读者也不会从你的话中获得体验，只会获得意思。

最好的句子是在第一版原始写作的最佳时刻出现的句子。在热身活动后，你写得很快、很兴奋，没有顾虑。你完全沉浸在自己的意义中，没有意识到其他任何事情。这些句子可以被生动而响亮地脱口而出，让读者听得一清二楚。很明显，你的许多原始写作不是这样的，而且当你慢慢地、小心地、有意识地使用语言时，要写出那样的句子就更难了。修改就像构建一个困难的数学方程——你必须不断在句子中间停下来思考合适的词、在你的记忆中寻找替代词、思考这句话是否符合前后内容。在修改时，你不是在生产意识，不是在全力以赴、一心一意与你正在写的内容产生联系，完全参与到你所表达的意义中，而是必须考虑到读者，考虑到整体的结构，考虑到自己的话是否真实。在良好的原始写作过程中，句子**自然而然出现**；在修改过程中，你必须构建句子。

理想中的修改也许只需要删除和重新排列在写作过程中出现的鲜活语句，这样终稿中的每个词都蕴含精神能量（我夸大了原始写作的价值。不是所有的文字都是鲜活的，事实是其中大部分内容是在精神已死的时候，通过艰苦的努力而产生的。学习自由写作的一个主要原因是，即使你没有心情，也可以继续写作）。

但如果你的原始写作作品中没有你所需要的、直接可以使用的、不需要修改的句子，那就没有别的办法了，你只有**构建**你能构建的最好的句子。以下是一些建议：

• 当你构建了正确的意思后，强迫自己大声把句子**念**出来，听起来必须铿锵有力。

• 从能量的角度考虑。如果句子没有能量，就修改到有能量。一些关于紧握的重点：咬紧牙关，抱紧手臂，或者用你的手撞击坚硬的东西。在你的结构中去掉不必要的单词，咕噜咕噜注入能量。注意一下，这里我要例证，我如何把一个不可能的句子变成一个还行的句子，只要在我握紧拳头获取能量的时候重新安排一下就行了：

原版：
　　智力、普遍评价标准、自主性、灵活性、理性导向的合法成就都是这种社会延伸化的特征。

修改版：
　　社会延伸化具有以下特征：智力、自主性、灵活性、普遍评价标准和理性导向的合法成就。

这是一个极端的例子（由一个著名的社会学家写的），我没有做任何事情去改善句子中最糟糕的问题——一连串傲慢的抽象概念。但是，我想说明的是，如果我们夸大了能量的萌芽，即使是这些讨厌的没有生气的语块，也无法阻止充满活力的语法流动。当死气沉沉的语块出现在开头，生命脆弱的火花熄灭了。

•简化。在你创作过程中最精彩的时刻——当你准备完毕，全身心投入写作时，你可以造出又长又复杂的句子，甚至是复杂难懂的句子，但它们都有活力和生命力。但是，如果修改的同时还得构造句子，长句子想要变得生动起来就困难得多了。那么咬紧牙关，把那个长句子拆成三个短句子吧。在你修改的过程中，你可能无法让句子变得真实，但至少可以把动词变得生动活泼。删掉多余的单词，不要像这句话一样，句子拖着一个松散的尾巴，这样会消耗读者的精力。

•使用主动动词，避免使用被动语态和过多使用"即将"（to be）。例如，上一段以一个单词的句子"简化"作为开头。最初我写的是"从简"，然后是"利用简单"，但我修改时意识到，我可以用一个简单的主动动词轻微增加些生命力，这是一种纯粹的能量，而不是一个形容词或名词（"简单的"和"简单"）这些耗尽能量的词语。

•在斯特伦克（Strunk）和怀特（White）所著的《风格的要素》（*The Elements of Style*）中，几乎所有内容都是对于这一阶段修改的好建议，小巧易用，令人愉悦。

全面修改的最后一步：**消除语法错误**（见第15章）。

总结

全面修改的主要武器是时间，尤其是休息时间和假期时间。以下是主要步骤：

•牢记读者和目的。

- 仔细阅读原始写作，标出重要的部分。

- 找到你的要点。

- 根据你的主旨，将各部分按顺序排列。

- 拟稿。

- 或许会走弯路：破除障碍。

- 精简语言，大声朗读对此有所帮助。

- 消除语法上的错误。

13 结合反馈修改

使用反馈进行修改是最有效的修改方式。幸运的是，这也是最有趣、最令人愉快的技术。不修改依赖于你内在神奇的抛光过程——利用你的运气和潜意识。快速修改依赖于一种超然的批判意识——你从你的写作中走出来，用冷静务实的眼光把文章清理干净，因为你没有时间犹豫，所以你可以迅速做出艰难的决定，你必须削减你的损失。全面修改最依赖的是时间，需要有更多的时间进行仔细的思考，也需要有更多的时间将你的写作放在一边，这给了你更新颖的观点，而不是仅仅依靠意志力或任何冷静的誓言。剪切、粘贴修改和拼贴（第14章）依靠的是审美直觉。你通过反馈进行修改时，当然是在尝试使用所有这些能力，但除此之外，你还在使用最强大的工具：他人的眼睛。

多少反馈，何时反馈

你可以在修改过程中提前或推迟反馈。如果提前反馈，实际上你是在利用别人的反应，作为自己做出决定过程的一部分。如果推迟反馈，你虽然独自得出了所有的结论，但利用其他人的反应，会使这些结论对读者更有效。

如果你很着急，不想改变自己的想法，对反馈感到紧张，你就会想要把反馈拖到最后。在这些情况下，你只会得到一次反馈，并且只会将其用于做出微小或装饰性的改变。但是，如果你想要最强大的力量、最有趣的过程，并且你有时间，那么将反馈提前。这意味着你可以从至少两个版本以上的草稿中得到反馈，邀请他人参与你更缓慢、更有机的思考过程。

　　下面描述的是这个长期过程的样子。你先起草一份草稿，这可能是你一直想做的事情，对你而言这很重要，但你不需要在规定时间内写完它。你对它修改得够多了，它变得有趣，具有可读性，但你并没有试图使它成为你最好的作品。你不会花很多时间来修改它，而且它可能也不能代表你的最终想法（剪切、粘贴修改在这里特别有用）。它可能存在严重的结构问题、连贯问题，但它必须是能阅读的。

　　你找两个朋友来读，然后和他们一起坐下来。你更感兴趣的是他们对整个问题的看法，而不是他们对你作品的批评。如果你的下一版草稿采用全新方法，那么为什么还要尝试去修正弱点呢？与他们的对话可以使你从更好的角度看待整件事、给你新的想法，并决定你的想法。你的草稿其实只是一封写给朋友的信，用来探索你的想法。

　　在非正式反馈的第一步的基础上，你可以"重新看"整个草稿，写一个全新的草稿，而不仅仅是加强初稿*。你的首要任务不是把这份草稿写得完美无缺，也不是彻底厘清思绪（除非你很着急，你必须止于这份草稿）。通过与他人的互动带动整个事情慢慢发展，耐心等待事情成型。再一次让读者给你关于这个草稿的反馈——也许是同样的读者，也许是新的读者。同样，你感兴趣的是他们对这个话题做出的所有思考，而不仅仅是他们对你的写作的反应。在这个过程之后，事情可能会发生变化，你会非常清楚你想要的终稿是怎样的，但也有可能还是没弄清楚。根据你的时间和你在意的程度，你或许会经历一次甚至两次这个过程。

　　事实上，其他人的反馈可以引导你对写作过程有一个全新的理

---

　　*　当然，因为你偶尔会第一次就找到正确的想法和正确的结构，所以现在你只需要改进初稿，而不是写一个全新的初稿。

解，这样你就可以制定一个更长的时间框架。也就是说，也许你对在第二轮得到的反馈非常困惑：每个读者有完全不同的反应、感受和建议。虽然你的文章还没有写好、没有写完，但是你不清楚要做哪些改变。也许你意识到它可以向两个截然不同的方向发展，但你不知道你更喜欢哪个方向。但是，你也知道它已经很好了，好到足以发表，你只需要稍微润色一下，其他人就会想要阅读。从长远来看，你还没有完成，但你知道自己已经做到了想达到的程度。你需要给自己时间来适应，给自己时间去产生新的想法、体验不同的经历，让自己成长为一个稍微不同的人。几个月甚至几年之后，你又回到了这里。你修改它，最终得到你想要表达的内容。

我所描述的故事是典型的反馈修改案例，只不过我将其扩展成了极端案例。但是，我想说的是，当你根据反馈进行修改时，你会对"**完成**"的意义产生更宽松、更有条件的理解。与从**初稿**到**定稿**的清晰的一步改变（从原材料到成品的一步）不同，这是一个随着时间流逝和读者相继反馈而产生的渐进演变。在每个阶段，你都可以根据你想如何使用草稿，而称其为"完成"或"未完成"。如果你很早就开始使用"完成"这个词——即使是对最早期的草稿，你也要学会略加润色，重新将其写规整，以便他人阅读。如果直到最后一稿，你依然称其为"未完成"，那是因为你知道，即使你已经下定决心，别人的反馈也能促使你继续成长。

如果完成某事的时间不确定，这种奇怪的灵活性就更有优势。你不会总是在追求完美，担心"我真的知道得够多了吗"。你可以不带焦虑地尝试不同的方法，**等待**正确的方法出现在你的脑海中，而不是在第一次尝试时就努力把它做好。当你想表达的意思终于找到了恰当的出口，也就是说出了你想说的话，你会听到一声美妙而深沉的撞击声。如果不让真实的读者读过你的一两个草稿，感受他们如何理解你的文字，这是很难实现的。

也许这种方法看上去太优柔寡断。我听到一个强硬的人说："这种犹豫不决肯定有问题。见鬼，除非你学会拿定主意，否则你是不会写字的。"他说的对。写作**是**一个下定决心的过程，很多糟糕的写作之所以糟糕，是因为作者没有勇气下定决心，或者是因为他已经下定决心，但内心仍有疑虑。这些疑虑模糊了他的写作，使他无法清晰地坚持自己的结论。然而关键是，如果没有太多压力，大多数人会慢慢地做出更好的决定。

这种连续修改草稿的方法不仅帮助你更加果断地完成终稿，还帮助你在初稿中更加果断地书写。因为你不必对早期草稿中所写的内容负责，所以你不必小心翼翼、有所防备。你会发现使用大胆的笔触和清晰的语言表述更容易，这样避免了可能会毁掉出色作品的含糊不清的限定条件。有时候，你会发现一个有趣的直觉是正确的，因为你可以夸大其词，随心所欲，从而发现这个论点和证据，而如果你保持理智，你永远不会想到这些。

一旦你开始享受这种缓慢的互动修改方式的力量带来的感觉，你就会学会在其他写作中使用这种方式，不再仅仅是以轻松的节奏来写自己的文章。你将学会以不同的方式处理截止日期。如果你有一个月的时间，你会迫不及待地使用这种反馈的新方法，在一周内完成一份试探性的草稿，这样你就有三周的时间来获得反馈，得到更多的草稿。即使你只有一周的时间，如果你在今晚匆匆草拟一份草稿，那么压力也就会消失，因为你在弄清楚自己真正的想法之前，至少可以得到一轮反馈和讨论。

那么，你决定什么时候得到反馈意见，最终不是取决于**时间**，而是取决于你有多想要那种创造性的混乱，将别人的想法和自己的想法混为一体。以下是可供你选择的反馈的概要。

1.迷你反馈。无论你进行什么样的修改，你可以**经常**使用反馈帮助自己消除需要润色的终稿中的语法错误。但是，不要让别人谈论你在表达什么或者你怎么表达，只谈论拼写、语法和用法。

2.少量反馈。你没有太多的时间，并且你不喜欢反馈，或者出于某种原因，你想让别人远离你的写作过程。你只需要在最后得到一轮反馈，因为你知道无论他们说什么，你都会坚持自己的结论。但是，你仍然可以从他们的反馈中受益良多。即使他们碰巧认为你的某个主要观点是完全错误的，他们的反对意见也会帮助你改进表达这个观点的方式。例如：

- 用完全不同的方式解释想法。
- 插入必要的澄清或辩护。
- 删除引起麻烦的例子、细节。
- 将想法放在整个结构的不同位置。

他们的反馈会帮助你做出其他微小但重要的改变：

- 删除没用的零碎部分。
- 厘清混乱的语言和逻辑。
- 改变一些讨人厌的语调。
- 插入一些简短的介绍、过渡或澄清，这关乎读者是否能和你的思想同步。

我有时会在最后一刻请求我的妻子给予反馈。我是这样说的："请找出拼写、语法和用法上的错误，以及任何尴尬或不清楚的句子。如果你不喜欢或不同意我的想法，不要告诉我，我没有时间也没有精力去做大量的重写。不过，请指出我在哪些地方出丑了。"

3.中量反馈。你已经决定了你的主要信息，不愿意完全重新思考你的立场，但愿意**大量**修改你的结构和策略。如果你通过抽象推理来论证你的观点，反馈也许会说服你，应该用例子或轶事去证明观点。反馈也许还会说服你，必须把整个结构颠倒过来。通常情况下，你的修改不会太大。一旦你理解了读者为什么感到困惑，就可以找到解决问题的方法。

4.大量反馈。一开始一切都是共享的。从开始你还不知道你的想法的时候，就开始分享草稿，这种互动带你踏上探索之旅。

关键在于你想要多少反馈过程。当我打完这张纸，把它从打字机里拿出来，正面朝下放在我右手边的那堆纸上时，我就会想起，有时候我想要的并不多，因为我注意到背面（我通常在用过的纸的背面写）写着"第三稿，佛罗里达州立大学，大卫·里斯曼（David Riesman），第17页"。这是一个章节的第三稿，大卫·里斯曼撰写的关于佛罗里达州立大学的一个基于能力的项目，该章节已在读者中流传，以征求他们的反馈。然而，我现在已经写了这一章的第三稿，还没有让任何人看到我写的内容（在我完成之前，我会收集一些反馈）。简而言之，有时候我只是想自己处理我的想法。当我开始帮艾比做一些困难的事情时，她粗暴地推开了我的手，三岁的艾比说："我可以**自己做**。"

但是艾比的话也是不合适的。有时她把我推开后，总是会不好意思地回来寻求帮助。我也有过无数次这样的经历，我自认为已经定好终稿，但随后的反馈让我知道我的自以为是是错误的，因此我不得不进行大量修改。我下定决心并投入了大量的工作以后，我和改变之间的斗争就更加艰难。如果我能更早获得反馈意见，事情就会变得更简单。在其他一些我觉得更有把握或更愿分享的文章的写作中，我很乐意从一开始就获得反馈意见。

使用反馈进行修改，你可能惊讶于其强大的额外作用——尤其是在你提前获得反馈的情况下。你可能会发现，为了让真实的读者明白你的作品，这些读者或许是老师、雇主、编辑、陌生人，你做了多年费力不讨好的努力，但突然之间，你可以写得更清楚了，因为你只是在整理草稿，让朋友阅读和回复。你甚至都没想让它成为你最好的作品，但你的语言却变得更清晰、更简单、更直接。一旦你意识到你的读者是你的朋友、帮手，有时你就会直接穿过抽象、复杂，直接从困扰你这么久的迷雾中走出来。心理学中有一个重点，当我们为"**真实**的受众"写作时，比如教师和雇主，因为利害关系非常紧密，所以我们会过于紧张。而且更重要的是，我们没意识到我们倾向于把读者视为**敌人**。毕竟，他们**是**敌人——他们在过去一次又一次深深地伤害了我们，这些肮脏的混蛋。但另外，当我们认为读者是真正的朋友、盟友时，语言突然间变得更轻松、更人性化了。这种轻松改变读者的方式比你过去费劲地与读者搏斗更有效。

你获得反馈的主要方式是倾听，看看你能否体会到读者的感受。如果你做到了，就能看到是否真的有什么东西需要修复，如果有，如何修复。试着问了几个问题后保持完全沉默，避免一直谈论**你**心中所想，试着去发现**他们**的想法。试着**相信**你的读者——不是让你永远停留在他们的视角，而是让你能够通过他们的眼睛来看待你的作品。你可能还没有试图在任何事情上做出决定，你正试着延伸思想；或者你可能在写草稿的时候就已经下定决心了，所以在某种意义上，你在试着打消这个想法。关于如何获得反馈的更多信息，请参见第五部分。

所有修改的基本技能要求是要有审视自己的写作并发现其潜力的能力——看看那里有什么，那是什么，甚至看到本应该存在但是根本不存在的东西。这种能力就像看着一个房间，想象不同的家具摆放在不同的地方会是什么样子。更具体而言，你需要：

- 看到有什么想说但是还没有说的话。
- 看到还没有出现但会让一切豁然开朗的潜在轮廓。
- 看到一种简单的方式以表达现在迂回的内容。
- 看到可以删除的部分，即使你很喜欢。

如果你想看看你的写作，看看文字里可能有什么，那么很显然，时间、直觉和超然的批判意识都能给你提供帮助，但没有什么比通过别人的眼睛去看你的文字更有力量。

14 剪切、粘贴修改和拼贴

如果你在写作的前半段把事情搞得一团糟，那么使用这种方法的最大好处之一就是在你完成写作之前，帮助你清理那些一团糟的东西。你不能陷入半心半意、意志薄弱的修改中，只是把东西整理好就收工。搞得一团糟意味着你的修改工具不是润色刷，而是链锯。这意味着你必须停下来修改，认真思考你真正想表达的意思和你想要实现的目标，即使你认为你已经做出了决定。这本书中关于修改的主要信息是，这是一项繁重的工作。

但是有一种轻松的修改方法——不简单但相对快速和轻松：剪切、粘贴修改。如果你赶时间或者不太在意，这个方法特别有用。但是，它也可以引领你完成优秀的终稿，甚至有时比你用其他修改方法的效果更好。

写作中最常见的问题之一是：修改以后，文章没有变得更好，反而变得更差，尤其是创造性写作。你从内容不错的原始写作开始，或者你已经写出了一个连贯的草稿，你对它的优点和生命力感到满意，但它显然还需要修改，所以你对它进行修改。但是，当你修改完成时，你已经把作品的生命扼杀了。你解决了你想要解决的问题，但你也无意间破坏削弱了精彩部分。

剪切和粘贴是一个最小的修改过程，可以帮助你在不削弱优点的情况下去掉缺点。你的优秀段落会为自己说话，你不要对它画蛇添足，有时你试图把所有的想法都清楚地表达出来，就会造成画蛇添足。这种情况容易出现在诗歌、小说、戏剧中，当你开始"澄清"、解释自己的意象时，就会出现枯燥无味的作品。

这一修改方式的基本过程是显而易见的，**剪切、粘贴**几乎直接说明了一切。你扔掉了钢笔或铅笔，只用剪刀和胶水来修改。像一个石头雕刻家，永远不会增添任何东西，只需要移除。或者像那些画家一样，先在画布上涂上几层颜料，然后只用刀子刮出一幅画作。这是一种有纪律、有信仰的行为，你必须坚持在纸上的内容里找到你需要的成分，你必须坚持通过重新安排而不是重写来创造你需要的连贯性。因此，这种方法只有在你拥有丰富的原始写作内容时才有效。

步骤如下：

• 找到优秀片段，截取下来，即使是在句子的中间，也要截取下来。然后画掉那些可以从这些优秀片段中删除的单词、短语，还有不必要的文字。

• 仔细阅读这些优秀段落，并为它们设置不同的顺序，回顾原始写作的其余部分，试着找出所有段落中出现的基本线索、轮廓或含义（这与其他修改过程不同，在其他修改过程中，你可能会浏览你的原始写作，原始写作或多或少说了甲，但你随后意识到，或者也许是在纸上看到，乙才是你真正想说的。这种修改允许你改变自己的想法。但是，通过剪切、粘贴这种方式修改，你必须在你的材料中找到最好的线索，并且跟着线索走。你并不是在决定**你想说什么**，而是在感知**什么是可取的**内容，并看到它指向什么）。如果你的作品很复杂，你可能需要在这一点上做一些大纲或可视化计划。

• 接下来按最好的顺序排列你的作品。将其制作成游戏可能会很有趣，看看你能否用这一步完成作品，在没有任何新内容的情况下创造出一个连贯的终稿。但是，这种纯粹的解谜方法可能会消耗完你通过剪切、粘贴方法节省的时间。

• 现在你文章所有的内容都有了正确的顺序，你需要做一点儿必要的写作连接它们，形成一个完整、连贯的整体。可能有些地方你需要添加一些你原始写作中完全没有的东西；可能有些地方必须在片段之间添加一两句话，否则无法相互衔接；可能需要重新写一个导言或结论。但是，一定要用你已有的段落做实验。一般情况下，那些不想要的段落刚好可以嵌在开头或者结尾的空缺里。

• 当你将内容复制一遍的时候，你可能会把文章写得更紧凑清晰，同时删除语法和用法上的错误。

剪切、粘贴方法会生成一个精简的终稿，尤其节省你的时间和精力。其主要缺点是会遗漏，但遗漏所造成的伤害往往小于那些没用的段落所造成的。事实上，如果你熟练使用这种方法，你就可以获得成效，就像毕加索的那些线条画一样，极简主义是一种优势而不是劣势。

拼贴

拼贴并不是由一连串清晰的思维或叙述构成，而是由一些**片段**构成——我们该怎么安排呢？诗意？直觉？随机？没有过渡词和连接词（极少情况下，连接是隐形的）？当拼贴发挥作用的时候，它是非常棒的方法。事实上，拼贴使读者主动、有意识地组织这些片段创造画面，思维火花跨越连接的空白，从更深层次影响读者。但是，拼贴不发挥作用时，就会像一种懒惰的逃避方法，令人难以理解且令人讨厌。

简单的拼贴故事、诗歌或戏剧现在对许多读者来说已经不足为奇了。也许我们能在早上的地铁里瞥见主角，随后是他在椭圆形桌子旁参加会议时的白日梦画面，然后是与妻子在晚餐喝咖啡时的对话，接着又出现他在刷牙的画面，然后是他睡着时梦到的一段童年经历。许多诗歌和一些小说走得更远，它们不仅在事件的发生之间留下空白，还抛弃了顺序。它们不是按照逻辑或时间顺序安排场景、图像、对话，而是按照直觉或联想的顺序安排。写作的目的也许是传达一种复杂的经历、一种对世界的看法、一种对个人生活的感受，许多作家和读者似乎达成一致，解释清楚的传统叙事所达到的目的，也可以通过排列不同的碎片或段落来实现。艾略特的《荒原》（*The Wasteland*），被称为文化里程碑，就是拼贴作品。显然，很多现代诗歌也是拼贴作品。

拼贴写作可以通过从一开始就详细制订计划来完成，但是，因为从本质上看，拼贴的组织更需要直觉的参与，所以还有一种因时制宜的更简单方法。首先，做大量的原始写作。然后，仔细检查，找出优秀部分，精练语言，润色段落，使其变得更精彩。最后，把它们放在桌子上或地板上，让你可以一览全貌，按最好的顺序进行排序。

问题的核心是，不要将统一、连贯、单一性作为修改的规则，你唯一的规则是，摆脱一切没有生气的内容，保持文字的生命力。

不用在连贯性和关联性上下功夫是一种巨大的解脱。经常有一些**优秀**作品，莫名其妙地被这样的话哄骗着变成糟糕作品："你需要一种方式引出其中一个点，然后再转到另一个点，最后找到一种方式结束全部内容。"在你意识到不对劲之前，整篇文章无力又沉闷。一些职业作家会巧妙地处理这个问题。他们只是强调优秀的内容，然后结束，没有彷徨的开始，也没有松弛的结尾，也没有你总想避免却总是存在的死角。这是写传记、自传或小说的好方法：写一连串鲜活的瞬间。文章中可以忽略的内容、不需要说的内容，多得令人惊讶。

你的最终作品如果只有精彩内容，那么有许多组织上的弱点是可以理解的。但是，奇怪的是，当你停止尝试保持连贯和关联，把你所有的努力都放在摆脱那些没用的内容上时，你往往会发现，在你的一堆精彩内容中，隐藏着一种惊人的连贯性。许多最糟糕的组织问题实际上来自你试图组织一些薄弱的部分。你难道没有经常遇到这样的情况吗？你反复挣扎，但还是从甲到乙过渡失败了，你突然意识到你可以丢弃乙，以一个从甲到丙的可爱过渡结束，因为乙从一开始就不怎么样。

拼贴式文章

扔掉所有没用的内容，摇一摇优秀内容，看看它们自己想如何排列，一旦开始运用这种奇怪又自由的规则，你就可以将其应用到说明性写作中——文章、报告、简介。传统上，文章是一种松散的形式，文章刚出现的时候是一种"分析"，即"尝试"和"着手干"某事。一些很好的文章是非正式的、闲谈式的，且结构连贯。但是，传统的文章有很明显的对话线索，而在这里，你根本不用担心线索，你只需要保证质量。将优秀内容部分按正确的顺序排列，文章自己会出现一个**隐藏线索**。我记得最近《纽约客》（ *New Yorker* ）中一位大学教授的简介（1980年2月18日，第55卷第43期），实际上是一组或一连串段落，每一段都倾向于以"_____在办公室""_____与学生交谈"或"_____散步"为开头。偷懒又简单，但很有效。这其中还有隐藏线索。过渡的目标是从甲转换到乙，如果你不需要过渡就能转换，那么为什么要浪费读者的时间呢？

循环写作过程是一种理想的材料生产方式，用于拼贴文章——满足了一篇文章的功能，但几乎完全由段落组成，在这些段落中，你对读者所表达的是一种体验，而不是一种解释。

有时候，你的某部分优秀片段会清楚直接地解释你的整篇文章想要表达的内容（或者你发现那些优秀片段想要表达的内容）。这样的片段会让你在拼贴文章的开始或结束时进行得很顺利。如果你的原始写作中没有这样的段落，你必须认真思考，弄清楚你的文章主旨，然后整理好你的优秀内容碎片，在此基础上写一段导言或结论。

　　日报，尤其是周日的报纸上的许多专题报道渐渐变成了拼贴的形式。例如，关于布鲁克林（Brooklyn）的一个社区的报道中写了一系列片段，只是陈述而不是解释了人物肖像、地形、街角场景、微型叙事、对话和怀旧独白。

　　让我震惊的是，现在许多常规新闻报道抛弃了传统的"何人—何事—何时—何地"作为开头，或者将这些内容推迟，以一点儿拼贴内容作为开头—— 一段陈述，没有解释。这个开头源自一个关于市政府政策变化的故事。选自《纽约时报》（*The New York Times*）的第一部分，注意它怎样以一段特殊的戏剧性场面作为开头：

新市长的领导下，费城警察改变策略

（ *Under New Mayor*，*Philadelphia Police Shift Tactics* ）

作者：莱斯利·贝内特（Leslie Bennetts）（《纽约时报》特稿）

　　费城，4月11日（1980年），几个星期前，玛琳·尼莫（Marlene Nimmo）在市中心的一家酒吧里溜达到一个女人面前，问她有没有毒品*。这名女子把手伸进胸罩，掏出两袋大麻，尼莫女士随即出示了她的警方证件说："你被捕了。"

　　尼莫女士回忆道："她瞪大眼睛，张大下巴，完全处于震惊状态：'什么时候的事？这不应该是这样的！'"尼莫女士笑着继续说道："我把他们骗得团团转——我来买，我来抓。因为他们不知道女人可以做缉毒警察，所以他们会把毒品卖给女人。"

　　直到最近，毒贩们的观念才有所改变……

---

*　译者注：原文"nickle bag"是吸毒者用语，意思是五美元一包的毒品。

随后进入传统新闻报道，讲述市政府政策变化及产生这些变化的原因。

简·霍华德（Jane Howard）的《家庭》（*Families*，纽约，1978年）一书实际上是拼贴作品，她在书中展示了各种家庭和家庭安排。她在引言和最后一章中阐明了她的信息和结论。肯·麦克罗里（Ken Macrorie）的《教学提升》（*Uptaught*）〔罗谢尔帕克（Rochelle Park），新泽西，1970年〕是一本关于教学的经验和争论的回忆录，用经验片段拼贴而成，例如，叙事和肖像中夹杂着概念性的段落用以解释他的论点。马丁·杜伯曼（Martin Duberman）在撰写布莱克山学院（Black Mountain College）的详细历史时，加入了他自己日记的片段，以及他与一些从未谋面的人物之间的虚构对话〔《布莱克山：社区探索》（*Black Mountain：An Exploration in Community*），花园城市（Garden City），纽约，1973年〕。

你可以写一篇关于法国大革命起因的拼贴文章，完全由故事、肖像和场景组成。你必须选择和整理你的片段，这样才能告诉人们为什么法国大革命会发生。或者完全由对话组成——和贵族、农民、中产阶级城市居民、当时的思想家之间的对话，事件发生前后的人物之间的对话。当然，你需要修改和润色这些片段，尽量使其更完善，甚至需要写更多的片段，保留一点连贯性。

你可以写一篇拼贴文章，将诗文的简短段落与自己的经历、历史或其他文学作品中的事件并置，探讨一首诗或其他艺术作品的意义。一篇关于艺术作品或学术作品的文章可以包含你和作者之间的一次访谈，或者作者和文中一两个人物之间的访谈。

拼贴方式选择

严格从定义而言，一篇文章，必须清楚地阐述其结论。但是，你可以进一步运用拼贴原则，写出一篇有效的拼贴文章，满足文章的许多功能，但不**说明**文章所表达的内容，只展示原料。例如，斯塔兹·特克尔（Studs Terkel）的《工作》（*Working*，纽约，1972年）是一本拼贴书，没有从所有的独白、场景和人们工作的肖像中得出明确的结论。问题是我们是否能理解特克尔想表达的内容。当你只是展示原料时，不同的读者会得出不同的结论。

但是，如果你做得恰到好处，读者**就会**理解你在说什么，你的信息也会更深入人心，因为读者自己创造了它，而不是读到了它。你采取的是纯粹的归纳法，不过，这很容易失去一些东西——读者们可能会怀疑，你也许只是太懒了，没有从你的材料中思考出结论。他们会认为你只是借用了电视纪录片的糟糕风格：忽闪忽闪，不必思考，一目了然。

某些情况下，你甚至不关心你的读者是否理解你的结论，或者他们是否费心去理解你的结论。你的目标只是让他们意识到这些事件、问题、事实和困境。在某些情况下，如果你不给出结论，读者就不会因为思考他们是否同意你的观点而分心，那么你成功的机会就会增加，你就会对材料内容很有信心，认为它迟早会对读者产生你想要的影响。

最后，有时候，你自己还没有得出任何结论，也不想假装你已经得出了结论。你正在做的是一些重要的事情，你需要花几天或几个月的时间和你的材料一起生活，然后才能得出结论和最终的结构。但是，你现在需要一份终稿，或者你想写份草稿给他人阅读，为你酝酿作品提供帮助。在这些情况下，你仍然可以用拼贴的形式写出一篇强有力的文章。

因此，拼贴文章为你提供了一系列明确的选择。一个极端是完全隐藏意义的文章，由有关联的排列在一起的部分组成——几乎是一种想象，也可以说是一首诗，而不是大多数人所称的散文。另一个极端是一篇传统文章（一个完全相关的明确论点），为了使你的意思更生动，你只能断断续续地插入场景、肖像、对话或叙述。[*]

总结

• 剪切、粘贴修改的基本过程：尽量避免全部重写，巧妙摘选，无情裁剪，运用想象力重新排列。如果你很着急，或者你在修改的时候想把所有的精力都挤出来，剪切粘贴式修改是最有用的。

• 拼贴的基本过程：选择生动活泼的片段，抛弃死气沉沉的片段。润色优秀片段，弄清楚排列顺序。

• 拼贴文章的关键步骤：不要只是解释你的意思，或者根本不要解释，用唤起、再现或呈现段落表达你的意思，如场景、肖像、微型叙事、对话或内在的沉思，这些使你的论点或概念意义在读者的头脑中产生。

• 完全放弃正统文章是一个错误。因为经常会用到这种形式，所以你需要掌握它。在某些情况下，你只是在一篇清晰明确、合乎逻辑、连贯性强的文章中添加一些体验式写作，就会让一些读者反感（"你不能相信他的见解。他是个有创意的作者。他太情绪化"）。并且因为拼贴形式文章的工作量少得多，所以你可能会变得懒惰，可能会养成不从材料中得出任何结论的习惯。一篇传统文章也许不是提炼想法的最好方式，也不是向读者传达想法的最好方式，往往却是用以阐明、评估、深

---

* 这就是在《论能力：高等教育中能力本位改革的批判性分析》（*On Competence: A Critical Analysts of Competence-based Reforms in Higher Education*，杰拉尔德·格兰特等著，旧金山，1979年）中，我所写的关于能力本位的章节所想表达的内容。

入已确认的观点的最好方式。

两篇拼贴文章

　　拼贴文章可能听起来奇怪、不熟悉、难以想象。因此，我以我的两个班级的学生写的两个例子作为总结。我带领这些班级使用循环写作过程生成原始写作。但是，我不知道接下来的文章中的总结段落和解释段落是原始写作的一部分，还是在剪切粘贴过程中写的。

　　第一篇文章是作者针对标题"我在教什么？"所交的作业，我将这个标题布置给一个由中小学教师组成的班级。虽然这一标题可能会让人想起一些理论，但我明确表示，我要求的是一份能具体使用的文章。我实际上说的是："你有时会忘记你真正在做什么、为什么这么做。在日复一日的挣扎中，你可能会失去教学重点或教学基础，而这是你最需要保持的东西，并且需要将其做好。因此，在这篇文章中，你要弄清楚你的优先事项，这样当你感到困惑时，或在压力下想退缩时，你就能紧紧抓住主要的事情。"〔我很感激莱斯特·克虏伯（Lester Krupp）的帮助，让我想出这个标题。〕

我在教什么？

（*What Am I Doing Teaching*?）

作者：凯西·埃利斯（Cathy Ellis）

　　我想要一个目标，教书给了我这个目标。我想要在教学中尝试解决世界上所有的不平等、不公平，或许我可以将这些消除一点儿。

　　我记得我在一年级时听从安排参加了一个阅读小组，我的小组是第二组。我们坐的是普通的木质桌椅。第一组坐的是淡黄色的桌椅。他们读得比我们好，他们得到的奖励也比我们好。圣诞节的时候，他们得到了一幅特别的圣诞老人的画像，他们给画像上色，而我们在阅读。我不太喜欢他们，但我非常想坐在那张淡黄色的桌子旁。有一次我问老师，为什么我们其他人都不能坐在淡黄色的桌子旁，像他们那样玩游戏，或者给特别的图片涂色。有趣的是，我记得她当时很尴尬，看起来就像我被抓到做错事时的样子。她回答的时候，听起来好像在生我的气。她说因为他们阅读更认真，赢得了特权。我不明白，我觉得我已经很认真了，但我不敢再问了。

几年过后，高中时期，我和一群朋友参加高中舞会，因为迟到而被拒之门外。我们站在外面，看着另一群人，几个啦啦队队员和她们的朋友，比我们来得晚却进去了。那天晚上，我给当地报纸的编辑写了一封信，抱怨我们学校的偏袒行为。我复印了几份，然后和朋友们在学校里传阅以获得签名。一天下来，我们得到了一百多个签名，同时也受到威胁，如果我们第二天带着这封信回到学校，这封信会被没收，而且我们会被遣送回家。校长要对每个签署这封信的人进行警告。有传言说要让煽动者停学，但学校董事会授意行政部门不要管我们。然而我想知道，如果我父亲不是报纸的编辑，我们是否也会受到同样的待遇。

亲爱的特雷弗、理查德和佩瑟：

我决定教书的原因，我继续教书的原因，是为了像你们这样的孩子，这些孩子似乎从来没有得到公平待遇。其他孩子一直不断地获得奖励、荣誉，然而对你们这样的孩子来说，学校只是另一个令人窘迫的地方。我想报复——为了你们，为了我的整个童年，虽然我的童年远没有你们的童年那么糟糕（然而有时我觉得童年很糟糕）。

我认为每个人都应该拥有片刻闪闪发亮的童年时光，而学习应该是最令人兴奋的部分。我想让学习的经历成为你闪闪发亮的时光，因为也许这样你就能让那一刻变得不朽，或者至少在需要的时候能够有所回忆。如果这样的话，也许我就能稍微补偿一点儿童年的不公平、生活的不平等。

谨致问候

埃利斯女士

特雷弗的肖像：他因为完成了一周的作业，获得了他的第一个奖品。他先是露出惊讶的表情，接着是害羞的微笑。短平翘的鼻子，放在成年人脸上不合适的特征，在他脸上刚好合适。他闲庭信步地挑选奖品，尽力维持他的冷酷风度。

佩瑟的肖像：他独立正确地完成了他的数学作业，整张脸都在微笑，给人的印象不再是那位难搞先生。他毫无察觉，一脸坦率。

重要的时刻：早上上课铃响之前的教室，孩子们在门口等着我，微笑着，争先恐后地叫着"老师"。教室，一间每天此时才开始存在的房间，门打开了，孩子们温暖的小身体鱼贯而入。课桌开了又关，端正地坐好，每次都一样。他们有很多的话对老师说，但我很忙。孩子们跟我来，我把昨天的画挂起来，书写着。孩子们疯狂地寻找着自己的作品："这是我的，老师，你看到了吗？"朋友，这个感觉不错。外面响起口哨声，学生陆陆续续进来。按次序展现自己的作品，学生们都坐好了，午餐计数，一切开始了。

糟糕的时刻：六年级英语课我布置的写作作业。我解释道："我对你们要求不多，也就是说，只要写一段话或一段故事就行了。告诉我你有过什么美好的时刻。每个人都有美好的时刻。试着加入一些声色并茂的词语，让我看到那一刻。"

"一定要有什么好事情吗？"

"你肯定能想到一个美好时刻。"

"不，我从来没有遇到过什么好事。"教室里传来微弱的笑声。其他几个声音也加入了进来：

"我们从来没有遇到过好事。"

"那好吧，挑个糟糕的事情，只要能写点东西。"我感觉自己在与绝望的声音做斗争。我听到大家齐声说："我们必须要这样吗？"那些挑衅的面孔，转过身来，互相交谈。我很受伤，我很生气。

"好吧，我给你们一个选择。你们可以写我要求的段落或者抄字典。哪一个对你更有意义？"

六个孩子离开了他们的课桌，更多的孩子离开了他们的课桌，脸上带着得意的笑容，拖着脚走到书架前找字典。天啊，他们还在画字典的插图呢。一个孩子给我看她的作业以得到我的认可，她想知道她是否能多做些字典作业来获得额外的学分，她是认真的，我不相信。

　　昨晚我梦见我打了他们其中一个。肉体撞击肉体的结实感觉。这感觉很好，却让我害怕，我得离开这里。所以，在尝试接触12—13岁的孩子一年之后，我回到了一年级的教室。这就像是一个美好的时刻——回家。

　　一年级的语言作业：阳光从我们的窗户射进来，照亮了运动场，反射在吧台和攀爬架上，晒干了昨天的泥坑。

　　"我们写一下你在阳光下喜欢做什么。"许多手在空中飞舞。

　　"我有一个，老师，我有一个。"我做出决定，选择一只手，一张脸。

　　"我喜欢躺在阳光下。"我把它记在图表上。在咯咯的笑声中，我画了一个小简笔画，画的是唐尼躺在阳光下。

　　更多的手，更多的选择。叽叽喳喳，头脑风暴。很快，这个图表就被句子、图片覆盖，对每个孩子都有特殊的意义。他们争抢铅笔、蜡笔和纸，争先恐后地找位置，每个孩子都在寻找自己或朋友的故事。

　　我好像刚坐下来，纸就在我面前晃来晃去。

　　"看，老师，看我的。"

　　"老师读读吧。"或者有学生更好地说道："老师，我能读出来，听着。我看云。看，那是我，那是云。"脸上挂着微笑。他只是抓住了世界的小小一角。

对话：

薇琪："他们都爱你，这是肯定的。但是，小孩子让我抓狂——至少四年级的学生能照顾好自己。"

我："一年级学生也可以做到，而且他们有更大的潜力，没有被曾经的教育压制。他们可塑性强，充满了创造力。"

薇琪："还有流鼻涕和感冒。你都带走吧。"

我："谢谢。我来接手。"

同事眼中的我：

凯西是个非常理想主义的人。她认为她可以从教室里拯救世界，从一年级教室中拯救世界。她认为自己有一种极少数人才拥有的敏感，自己可以用其他人无法做到的方式去理解和接触孩子们。因为她的这种能力，她觉得如果她以这样一种方式接触孩子，他们就可能真的能拯救世界。

本质而言，凯西缺乏现实感。她忘了她的孩子会长大、会改变。特雷弗、佩瑟和理查德可能会在一年级取得一些进步，但他们会在青春期恢复他们的本性。与凯西的纵容相比，他们更需要非常坚定的处理方式。但是，凯西会继续采取她的理想主义方式，因为这是她教书的唯一方式，也是她教书的唯一原因。

最后，我必须回答这个问题："我在教什么？"我的第一个想法是和其他老师们分享这个标题。不知道为什么，我觉得我们会对此一笑置之。为什么？因为标题包含了太多，又太少。"我在教什么？"老师多长时间会问自己一次这个问题？我试图找到一个目标，一种满足，让我的生活有价值。

所以我选择了教书。我想有所贡献。一开始，我想教大一点儿的孩子，他们到了足以激发智力的年龄，但又足够年轻有创新精神——读中学的年龄。但是，我发现，小学的孩子们在这两方面都更有优势，至少对我和我的个性来说都是如此。

我不喜欢纪律。我还是个孩子的时候，我憎恶被动接受。长大成人后，我也讨厌被动给予。但是，对年幼的孩子，即使他们需要纪律管束，我也不需要扭曲自己的性格和他们一起工作。我可以做我自己。我需要从做自己中找到满足。

但满足感并不完全是目的。目的在于留下永恒的印象，可以让人有点儿不朽。

一年级的学生很有目的性。在九个月的时间里，印刷出来的单词有了意义，从不认识字到可以阅读。没有成人的帮助就无法在纸上表达自己的孩子变成了迷你作者。数字有了意义，他们的世界也变得更容易理解。因为我，孩子们的自我感觉好了一点儿。他们知道有人关心他们，他们的一年级老师关心他们，他们记得。多年以后，他们会回来看望我，我的精神在他们每个人身上都留下了印记。

写作前的准备时期和一年级时期差不多，都是创造性流动、建立创造过程、建立信心和产生想法的生产力时期。只有在经历了这段时间的思考和行动并且筋疲力尽之后，作者才准备好评价和修改他的作品。并且只有在上了整整一年一年级之后，孩子才准备好接受批评，并有能力处理批评。只有在成功后的第一年，他才能说："好吧，那是错的。"这就更有理由强调开始的几年的重要性，强调积极行动、迸发创意。一年级是建井取水，成功是井满取水。这就是一年级教师的本质——打开了心灵的第一扇门。我教书的理由是，我想为我所有的孩子们打开这扇门，或许为那些不受关注的孩子们再开大一点儿。

★ ★ ★

第二篇拼贴文章的主题由学生自己选择，我要求文章是作为独立思考、写作、研究自己学习的顶点。

科学是动词而不是名词

（*Science Is a Verb Not a Noun*）

作者：比尔·麦克诺顿（Bill Mcnaughten）

我的幼年时期，还在上小学的时候，有幸在初中度过了四年，在那里，"实践"科学与"了解"科学同等重要。问题、假设、实验、数据、结论的科学研究过程为我们探索大量物理现象提供了一个逻辑框架。

我在地下室里做了一个钟摆，为了看它下方的地球是否真的像预期的那样转动。我用一个500克的黄铜、一些旧的钓鱼线和一段弯曲的金属丝做成了它，一根金属丝挂在底部，作为一个指针。钟摆不是很大，我摇晃它之后，空气阻力使它很快减速。但是，20分钟后它会在圆盘上移动5度，这么长时间的等待，我通常会上楼吃晚饭。然后我回来测量它，看看从开始到现在变化了多少。

三天前的晚上，我试着根据我房子的位置找出钟摆应该朝哪个方向移动。我不确定发生了什么，但我得出了一个明显的结论，要么是地球在"向后转"，要么是我读到的关于钟摆的理论有问题。这两种答案似乎都不太可能，我一次又一次地尝试着调整自己的方向……"好的，这是东方，这是北方，现在太阳从东方升起，我从西方移动。因此，地球应该这样在钟摆下转动……但并没有，它往另一个方向转动！"

结论：尽管没有必要担心，但我最终发现，在我的想象中，地球一直在以错误的方式转动。所以，至少目前，钟摆和地球的运动方式仍然是课本上说的那样。但是，半认真地想一会儿，我便发现了这与在学校学到的物理不一致的地方，很有趣。

我现在有几本灰色的实验笔记本，上面写满了问题、可能的答案，以及验证答案是否可能的细节——图片，图表，过程描述，最后是我们发现的意义。这些笔记本提醒我学习科学是多么有趣和迷人，但后来情况有所不同：

科目：化学考试——纸上没完没了的信息——电子轨道、价、自由基离子转换、酸碱度、氧化还原反应、碳弯曲、极性等。

问题：为什么研究这些东西既有趣又无聊，曾经科学对我来说这么简单？

假设：事实、形式主义、理论、阅读别人的想法和实验。这都是科学的"了解"，没有科学的"实践"。

实验：观察发生了什么。

数据：我和菲尔、杰克一整天都在准备化学考试。我们一遍又一遍地复习笔记，寻找还没有记住的信息。如果说我从马切默的化学考试中学到了什么，那就是你必须记住他在课堂上说过的每一个词。我和菲尔在本学期开始的时候就开始录下课堂内容，然后誊写下来。现在很庆幸我们这样做了，只有这样才能在这门课上幸存下来。

我们互相提问到深夜，一直到我们能就任何问题侃侃而谈，能下意识脱口而出。最后，12月18日，星期六，上午九点，我们和马切默教授因为考试聚集在科学实验室203。沉默、铅笔、计算器和计算尺紧张地在桌面上弹来弹去。

两个小时后，考试结束，我们解放了。一些人对答案，一些人放空后安静地离开，可能是在中午或下午有另一场考试。我有意识地拉下脑海里的冲水把手，把所有关于化学的想法从脑海里冲走。星期一考英语和哲学，星期二考法语，星期三上午考微积分。我抑制住为昨天的努力学习而奖赏自己的冲动，因为要记的东西太多了，时间又太少了。

后来，在学习的时候，我从窗户外听到："科学是万恶之源。科学破坏了我们的土地，毒害了我们的河流和野生动物，污染了我们的空气，威胁着我们在这个星球上的生存。我们必须停止依赖这种对我们生命的威胁，回到我们的祖先所了解的自然状态。"我听她说话时，注意到她手臂上有一块接种过天花疫苗的粉红色小伤疤，我想她已经忘记这个伤疤了。

结论：仅有的一个世界已经成长为两个世界，

两个世界在空间中共存。

人们分开，然后转身离去，

只为结束面对面。

科学和其他人类研究之间的两极分化有很多根源，不仅是后斯普特尼克（Sputnik）[*]时代的数学/科学推动了教育，还有将科学研究结果以技术手段加以利用，以达到破坏性的和不人道的目的。在技术以科学为母体的情况下，看到滥用技术所造成的破坏，人们很容易认为科学生来邪恶，道德败坏。然而，我认为科学是一件快乐而美好的事情。我有什么不同（错误）吗？科学是不是有什么东西让某些人比其他人更容易掌握？这里有什么问题？

问题：什么是科学？

假设：探索、观察变化、提出变化的原因（并就此进行试验）。

实验：在岩石下寻找、观察夜空、了解行驶里程长的汽车所排放的空气燃油混合物。

数据：这个过程需要询问、需要时间、需要耐心、需要

---

　　*　译者注：斯普特尼克是苏联发射的人类的第一颗人造卫星，标志着人类航天时代的来临。

鼓励、需要花时间去找到正确的问题。

结论：科学是我们思考的方式。

问题：这里面（下面、后面）是什么？

如果我改变这个会发生什么？

需要做些什么才能让情况好转呢？

假设：让我们尝试一下，看看会发生什么。

实验："做出改变。"

数据：获取反馈，体验发生的事情。

结论：那里有什么，什么导致了什么。

问题：下一步该做什么？

假设：这个……怎么样？

问题：这是真的吗——我们如何在"艺术"中思考和学习（他们倾向于拒绝科学，认为它死板、缺乏创造性）？

假设：科学和艺术都涉及两个研究方向。

1.从外到内——技术、理论、培训、纪律；处理思考、想法、逻辑；理智。

2.从内到外——自我意识、创造性、直觉性、无意识；处理感觉、形象、行为；表达。

实验：观察"表达艺术"。

数据：

运动类：改进接触—— 慢速启动，启动静止，不确定搭档。手伸出来，手指几乎……然后触碰。接触方式：单指尖。闭上眼睛，只允许触摸。没有指引，摇摆着开始。接触保持：一个手指……二……三……再来一个。一只手摇摆，看不到镜子。手大幅摇摆，顶峰时减缓速度，然后手下垂振动。手臂接触转动，双手在运动中互相匹配，手指滑动。接触保持，进行移动：手臂到手臂，手臂到肩膀，肩膀到背部，到臀部，到腿，再返回。现在背对背，斜靠着抓住。伸展保持，推挤，让步。不要思考，只是感觉接触是否移动，跟随它。现在，滑过去，左右滑动，最大的接触，交织流动，身体接触身体，运动的波浪在彼此之间翻滚，最后……趋于平静，慢慢地，温柔地靠近坐着，只有双手在移动：放在一起，几乎静止。单指触碰：接触。

合唱团："学习这首曲子，熟悉到不需要音乐，然后我们一起唱。"首先，我们都独自唱歌，一个接一个地读每一个音符，试图把乐谱上的男低音（女低音、女高音、男高音）的歌词记在脑子里。反复停止，重复和强调个别部分演奏，过渡困难。现在，一起唱。停止："女低音，24小节到结束，男低音，第三页顶部。"再次，一起来。大卫让我们看他，我们想看乐谱。我们无法确定，无法放弃看笔记。

再排练一次，新音乐，旧音乐。"哦，别再犯那个错误了！"音乐一次演奏成功。我们做得很好，发挥稳定，大多数音符都是正确的，令人惊讶。与大卫确认："那个音乐小节我们不是很懂，发挥情况怎么样？……"站着，抬头，这次不听音乐。我开始倾听周围人的声音。我们正在"走到一起"。大卫负责节奏，我们负责音乐。我们彼此倾听，同时也是表演者和观众，纠正音调、音色和节奏，达到这首歌应有的感觉。我们为别人唱歌时，不会停止倾听，但这与观众是有区别的。我们不再是一群一起唱歌的个体，而是一个唱诗班，一个可以自己演奏的乐器。在那一刻，如果我们学得很好，我们就停止唱这首歌，因为我们就是这首歌。

写作：我并没有计划，其实在我写下这两个从我手中蹦出来的句子之前，我并不知道论文的结论和最后的亮点是什么。虽然我参与了写作，写了一些东西，知道这些东西要去某个地方，但我不知道要去的地方是哪里。我像是在织网，直到我固定好最后一个角落，然后退后一步看一看，我才真正看清了一切。

滑冰班，私人教练：

滑冰教练凯西·怀恩豪斯："好的，热身结束，现在让我们看看你的后内点冰跳。"

我："好吧，让我先练习几次开头，这样我就能记住这种感觉。"

凯西·怀恩豪斯："好，做一次就够了，现在就做。"

我："好吧，好……"（颤抖着起跳，挥舞着手臂，糟糕地降落，我摔倒了，在冰上滑了一跤）

凯西·怀恩豪斯："你的手臂胡乱挥舞。再做一次。"

我："让我练习一下手臂……"

凯西·怀恩豪斯："不，直接做吧，你能行。"

我："好吧（咕哝着）……"思绪纷飞，"……划动，换臂，转身，向下，伸出，手臂收缩，头抬起，然后落地，

手臂伸出，腿向后蹬。"（再次摇摇晃晃僵硬地起跳，然后坠落）

　　凯西·怀恩豪斯："再做一个，你用力过度，这样你会卡在这里。"

　　我：（对自己说）"好吧，好吧。"这一次我想得很少，只有被推动的愤怒……转身……跳……着地。

　　凯西·怀恩豪斯："这好些了，你跳得更高了，起跳也很好。记住你胳膊的动作，转动胳膊。"

　　我：（对自己说）"好吧，我们开始吧，一、二、三……手臂收缩！伸出！……哇哇哇！"（跌倒）

　　凯西·怀恩豪斯："比尔，你想得太多了，因为你的胳膊太用力，所以旋转过头摔了下来。再来一遍，试着回忆做得好的时候的感觉。放松点，你会成功的！"

　　我：（一边绕着溜冰场滑，一边对自己说）"……我能做到，即使摔倒也没关系。不管发生什么都无所谓，我这么做是因为我想这么做。"再绕着溜冰场滑一圈，不要太快，然后转身，伸出，跳起，落地。没有停顿，我又滑了一圈：转身，伸出，跳起，落地。

　　凯西·怀恩豪斯："不错，再做一个。"

　　我：（什么都不想，感受节奏）摆腿，转身，向下，摆动，伸出，向上，旋转，着地，手臂伸出，腿向后蹬。

　　凯西·怀恩豪斯："再做一次，这次胳膊收紧点。"

　　我：（绕着溜冰场滑，脑海中浮现出画面，我看见自己在跳）"胳膊收紧"……然后转身，伸出，手臂收紧，手臂伸出，着地。

　　凯西·怀恩豪斯："很好，继续努力，不要停下来去想它。"

　　后来——人们到处疾驰，做旋转、跳接燕式旋转、勾手跳、前外点冰跳，后内点冰跳，后内点冰两周跳和后外结环两周跳，偶尔还有勾手两周跳和前外点冰两周跳。这是为年轻选手准备的俱乐部练习赛。我，23岁，局促不安地练习着后外结环跳和后内点冰跳，尝试着，不时会以失败告终，并且试图避开那些在我周围闪来闪去的年轻人。我做了一个后外结环跳：莫霍克步伐，向下，向上，旋转，着地……跌倒。早些时候，一名滑冰运动员笑着鼓励我："我见过你做得比这次更好！"我报以微笑，接受她的挑战，抛开不自在。随着音乐我开始滑冰。"跳，跳，后内点冰跳。"嗯，很好。"跳，跳，后内点冰跳。"……更好！"跳，跳，后内点冰跳。"……还算可以！我一次又一次地跳下去，不再是孤单的，而是与我周围的人一起，陶醉于在冰上飞行。

　　总结：创造性表达需要一定程度的外部训练和内部意识。过分强调外部训练，会因为程式化框架而限制其灵活性。过分强调内部意识，会因为没有规定框架而导致其混乱无序或者活动单一。

　　从本质上讲，科学探索就是艺术探索，两者都是创造性的。两者都说："看看这里有什么（在我里面或外面）。"我们来看看，看看它是什么、做什么、感觉像什么；它怎样做事、怎样移动、怎样回应和怎样变化。两者都需要逻辑，都需要直觉（直觉通常是非常合乎逻辑的，即使我们不能马上从中看到逻辑，但我们通常可以感觉到这一点，以及它的准确性）。我已经发现，创造力是一个非常有意识的过程，只会用到一部分智力的过程。为了创造，我们两边的大脑都需要工作。创造力是细节（智力）和整体概念（表达）的融合，以形成一种特定的、准确的、独特的人类对环境的反应。

问题：作家、舞蹈家、雕塑家、音乐家、艺术家在寻找什么？科学家在寻找什么？

假设：最伟大的艺术始于人类的意识，是对宇宙所说的**"这就是秩序、真理、美好、简单，是我所看到的人类的根本，是自然而然的存在"**的回应。

最伟大的科学始于人类的意识，是对宇宙所说的"这就是秩序、真理、美好、简单，是我所看到的人类的根本，是自然而然的存在"的回应。

实验：第一部分，问问题，观察，得出结论，质疑你的结论，然后问更多的问题。观察，做出改变，更多观察。

第二部分，找到你觉得需要改变的地方，改变它，看看会发生什么，之后再改变一次。停止，离开，一分、一天、一年、一生后回来看看，看看它是什么样子（感觉、声音、是否有效）。如果你愿意，可以再改变一次。

第三部分，构思一个想法、一个形象、一个概念，然后写下来，播放它，描绘它，画出它，构建它，让它跳舞，尝试它，一定要去做。别担心，照做就是了！更好的做法是，在不知道自己在做什么的情况下先做。现在，再来一次，保持不变，组织它，打乱它，移动它，反转它，改变它，重新排列它。然后，再做一次。当你感到无聊或疲倦时就退出，过会儿再来做，或者把无聊抛在脑后，看看会发生什么。

数据：第一部分——这是科学探究。

第二部分——这就是人们的生活方式。

第三部分——这就是"自我表达"的运作方式。

结论：人类无论是从事艺术、科学还是打扫浴室，他们都具有创造性和创造性思维，过程是一样的。抽象性的/智力性的创造性思维能力和表达性的创造性思维能力并不相互排斥。两者都涉及提问、探索、测试、观察、回答和得出结论。

对许多人来说，科学就像他们在学习和生活中所经历过的那样，未能发挥其创造潜力。我们强调为探索科学而发展的技术，而不是探索行为本身。舞者都知道，如果不花时间去找出你的身体想要如何移动，那么过多的技巧只会让你受挫，扼杀舞蹈动作的乐趣。创造力是我们思维的本质。我们应该承认我们自身的创造力，在我们的学习和生活中为此感到欣喜，用我们头脑的力量去思考、创造、回应和爱。

★ ★ ★

因为我看到的早期版本是传统的说明性文章，没有体验式写作的痕迹，所以我认为我能发现他采取拼贴写作的特殊优势。采取体验式写作似乎对他的概念性文章，或者说"散文"有所改善。在早期的草稿中，他的语言更加抽象和呆板。拼贴形式似乎也改善了他的思维。在早期的草稿中，他几乎拒绝承认科学和艺术之间的任何差异，因为他急切地强调自己关于二者内在的创造力的观点。在这里，虽然主要观点仍然是两者都具有创造力，但他经历过的体验，迫使他公正地对待两者的差异。

15 最后一步：消除语法错误

我想我不应该谈论"消除语法错误"，因为我不只是在谈论严格定义的语法，还涉及标点、拼写和结构，这些都是习惯用法而不是绝对正确或错误的问题。一个特定的用法是否"错误"通常取决于受众和当时的情况。但是，我宁愿粗浅地谈论**语法**和**对**与**错**，因为这是我们大多数人在写作中都会经历的事情，我们也不得不为此妥协。

不管你喜不喜欢，我们往往把一整套写作规则和惯例笼统地概括为语法，这在心理上具有深远的意义。语法具有魅力，同一个词，比如：**channel/canal**、**guard/ward**、**porridge/pottage**，每组的两个单词一开始是同一个单词的两个发音，仅仅有地方口音的区别。因为语法**曾经**是一种魅力，所以如果你懂语法，你就很特别，因此你具有威望、权力和魔法，你知道了一个奥秘，你就像个核物理学家。但是现在，在语法方面，只有你不懂语法的时候，你才是特别的。没有语法错误的写作不会让你成为大人物，但是写作有语法错误，而且你给别人看了，别人会认为你是一个乡巴佬、傻瓜、土包子。曾经文法学校是少数人进入特权的特殊途径，而现在文法学校是最低端、最简单、最不特殊的学校。

奇怪的是，现在的语法比它魅力四射的时候**更**让人们着迷。不懂语法的人在写作的时候很容易想到语法。他们只需要拿起一支铅笔，注意力就几乎完全被写的句子是对还是错的问题占据。他们甚至在说话的时候容易感到紧张，至少在和陌生人说话的时候。此外，许多精通语法的人在阅读时，只有在注意力完全没有集中在文字的意思上时，才能发现语法错误。不仅仅是那些精通语法的人——每个人都会这样。懂语法的人唯一不同的地方是他们会发现**更多**的错误（英语教师善于发现错误，相比大多数人，他们专注于文字意思的同时还能注意到语法错误）。语法是文章的表面形象。当你遇到陌生人时，在注意到他们的个性之前，你很难忽略他们的衣着。唯一可以使别人忽略外表的方法是让外表"消失"，比如当有人穿着你最希望她穿的衣服。让语法消失的唯一方法就是，正确地使用语法，使你的文章外表不分散读者的注意力，让他们集中注意力在你想表达的信息上。

那么，语法霸占人们的注意力，这种特殊的力量带来了什么呢？语法就像性和金钱一样，只有在正常的情况下才能被忽视？

也许它带来最明显的事情是：如果你不会语法，你会渴望学习语法（不是指语法理论，虽然这是个有趣的话题，而是指如何正确写作）。学好语法可以让一些人从无意识的不安全感中解脱出来，让他们在一些场合昂首挺胸，而现在他们觉得自己无法做到。值得高兴的是，在语法方面找到好的指导并不难。有很多适合全年龄段的课程，也有很多优秀的循序渐进的教材，通过努力学习，可以六个月内完成自学。对许多人来说，上课会让他们产生难以忍受的感觉，比如"哦，我不懂语法，我是个白痴"，但是上课可能是确保你继续学习的最好方法。如果你去上课，试着货比三家，看看能不能找到一个适合你的老师。

但是，你不可能一夜之间学会语法。如果你想让别人认真对待你的文章，你就必须找到其他方法来消除你终稿中的错误。语法错误会让读者注意到其他弱点。大多数读者在发现你的语法错误时，即使是无意识的，也会不由自主地认为你很愚蠢。如果你不是在标准的、中产阶级白人的英语口语和写作环境中长大，你可能会因为在标准英语写作中犯的任何错误而受到两次惩罚，而不只是来自白人中产阶级读者的轻视。消除错误也许是所有修改活动中最"划算"的一项。

你可以在六个月内学到很多语法知识，但要学会你所需要的知识需要两三倍的时间。以我为例，尽管我的语法很好，但我无法删除终稿中所有的错误，让读者像我希望的那样认真地对待我，因此我找了一两个朋友帮我校对。你无法看到自己的错误。学习语法是一项艰巨的任务，会占用你写作的精力，更糟糕的是，学习语法的过程会干扰写作——当你写下每个单词和短语时，你更担心会犯错，这使你在写作时几乎不可能专注于你的**想法**和**经历**，而这对强大的作品（和理智）来说至关重要。对大多数人来说，没有什么比在写作时学会忽略语法更有助于写作了。

短期目标：消除错误

对于你想认真对待的任何一篇文章，除了寻求一两个校对者的帮助，别无他法。当然，如果你能找到一个善于发现错误的人，那最好不过了。但是，如果你的亲密朋友都不具备这种技能，你可以寻求熟人的帮助，甚至寻求一个你不认识但有能力的人的帮助，但你得回报帮了你的人。**如果**你除去自己能发现的错误，**如果**你能提供一份干净的草稿，**如果**你明确表示你不需要关于风格或内容的反馈，只需要纠正语法错误，那么别人帮你解决终稿中的错误花不了多长时间（如果你想花钱让人把内容打出来，你可以找一个打字员，他同时也会修改错误）。如果你给三个细心的朋友一份打印整齐的副本，使用一本专业手册来处理**疑难问题**，那么即使他们语法不太好，也能找出大部分错误 [市场上有许多这样的手册是为便于参考而设计的，通常称之为 "作家指南" "作家手册" 或 "作家索引"。我喜欢一本为秘书准备的书：《速记员和打字员参考手册》（*Reference Manual for Stenographers and Typists*），露丝·加文和威廉·萨宾（Ruth Gavin and William Sabin），第4版，纽约，1970年]。

以下是我认为最有意义的步骤：

• 尽量推迟到修改阶段结束后再关注语法。你可能要花几个月的时间才能学会在写作时忽视语法带来的心痒的感觉，但值得这样去做。

• 如果书写正确对于你而言很难，那么，你需要在这个时候写一份新的副本。如果你面对的是一份伤痕累累的草稿，那么你就很难发现错误，因为草稿上有修改的标记，小小的单词被挤在更小的空间里，还有箭头把单词从空白处拉回来。

• 休息一下，这样你就能以全新的视角重新审视这份干净的副本。早上是重新审视和校对的好时间。大声读出来也会帮助你发现错误。

• 用打字机打出你的最终版本，或者工整地写在一张纸上。除非有特殊的原因，不要在纸的两面都写上字。不要使用薄薄的洋葱纸，它会使阅读更加困难。你的目标是让你的文章容易阅读。你的文字外观是否工整会影响人们对你作品的感受。

• 校对错误。虽然你也许已经很厌烦这个作品了，但这也是必不可少的。抄写和印刷难以避免出现错误。文字被整齐排列在页面的新位置上时，你会发现一些错误。请一两个朋友帮忙查找错误。修改痕迹应该整齐，可以部分保留这些痕迹，正式文件、法律文件除外。大多数读者不会对此厌烦，反而会很高兴，因为这表明你为了消除会分散注意力的错误，一直工作到最后。

长期目标：学习语法

你想要学习语法，除非你有一个专业的秘书随时为你服务，或者你有一个耐心的朋友可以尽心地帮你校对。学习语法并不能让你完全不需要校对，因为发现自己的错误是很困难的。不过，因为他人的校对任务极少，所以你不会感到过于依赖校对。

不要全力以赴地学习语法，除非你对写作很有把握，或者出于某种原因决定从写作中休息一下，或者被语法问题困扰——不管多么努力地集中精力在写作上，你都无法阻止自己在写作时一直想着语法。

学习语法，你不必全力以赴。卢·凯利（Lou Kelley）*提出了一个方法，能帮助你有效循序渐进地学习语法，而且不会太分散注意力。实际上，这是一种偷偷接近语法的方法。我稍微对她的程序进行了如下简化：

每次你修改一篇文章，以及得到帮助改正错误后，从中挑出一些最麻烦的错误，特别是那些你反复犯的错误。就选四五个吧，不要试图一下子学会所有东西。

对于那些少数的错误，试着弄明白你为什么会犯这些错误，以及纠正错误的规则是什么，你的手册应该对此有所帮助。也许你听、说有误，导致拼写错误；也许这种语法用法，可以用于口语表达，但是用于书面表达是错误的［比如"好的"（ok）或"每个人都获得了他们的奖励"（everyone got their reward）］；也许是标点错误，比如逗号的使用，没有明确的规则，你只需要**感觉**是否正确。把这些错误记录在笔记本或文档中，还有对错误的更正、你犯这个错误的原因以及你对规则的最佳理解。

当你下一次修改一篇文章时，拿出你的文件或笔记本，唤起你可能会犯的错误的记忆。这将帮助你在修改的时候发现它们。但是，随着错误列表的条目增多，你只需要看最近的条目，10—15个足矣。你不能指望自己记住每件事。你只是在尝试列出**最近的**和**可以纠正的**错误，这

---

* 参见她的著作《从对话到语篇》（*From Dialogue to Discourse*）［格伦维尤（Glenview），Ⅲ., 1972年］。

样你的大脑就可以有意无意地咀嚼它们。因为你并不是要庞大完整的错误记录，你的指导手册提供了这些，所以你甚至可以在一段时间后扔掉旧页面。你的文件或笔记本应该像一个浑浊的池塘，水从一端流入，从另一端流出，但随着时间的推移池塘会越来越清澈。

如果你有兴趣读一篇关于语法困难的人经常犯的错误，并分析犯错误的原因的可读性研究，参见米娜·肖尼西（Mina Shaughnessy）的《错误和期望：基础写作教师指南》［（*Errors and Expectations：A Guide for the Teacher of Basic Writing*），纽约，1977年］。

16　厌恶

修改的时候也许你会受到打击、感到厌恶，感觉你写的所有东西都是愚蠢的、丑陋的、没有价值的，而且无法修正、令人反感。

一些人在开始修改时就感到厌恶。他们成功地写了一页又一页的字，写得又快又猛，或者（不受我说教的影响）他们对每一个字都深思熟虑，边写边纠正。但是，无论采取哪种方式，当他们回过头去修改时，他们发现自己所写的内容**没有**任何价值。

刚开始修改时，我通常不会感到厌恶。我很高兴，也很放心，因为我总算写了一堆东西。此外，我还没有在文字上花很多功夫。我往往在最后会感到厌恶。在整个写作周期中，我一直在写一篇文章，日复一日，甚至是周复一周、月复一月。我非常仔细地修改——陷入混乱，退出，清理，做出新的改变，再次清理混乱。最后，我终于完成了，我正在做一些最后的修改或者将修改后的文章重新打出来。就是此刻，所有这些工作完成后，我发现自己非常厌恶这篇文章。这文章似乎是错误的、愚蠢的、琐碎的，而且不可救药。尤其是在做了那么多工作之后——我投入得越多，这些感觉就越打击我。

但是，我终于明白，厌恶并不会毁掉一切。如果你是一个受害者，你可以学会用各种方式与之斗争。首先，认清它的本质，它是你和自己玩的愚蠢游戏、恶魔的偷袭、一个坏习惯。你会慢慢发现其中的规律，发现这是你的情绪在捉弄你，试图让你变得低效。首先，恶魔试图阻止你写作。如果他们失败了，他们就会试图阻止你写一些优质的段落。如果他们再次失败，那么作为最后的努力，他们试图欺骗你，让你**认为**你所拥有的是垃圾，让你要么因为厌恶而扔掉它，要么再次分解它，从而引诱你回到沼泽，你最终会在那里筋疲力尽地放弃。

　　一旦你明白了这种反复出现的厌恶模式，你就可以处理这种感觉了——自由写作，放手去做，告诉自己对所写的一切是多么厌恶，这一切简直毫无价值。当你完全掌控这种感觉时，就更容易看清真相。或者你可以对着朋友、镜子或壁橱尖叫哭泣。回头看看你写完的自认为不错的作品，或许会有所帮助——帮助自己确信自己的能力。

　　最后，学习在这些攻击中谨慎对待你的作品。你得承认，当这些感觉降临到你身上时，你的智力和情感都处于很脆弱的状态。即使你的感觉告诉你"这些内容必须**彻底**重写一遍，它毫无价值"，也不要让自己再次把全部作品拆开进行大改。

　　那条路是沼泽。用剪切粘贴或者快速修改解决问题。完成修改，不要做任何大的改变。甩开绝对不可能的事情，把地毯下多余的碎片扫干净，清理污点，擦去血迹，一切就搞定了。要有勇气，事实上这是一种智慧，满足于不那么优秀的文章，甚至是次品。如果你坚持认为你写的所有东西都是你最好的作品，那么就是在告诉那些恶魔，只要他们想，他们就随时可以让你崩溃。

　　假设作品真的像你认为的那么糟糕，当你被厌恶困扰时，使用全面修改仍然是一个错误的决定。除非时间充裕或者这篇文章对你而言非常重要，否则从头再来、释放大量修改带来的杂乱无章没有意义。但是，如果你时间充裕，或者作品非常重要，现在修改也毫无意义。你最好把这些都放在抽屉里，花几个星期忘掉它。当你重新审视它时，你也许会发现没有必要彻底修改，即使需要修改，你也会有新鲜的视角和活力。

　　现在，趁你头脑清醒的时候，你可以制定一个简单的、以后你头昏脑涨时仍要坚持的规则：当你厌恶你的文章时，不要做大量修改。

第四部分

考虑受众

本部分导览

　　对读者不够重视是写作本身固有的问题。毕竟，在演讲时，我们的听众就在那里，听着我们说的每一个字，我们很难忽略这种需求。但是，写作是孤独的，因为我们在纸上写作时，读者并没有和我们在一起，所以我们很可能只使用了我们自己的参考框架，而忽略了读者的需求。当然，同样的原因导致读者也是孤独的，他们阅读时没有我们的陪伴，无法从我们的动作中得到线索，也无法从我们的语调和重读中得到线索。写作时，我们必须把文字写得很清楚，使读者不需要借助你的作品以外的视听资料得以理解。因此，孤独的读者有更多需求，而孤独的作家很可能会忽略这些需求。这个故事的寓意显而易见——写作时要特别重视读者及其需求。

　　但是，还有另一种情况。有些作者并不过于担忧读者，把所有的注意力都倾注到自己所说的事情上，写出了一些很棒的作品，甚至让读者有点儿不知所措。举个例子，弗吉尼亚·伍尔芙（Virginia Woolf）的《达洛维夫人》（*Mrs. Dalloway*）的开场：

　　　　达洛维夫人说她要自己去买花。

　　　　因为露西有她的工作要做。得把门从合页上拆下来，伦佩尔迈尔的人马上来了。然后克拉丽莎·达洛维想，多么美

好的早晨啊！清新得仿佛是为沙滩上的孩子们准备的。

因为在她看来，事情一直如此——多有趣呀！多刺激呀！她仿佛现在听得到，合页发出的微弱吱吱声。她突然打开了落地窗，大口呼吸伯尔顿室外的空气。多么清新，多么宁静，早上的空气当然比现在还要寂静，像波浪的拍打，海浪的亲吻，寒冷刺骨又庄严肃穆（对当时她这样一个18岁的姑娘而言），她站在敞开的窗前，感到可怕的事情就要发生了，望着花儿，望着烟雾缭绕的树木，望着白鸦上下飞舞，站着看着，直到彼得·沃尔什说……

作为读者，我们基本不知道正在发生什么，只是陷入未知的事情当中。更让人吃惊的是，我们几乎意识不到第三段的开头（合页的声音）是一段30年前的闪回。她有意让我们在毫无预兆的情况下不知所措一段时间，我们只是逐渐意识到地点和观点发生了变化，甚至逐渐弄清楚这些新的地点和观点是什么。她不可能一直在对自己说："让我想想，这本小说怎样写开头，才能让可怜的读者不迷失、不困惑？"**如果她在开篇段落有意识地考虑读者的需求**，那么她一定是说了些类似这样的话："我该如何用特别真实的话语作为这部小说的开头，从而使读者不会在乎自己的需求，而会乐于迷失方向呢？"

你可能会说："当心弗吉尼亚·伍尔芙，只有那些已经

成为行家的人，才敢以她为榜样。"也许是，也许不是。无论如何，一些优秀的初学者全身心地投入写作中，述说他们的所见，却忽略了读者和观点。初学者的一些糟糕作品中，乱七八糟又平淡无味的地方源于他们一直对读者过度担忧。你一味地把注意力集中在你想表达的意思上，通常会让读者跟着你走。当然，还有一个事实是：初学者写作中最常见的**弱点**是对读者需求的关注太少，尤其是说明文或非虚构类写作。初学者们很容易想当然地认为读者会像面对面交谈时那样理解他们。

因此，关于如何考虑读者的需求和如何处理他们的需求，结论并不明显。也许这一节的主题确实是个悖论。

• 写作通常是与他人的交流。但是，最基本的是与自己交流，与最好的自己对话。

• 有时你不知道自己想说什么、怎么说，除非你出现在读者面前（或对此专心思考）。然而有时只有**离开**读者，你才能明白你的意思，知道如何能清楚地表达，因为真实的读者可能会分散你的注意力或阻碍你。

• 你想要去表达，并且表达得动人，听众才会去倾听。然而，我认为事实上人们学好说话和学好写作的过程是相反的，写作要求作者首先有一个倾听他们的受众（首先是父母，然后是支持他们的老师，再然后是一些朋友或同行作家，最后是更多的受众）。受众可以帮助作者找到更多想说

的话，找到更好的表达方式。

考虑受众的复杂性，而不是试图将其简化，我认为我们可以通过我们的方式得出一些明确的结论。我在接下来的每一章，探讨了受众的一个方面，并给出了具体的实用建议。

• 第17章"其他受众"，我探讨了他人为何有时是"安全"的受众，让你更容易沟通；为何有时是"危险"的受众，让你更难沟通。

• 第18章"受众就是导向力"，我探讨了受众倾向于把你的话融入他们的观点的现象。这种倾向有时有所帮助，有时必须加以制止。

• 第19章"与受众的三种棘手关系"，我探讨了说服性写作、强制性写作和不受约束的写作的特殊困难，然后提出了解决这些困难的方法。

• 第20章本可以被称为"最棘手的读者"，但我称之为"以老师为受众的写作"。

* * *

就像人们常常觉得，如果不是以学生为主，学校就会运转得更顺利一样，人们也常常觉得，如果不用担心读者，写作会做得更好。然而，你的写作最需要的可能就是读者（尤其是如果你已经在写作上下功夫了）。如果你想把最好的礼物送给作家，你可以送给他一个读者。

17　其他受众

　　问题是这样：在写作过程中，他人对你而言，是帮助还是阻碍？不出所料，答案是复杂的：有时他们帮助你，有时他们阻碍你。不过，这值得从细节中找出答案，因为这可以告诉你，当读者妨碍你写作时，你可以做些什么。

四个画面

　　1.一位母亲带着她蹒跚学步的孩子在西夫韦超市外的停车场和朋友聊天。孩子抓着妈妈的中指，不停地来回踱步。孩子有时自言自语，有时和妈妈、妈妈的朋友说话，但他知道他们没有听，他不期待答案。他还从心不在焉地听他们说话中获得了一种乐趣，虽然他不明白他们说的很多东西。有时他会走近，抬头盯着妈妈的朋友的脸。简而言之，孩子和妈妈的朋友可以说是对彼此付出了自己一半的注意力。然后这位朋友蹲下来，全神贯注地看着孩子："你好吗？你在店里买饼干了吗？"孩子滑来滑去，把脸藏在妈妈的腿后面。这不是一个可怕或未知的人，孩子经常和他一起玩，以后还会这样做。但是，他对外界关注的第一反应是躲起来。

　　2.这是11月下旬西北地区一个灰蒙蒙的日子。我正在给一个大班级讲课——大约有一百名学生。我和他们中的一些人在研讨会上合作过，大多数人我都不怎么了解。虽然我有清晰的笔记，而且昨晚准备这些笔记时我非常兴奋，但我似乎说不出什么条理清晰的话来。我说得含糊不清、结结巴巴、杂乱无章，但这并不意味着我说的话没有任何意义。

我的话有意义，都是我的笔记里写的，勉强地说出来了，但说得结结巴巴、不清不楚。就好像我的笔记和想法都向左转，而我嘴里说的语言向右转。我说得比平时更含糊，尤其是在句末。后面的同学举手，他们听不见我所说的，请我说话大声些。我这样做了，但过了一会儿，我的音量又下降了，一些同学又因为听不见我所说的而举起手。当这种情况第三次发生时，我很生气。我从讲台后面走到讲台前面，站在讲台的边缘，尽可能地靠近他们。我手里拿着笔记，又开始讲了。没有讲台挡在前面，我感觉更暴露，但在某种程度上，我不在乎，因为我有点儿生气。我好像在用我的胸部或整个躯干推挤他们，想着："见鬼，如果你想这样的话，那我就用我的话恫吓你。"突然间，我能条理清晰地说话了，不仅因为现在我离得更近，声音更大，他们能听到我的声音，而且因为我的想法和演讲的线索似乎终于互相吻合。我可以把这些词吐露出口和听众产生联系，引起听众的注意。我能感觉到有人在听我说话，这能帮我想到更多的话语。我现在**有点儿**紧张了，像是一丝不挂暴露着，但我可以把这种紧张转化成一种力量，甚至是一种攻击性，这是我以前所不具备的。

　　3.我记得在我20多岁的时候，有一段时间我特别困扰、害怕、难以坚持。我以前从未有过这种感觉。在我最害怕、崩溃的时候，我会打电话给我的一个朋友，问他是否可以过去拜访。到达后，我并没有倾吐我所有的烦恼或坏情绪，那不是我想要做的。我希望一切如常，就像以前的我——完整、理性、安然无恙，而这正是一个朋友的存在让我自然而然感受到的。我们做平常做的事情，用平常的方式交谈，事情突然变得清晰起来。不知不觉中，我充满勇气、信心坚定，我不再感到苍白无力的恐慌。

　　4.但在同一时期，与特别亲密的朋友或家人在一起，偶尔会对我产生相反的影响。那个人非但没有帮助我做回自己，使我信心更坚定，反而不知怎么地把这种恐慌的感觉推向了表面，这让我害怕、崩溃。我不想说那些一开始出现在我脑子里的话，我会有离开的冲动，并且经常这样做："好吧，我想我现在得走了。再见。"

他人对我们语言的影响

那么，其他人是如何影响我们说话的方式的呢？前面的四个画面都与从他那里获得关注相关，表达了我对上述问题的看法：它的答案很复杂，但我们也可以拨开迷雾找到答案。

有时候我首先意识到的是其他人让我们**更难**表达自己的想法。听众越多，我们就越容易紧张。例如，想象一下，你正在和某人交谈，选词表意并没有特别困难。但是随后，你的倾听者出于某种你无法理解的原因，弯下腰更仔细地看着你，更认真地倾听。这可能会让你更仔细地注意你说的话。然后另一个人走进房间也开始听，其他人陆续进来，有些你不认识的人也进来听。在不断增加的注意力下，大多数人会变得越来越紧张。越多人倾听我们说话，我们越想知道他们会怎么看我们，他们会不会觉得我们错误愚蠢、不讨人喜欢，除非我们完全确信他们会支持我们。当受到一阵全神贯注的关注时，孩子躲在母亲的腿后。这些都是自然的反应。

但孩子的例子提醒我们，其他人的关注也会让我们更容易表达自己的想法。如果你给孩子一些时间，让他对你的关注更有安全感，他就会开始滔滔不绝地说个不停。你的关注越多，他想告诉你的事情就越多："你知道吗？……你知道吗？……你知道吗？……"

另一个故事表达了当你得到越来越多的关注的时候，集中注意力可以让你说得更流畅。例如，也许你开始诉说你的假期，而另一个人只是礼貌地倾听。你的叙述有点儿敷衍。但是，当你开始讲述你的孩子是如何受伤的，其他人，也就是另一个家长，身体前倾，参与故事，这会让你说出更多自己的感受，甚至可能会再次感受到一些事故带来的不安的感觉。当听众真的想听我们说些什么时，他们似乎会从我们口中吸出更多的语言。当听众感到无聊或心烦意乱时，倾诉者就很难讲得清楚流畅。

虽然更多的听众可能会让人感到害怕，但他们有时会提供更多的支持，让谈话变得更容易。我们大多数人都有过这样的经历：三四个朋友认真地听我们说话，我们最终会说出更多的话，比平时更有口才。演讲者、演员、教师等会向群体演讲的人都知道，当听众真正与你在一起时，会产生一种特殊的力量。这种力量带给你兴奋、支持着你、让你振奋，并引导你找到意想不到的语言和力量。因此，大多数优秀的、有经验的表演者在演出前都不会泰然自若，他们让自己感到兴奋甚至焦虑，因为他们知道如何处理这些情绪。他们不会消除对观众的在意，事实上，他们可能比胆战心惊的新手更在意观众。他们去见观众，观众也来和他们见面，通过这种交换，建立了一种用其他方式无法实现的表演。同样的道理，如果你身体疲倦，或者对某个话题感到厌倦，观众可以让你**振作**起来，这样你就可以再次集中精力，投入其中。

事实上，尽管别人的关注会让我们更焦虑，但如果没有这种关注，我们根本不会说话。我们不仅需要别人教我们语言，还需要别人倾听和回答。森林里仅靠动物养大的野孩子根本不会说话。在写作教学中，开展任何"回归基础"的行动都首先要确保每个孩子都有最基本的东西——一个真正的读者，一个真正能倾听并认真对待交流的听众。

因此，如果我们能区分**危险读者**和**安全读者**，我们就更能理解其他人对我们写作的影响。读者是这个群体还是那个群体在一定程度上是客观问题——你的读者是一群充满敌意的评论家，渴望你犯错误；还是一群朋友或者粉丝，对你的作品的充满期待，即使你有困难也不会对你有任何反对意见？

但是在一定程度上，安全或危险也是主观问题。不管读者多么友好，有些人还是会感到害怕，而有些人甚至都不害怕鲨鱼。然而，无论哪种方式，在某个特定时刻，你总能分辨出读者对你来说是安全还是危险。你可以判断读者是在帮助你写作还是在妨碍你写作（偶尔你需要一段时间才能意识到读者的影响："嘿，我已经花了三个小时努力写这份备忘录，但几乎没有任何进展。我以为会很容易写出来。哦，是的，这就是我被困住的原因：我必须给他寄一份稿件，过去的六个月里他一直在烦我。"）。

大多数人都遇见过令我们想要写作的老师或读者。不幸的是，也有相反的情况。安全的读者会给予我们关注，让我们觉得受到尊重、得到认真对待，让我们感受到支持，最后我们通常会写得比预期更好。我并不是说所有安全的读者都是温柔和蔼的，一些安全的读者是严厉和苛刻的，但他们会认真倾听，他们尊重我们，并且想要听到我们要说的话，通过这种方式，他们能激发出我们最好的写作技巧。危险读者让我们觉得自己一文不值或者自己的文字无关紧要，这使得我们不仅很难想到要写的内容，而且也很难把我们已经想到的内容写在纸上。

因此，如果我们要成为社会性动物，读者是我们所需关注的来源，但也是危险的来源。通过关注我们，他们可以帮助我们找到更多要说的话，但同样的关注也有可能让他们发现我们的话错误愚蠢、无聊可笑（一对一的、**面对面**的关系的特殊力量或许是最简单的使关注最大化、危险最小化的方法。两个听众可以给予你更多的关注和支持，但一个听众更容易使你保持全神贯注）。

有时候，因为对观众感到非常恐惧，所以我们会心甘情愿地牺牲所有的注意力来摆脱危险。我们即使在生活中的其他方面做不到，也可以在写作中做到。自由写作使我们从读者和被关注的危险中解脱出来。人们第一次进行自由写作时，他们通常会感受到压力被立即释放，会觉得写什么并不重要。在没有危险的情况下，他们会发现新的词语、思想、感觉和语气。最重要的是，他们发现写作的过程并不一定是痛苦的折磨。

* * *

因此，这个基础的想法很简单：听众是安全的时候，你更容易把话说出来；听众是危险的时候，你想把话说出口会更难。如果再加上两个稍微复杂的东西，那么这个简单的想法更适合实际复杂的写作体验。

首先，危险的听众不仅会限制你说话的数量，也会控制你说话的质量。也就是说，如果你试图对一个危险的听众讲话，与其说你发现自己头脑混乱、舌头打结、不知道该说什么，不如说发现自己紧张地喋喋不休，但也无法说出任何重要的话。举个例子，如果必须和一个我觉得很难相处的人或一群很难相处的人说话，我可能会隐藏自己真实的声音，用假笑或者浮夸的声音说话。相比之下，如果和我信任的人在一起，我可能会比平时说得少，但这些话发自内心深处，有时甚至说出我没打算说出的内容。因此偶尔会有这样的情况，我们**觉得**一个听众是安全的，这会让我们以一种习惯性和保护性的方式继续愉快地聊天。我们偶尔会对听众感到恐惧害怕，因为我们会不由自主地将内心深处的话语脱口而出。因此在本章开头的第三个画面，我在很亲密的朋友面前感到更安全了，因为他们将我的行为拉回常态，帮助我保护自我，帮助我忘记可怕的内心感受。而第四个画面，我感觉受到了真正亲密朋友关注的威胁，似乎把难以理解的话语和感情都暴露在他们面前。

第二，要分清真正的受众和头脑中的受众。也就是说，不管我们想要表达的这些特定词语的**实际**对象是谁，我们通常都会受到我们脑海中的人影响。我们与一般读者有习惯的相处方式，我们头脑中有一些与过去读者相关的特殊记忆，这些记忆会被当前的环境触发（例如，有些人不管和谁说话总是"居高临下"；有些人与权威人物打交道时，就会用他们在面对放学后把他们留下的初中副校长时说话的语气）。

写作时，你更容易注意到对实际受众的影响，而不是对你脑海中受众的影响。例如，如果读者是最近让你为难的人，很快你就会发现这份特别的报告很难写；如果你把故事或诗歌作为礼物送给你爱的人，那么写作就是一种乐趣。

你看不见你脑海中的受众，但受众依然在那里，你可能没有意识到它以及它微妙的影响。如果你害怕对大多数受众讲话或写作，虽然他们是支持和关心你的，但是你可能一直是在回应你头脑中的危险受众（危险的受众可能来自过去一些真正的受众，他们曾经对你而言很危险）。如果有一个特别的人，即使你知道他是支持和关心你的受众，也会让你感到不安，这个人也许是一个特别的管理人员或老师，你可以假设他一定以某种方式触发了你对危险受众的反应。

我们头脑中的受众对我们写作产生的影响比对我们说话产生的影响大。当我们说话时，真正的听众就在那里，占据了我们的注意力，淹没了其他听众。然而，当我们写作时，所有的读者都在头脑中，甚至包括真正的读者。在大脑的黑暗中，过去固执的受众可以轻松代替真正的受众摧残你。

总而言之，如果我们了解了这三个因素，我们可以透彻地理解其他人如何影响我们的写作——受众是安全的还是危险的？这会影响语言的数量或质量吗？真正的受众对这些语言产生了多大程度的影响，以及我们头脑中的受众对这些语言产生了多大程度的影响?

危险受众。当你觉得受众很危险时:(1)你焦虑得根本无法写作;(2)你仅仅感到紧张,全神贯注于你可能犯的错误,无法自然流畅地使用词语,因此无法轻易集中思想;(3)这根本不会抑制你的语言或思想,而是引导你进入一种保护性的声音,使你更有安全感,但却耗尽了你的语言的力量。

安全受众。另一方面,当你觉得受众安全或有吸引力,你就会打开心扉——你产生更多的想法、感觉、画面,语言会来得更容易。但是,在某些情况下,安全的听众可能会威胁到你,让你感受到你内心不愿感受的东西。

安全非受众。如果你的写作不为任何人,而是为废纸篓、为你自己、为写作过程本身,词语常会从你的脑中涌出。你会发现新的语音、声音和音调。

危险非受众。但是,如果你觉得根本没有真正的受众,没有人关心你现在或将来在想什么,你很可能会陷入死气沉沉的状态:你感觉好像没什么可说的,没什么可想的,没有可分享的想法。

建议

• 如果你的某次写作比平时更困难,很可能是因为这次的读者对你来说是危险受众,或者引发了你内心对危险受众的反应。你可以在写作早期通过改变你的读者来改善这种情况。要么完全忽略读者,做大量的快速自由写作(就像循环写作过程那样)。要么把你早期的作品送给一些差异很大但能激发出你的最好的一面的读者。例如,你可以向你的爱人提交一份技术报告的草稿,甚至可以从假想读者带给自己的灵感中找点乐子、玩些游戏。即使是技术主题,你也会有更多的话可说,会在文字中融入更多的生命力，会比你写给那些危险读者时更快地写出草稿。然后，你会发现，快速修改你独特的初稿以适应真正的读者并不难，只要去掉不合适的部分，留下好想法和精彩的部分。

因为头脑中的受众无处不在，处理起来更加棘手（写作比演讲更容易受此影响），所以剩下的建议旨在解决这个问题。

• 你是否总是在写作中停滞不前，对普通读者的恐惧让你退缩？即使你真正的读者甜美温柔，你仍然会在脑海中对过去的不是这样的读者做出反应。你可以做大量没有读者的自由写作，并找一个安全读者进行尝试。

• 你是否完成了写作，但却发现自己总是感到难为情，总是担心自己的写作是否优秀，总是担心自己会不会犯错误？这也可能来自你头脑中对危险受众的恐惧。做大量没有读者的自由写作也会对此有所帮助，并且找一个安全受众进行尝试。

• 你是否发现自己陷入了一种声音，这声音让你莫名感到虚假？或许生硬晦涩，或许太过可爱，或许虚情假意？自由写作可以解决这个问题，也就是说，使用**安全非受众**，鼓励自己说出真实的声音，但这样的帮助比不上与真正的读者分享你的作品。如果你写得很流畅，但你的声音缺乏力量，你可能会一小时又一小时、一周又一周甚至一月又一月地自由写作，但是归根结底，这种方式很保守。安全、习惯、流畅的写作对你来说是阻力最小的道路。而且，从某种意义上说，你的写作很顺利，你很容易把你的想法写在纸上。但是，你缺乏使读者理解你想法的**声音**。

一个安全的读者可以帮助你打破头脑中保护性但无效的声音。大多数人缺乏一个安全的读者，或者至少没有利用他们可以利用的读者，例如，一个只是喜欢阅读你的作品并欣赏你作品的朋友。但是，如果去寻找，你就可以找到一个人，甚至更多的人，愿意为你提供这种支持（见第3章"分享作品"）。虽然没有读者可以消除客观存在的危险，但只有鲜活的读者给予支持才能给你带来积极的安全感。

• 你的写作总是过于复杂难懂吗？你的思路太过曲折、你的论点受到太多的限制吗？这是学术界作者经常遇到的问题，学生和教师都会遇到。这可能是因为你与读者陷入了某种搏斗。当你写作的时候，你正在和那些挑剔的读者角力，那些目光敏锐的聪明人只是等待着抓住一个粗心的错误或一个幼稚的假设。在这个意见没有被提出之前，你忙着对付每个潜在的反对意见。因此，你永远不能让自己简单、冷静、友好地说出自己的想法。

强迫自己像给朋友写信那样对读者解释你的想法——有这种可能吗？就好像你的读者只是渴望有机会理解和享受你所写的内容一样。要有勇气与敌人停止争斗，并向盟友赠送礼物。你将会惊讶于写作是多么容易，你的论点往往更有说服力，甚至对你的对手也更有说服力。你不需要假想读者——把初稿写给真正会这样阅读你作品的朋友。

• 你是否沉湎在安全之中？只有文字，一页又一页，却没有焦点和兴奋之处。你的作品可能需要**更多**真正的读者，甚至可能是一个危险的读者。这可以帮助你**提高**写作，帮助你在写作过程中更好地遣词造句。如果没有那些兴奋、焦虑，或许还有点尴尬的感觉，你就无法获得读者的关注。

如果你必须写给一个难以应对的读者（现实中或想象中），不要忘记**面对**他们的可能性，强迫自己直视他们的眼睛，与敌人接触，而不是寻求安全的避难所。你可能会生气，但你可能会因此获得意料之外的语言灵感，这些语言富有力量且具有连贯性。这就是在我艰难讲课时，发生在我身上的事。

★ ★ ★

孩子无法学会说话，除非有其他人在身边（如果是他们亲近的人似乎效果最好）。学会了语言之后，他就可以在完全孤独的环境中说话和写作了。有一个颇有深意的学习原则：我们最初只能与他人一起做的事情，最终可以学会独自完成。根据这一原则，我提出了最后一条建议，并对安全受众与危险受众整体进行总结。只要有所帮助，我们就应该尽可能多地利用受众，尤其是那些支持我们的热心受众。但是，我们的目标应该是达到这样一种情况：我们并不一定需要受众才能说好写好。也许在很长一段时间里，我们会因为人们对我们所写的内容表示反对、嘲笑或者冷漠而受到伤害。如果危险受众阻碍了我们提高写作水平，避开他们是明智的。即使全世界都为之愤慨，我们也需要学会写真实的、需要表达的内容。那些必须毫无保留从别人那里寻求的支持，我们最终需要学会从**自己**身上找到，也许这会花很长一段时间。

18 受众就是导向力

我认真准备我的演讲。到达演讲地点，着手演讲时，我突然意识到我的方法有误。昨晚我仔细思考了要说什么，并确定了一个重点，但现在我看到了我的观众，我意识到这个重点对他们来说是不恰当的。眼前真实的观众让我对我脑海中的材料有了新的定位。

一位教师在课堂上被提问了一个难题，他想了几秒钟，然后转身走到房间的角落，弓起身子，闭上眼睛，皱起脸，静静地想了整整一分钟，也许是两分钟。然后他转身走回来，高兴地告诉大家他得出了什么结果。

本章我展示了一个略微不同的受众形象，以强调其他人影响我们写作的不同方式。我不会把注意力集中在那些安全的人或危险的人身上，就像我们吹小号时那些给我们加油的人或者蔑视我们的人。我会把注意力集中在受众身上，受众就像磁场一样，对我们的语言施加一种组织力或导向力。当我们走近一位受众时，他的力场往往拉扯着我们话语的形状与结构，而这个形状与结构由他的需求观点所决定。当我们离受众越远，我们的话语就越自由，随着自己重新排列、冒泡、变换、发展、随心所欲，而不受受众需求和取向的干扰。即使是安全受众，也会施加这种导向力。

★ ★ ★

不同类型的写作意味着与读者的距离不同。一个极端是以受众为导向的写作。你的写作对象是特定的读者，目的是产生特定的影响。这些语言必须产生这样的影响，否则你得不到钱、合同、工作，上不了大学，没有人来参加你的会议。这是得到结果的写作。另一个相反的极端是自我满足的写作。你不在乎读者喜不喜欢。唯一重要的结果是，你以你想要的方式得到了写作所带来的满足感。也许你正在写一首诗或一个故事，你已经决定你是唯一的评判员。或者你写作是为了找出对你来说很重要的事情的真相，你试图为真相写作，而不是为读者写作。也许文章实际上会面向读者，也许读者会喜欢它，这很好。但是，如果他们不喜欢，那是他们的问题，不是你的（当然，你可以**利用**读者实现正确写作。他们的反应会给你很大的帮助，但会帮助你得到你想要的内容，而不是他们想要的）。

以受众为导向或自我满足式的写作很实用，这往往只是更广泛地与人交流的一部分。备忘录、信件、报告、申请都是典型的例子。这些写作是达到目的的一种手段。在你得到结果之后，你通常可以愉快地把作品扔到一边。另外，自我满足式写作通常是以写作本身为目的。不管写出来的内容是什么样，你都不会想把它扔到一边。因为实用写作是更大的全球行动中的一部分，往往涉及截止日期，所以你总是写作匆匆。此外，由于读者不那么重要，自我满足式写作往往更悠闲。

如果你一开始就知道这是一篇以受众为导向的文章，比如备忘录或申请信，那么请在一开始就试着把注意力集中于你的读者和你的写作目的上。当你开始写作时，或者甚至在写作之前，你要在脑海中描绘出你的读者，并弄清楚你真正想要如何影响他们，然后写很多东西**给**他们。这个策略如果有效，就会为你节省很多时间和精力。你脑海中存在的受众会让你的话语更加集中，会帮助你在许多可以说的东西中找到应该说的东西。你不必在晚些时候会丢弃的不恰当方法上浪费时间。你不需要把你知道的一切都写下来。如何接触到这些特定的受众，这个问题甚至可能会帮你弄清楚一些你之前不懂的重要事情。

在头脑中与读者建立了良好的关系后，你的写作就会突然变得清晰有力。你可以找到正确的词语。你应当直视读者的眼睛，把你的文字引导到他们大脑的中心，而不是盯着他们的鞋子或盯着天花板心不在焉地喃喃自语。当事情颇有成效时，一切便水到渠成。

例如，如果你写信给学校董事会抗议某项政策，如果你那些读者能生动地活跃在你的脑海中，你就能避免一些最常见的写作问题。这样你离题的可能性更小，你不会说你的孩子多么聪明可爱，不会说你觉得别人对待你的方式有多么糟糕，不会说他们有多么浑蛋，不会说你在某本书中学到的七个最重要的教育原则是什么。脑海中浮现出校董事会成员的形象会帮助你抓住要点、找出最好的论点，并帮助你意识到你什么时候可能会让他们感到厌烦，什么时候会激怒他们，什么时候会让他们对你屈尊俯就。有时候你在见到人们之前都不知道该跟他们说什么。这就是发生在我身上的事，当我独自完成我的演讲，然后试图在真实的观众面前展示的时候，我意识到我用错了方法。前一晚，我没有在脑海中与观众进行充分沟通。

当然，有时这种策略并不奏效。把读者记在心里可能会妨碍你的写作。你的语言可能并没有变得清晰有力，相反，会乱七八糟或者空洞无物。也许你认识董事会的那些成员，其中的三个人恐吓你，把他们记在脑子里会让你紧张、不自然、无法直接思考，你就像在正式的会议室里，隔着锃亮的桌子站在他们面前一样。也许你根本不认识他们，这困住了你——坐下来给这些官方名字写信，没有对应的面容，会突然重新让你对神秘权威人物心生焦虑。

但是，能让观众阻碍你的原因不仅仅是危险。在这一章中，我关心的是受众所发挥的集中力或组织力。例如，也许你正在为一个正在竞选政治职位的朋友写一篇背景研究论文。你一点儿也不害怕她，但她认为一切都是两极化的，要么是共和党，要么是民主党。每次试图写文章**给她**，你都陷入了这种两极分化，要么屈服于两极分化，要么花费全部精力与其抗争。把受众放在心上会让你无法弄清真相，也无法清楚地说出**自己**想说的话。你终于意识到你需要忽视她，走出她的磁场，大量地进行快速初稿写作，让思维自行运转。当你最终想清楚你要说什么时，更安全的做法也是必要的做法就是，回到你的受众的力场中，这样你的材料就会迎合她对党派不和的关注。

或者你正在为某本杂志写一篇故事，比如一本儿童杂志。你并不感到恐慌，你之前写过其他类似的文章。但是，每次你开始给儿童读者写信的时候，你的写作就会进入一种陈词滥调的模式。你会感到一些来自读者期望的拉力，或者这些读者的某些习惯、期望把你拉上你本该避免的道路。你最终意识到，你必须走出受众施加的力场，按照自己的想法去写故事，让故事朝着其本应该发展的方向发展，不管结果对受众而言可能有多么不合适。写完后，你可以做一些改变，甚至是非常激进的改变。你可以改变不恰当的语言，省略整个片段，删除全部角色，改变情节。这听起来把故事损坏得很彻底，但这可以带来更深层次的"正确性"，即语言和结构的完整性，而不是**像**你第一次写故事时那样，不断地修改、调整和改编，以适应你的受众。

而你通常会发现，即使你写作时忽略了读者的需求，你也不需要做出什么改变来迎合读者 [请参阅奥登（Auden）的诗《最真实的诗歌最虚伪》（*The Truest Poetry Is the Most Feigning*）对这一点的讽刺]。

★ ★ ★

又是一个悖论。如果你从一开始就把注意力放在读者身上，使文字随着你与读者的关系而发展，有时你就会得到你所需要的，而且你的语言非常完整或能满足读者所需，一切都正中靶心。但是，有时效果恰恰相反，读者对你施加了太多的压力（或对你造成威胁），从而阻碍了你的写作。有时候，当你太过于在意读者，你的文字会带有太多的读者意识。你的文字给人的感觉太像一个推销员，极力想要与读者接触。

但这实际上并不是一个悖论，而是一个锻炼选择和掌控自己写作过程的机会。也就是说，在写作过程中，你可以选择**什么时候**进入读者的力场。如果你的作品以受众为导向，而你又很赶时间，那么你应该从开始就试着融入角色。你可能很幸运，不需要做太多的修改。但是，如果这阻止了你所需要的创造力，那就远离你的读者，晚点儿再接近他们，比如修改的时候。

你选择何时进入读者的力场也会受到你自身气质的影响。有些人更擅长在读者圈内写作，有些人更擅长在读者圈外写作。也就是说，有些人善于与读者接触，善于看着读者的眼睛说话。他们自然而然地以适合特定读者的方式说话和写作。他们善于感受倾听者的观点并恰当地说话。他们善于让读者坐镇在脑海里，对于自己如何说话掌有主动权。

我缺乏这种技能，我不擅长看着读者的眼睛思考。有时我甚至弄不清楚我的感受，除非我看向别处或闭上眼睛（然而，我并不是本章开始时描绘的那位教师，那个会走到角落里思考的教师。如果我敢这么做，我可能会教得更好）。我很生气，有些人竟然如此擅长我觉得很困难的事情。

我花了很长时间才意识到，虽然比起我们其他人，这些以受众为导向的作家拥有巨大的优势，他们只是展示了**一种**"语言能力"，而我们其他人拥有另一种。虽然这听起来有点儿奇怪，但我们擅长在写作时将读者从脑海中**删除**。我们这些不以受众为导向的作家更擅长推测、沉思、高飞、深潜——不管读者怎样拉扯我们，我们都让语言和思想引领我们走向它们想要去的地方。不再嫉妒那些以受众为导向的作家后，我也可以沾沾自喜了——那些人总是在写作方面取得好成绩，他们的备忘录和报告写得比我更快、更流畅，但他们不太擅长让自己从观众的需求和期望中解放出来，写出独创又真诚的作品。

因此，以受众为导向的语言智力在某种程度上比另一种语言能力更实际、更现实，但重要的是要认识到，两者都不比对方优越。它们只是代表了两种不同的语言力量，两种写作方式的策略，以及两种你所认为的你与读者之间的距离。如果你具有第一种秉性，你可能更擅长把事情写得又快又清楚，而且以适合读者的方式写出来。在学校、工作和现实世界中，你有很大的写作优势。如果你有另一种语言能力，你可能更擅长自我满足式写作——根据自己的内在潜力（自己的兴趣）展开自己的作品，而不是那么在意读者的需求。

因为以受众为导向的作者更适合快速执行实用写作任务，许多其他性格的作者被简单总结为天生不擅长写作。他们在学校经常被贴上"哑巴"或"文盲"的标签。他们放弃了，也不去学习**使用**自己的语言能力（这主要意味着需要进行大量的修改，**掌控**他们为读者解决的问题）。最终，他们不再写作。但是，一些极富思辨性的伟大作品和富有想象力的文学作品仍然缺乏与读者的接触——作者根本不关心读者。他们创作的作品难度大、晦涩难懂，对那些不理解作者思想或不完全认同其观点的读者来说，这是最糟糕的组织方式。相反，有些文字对读者来说**特别**清楚，只需要遵循读者头脑中已经存在的老路就可以大获成功，但是这些文字在思想和语言上缺乏独创性和真实性。

如果你意识到我们在这里讨论的不是优秀作者和糟糕作者的问题，而是两种与读者相关的互补习惯，你就不会再为你的弱点感到难过，而是学会利用你强大的一面。重要的是，在写作的时候，你需要决定自己和读者之间的距离。如果你更像我，你会发现最好在写作时忽略读者，然后在修改的过程中，特别努力地调整你要对读者说的内容。如果你有另一种相反的特质和技巧，你可能会发现，写作时与读者保持精神上的接触，你会写出更好的作品。你其实还是想在修改上下功夫，试图**打破**以读者为导向的局面，而不是对你的材料进一步调整，以适应读者的需求。

　　除了利用你的优势完成手头上的任务，你还可以慢慢地锻炼你的弱项。我需要练习在写作时与读者"眼神接触"，这将帮助我更快地写出实用的、以读者为导向的文章。以读者为导向的作家需要练习脱离读者的牵引，努力转移焦点，优化思维结构。

　　唯一需要注意的是一种感觉，尤其如果你不是一个以受众为导向的人，你会觉得"我是一个**作者**，而不只是一个交流者。我不在乎从读者那里获得的实际成就，我在乎作品的**质量**"。事实是，即使读者永远看不到你写的作品，你往往也得不到自己想要的那种作品，除非你花部分写作和修改的时间去思考作品特定的读者和情况。我之前夸大了你想要创作文章时远离读者的好处。读者并不是唯一阻碍文字演变到崭新的不同方向的因素，同样的阻碍可能也源于自己，通常情况下，你无法让一篇文章摆脱常规，或者无法找到你写诗所需要的中心意象，除非你走上前去，将一切交付于你想象中的读者，然后再多写一些文字。有时候你需要超越**自己**的力场，用以改变现状，获得新成长。最好的办法是将你的读者形象化，这样你写作时他们便能鲜活地出现在你眼前，你可以直接对他们表述你的话语（和一个分享小组一起工作会有帮助）。

总结和建议

• 留心一个常见建议，这个建议多年来一直困扰着很多人——写一篇文章，从开头到结尾，你都必须一直把读者放在心上。这个建议是错误的，就像其他的常见建议——你必须**总是**在开始之前弄清楚你的意思。关键在于，弄清你的意思和把读者放在心上，这两者都需要**集中思想**。如果你脑海中材料丰富，或者时间很急，你可能需要在写作开始前集中思想。但是，如果你想要获得更好的领悟，你最好暂时避免专注集中思想。以下是对这个规则的正确陈述：在你完成写作之前，**有时**你必须弄清楚你的意思并考虑你的读者，然后以这为重点努力修正写作。

• 感受一下在读者力场的内部和外部写作是什么感觉，以及随着不同力场而来的特质。找出哪种特质是你的优势，哪种是你的弱势，这样你就可以充分发挥你的优势，并逐渐加强你的弱势。

• 因此，在任何写作项目中，你都要学会有意识地控制在什么时候聚焦于读者。例如：

如果你的作品没有焦点、漫无目的、泡沫四溢，而你想**结束**这种裂变或连锁反应，那么请拿着你翻腾冒泡的水壶靠近读者，也就是说，加强你脑海中读者的形象，写作内容更多地**朝着**读者靠拢。

如果泡沫不够丰富，你找不到足够的内容来表达，或者如果你觉得自己不得不写一些无聊或显而易见的事情，那么试着忽略你的读者，跟随话语去它们想去的地方，或者向不同的读者写作（就像循环写作过程）。

然而，不要忘记，你在写作过程中可能会被卡住，因为太多注意力在**你自己**的力场里。试着把注意力**更多地**集中在读者身上，或许还可以对其他读者表达。这会带来你需要的泡沫。

19　与受众的三种棘手关系

也许你已经注意到写作有**两种**不同的困难感觉。一种感觉是你吃力地把一大堆砖头扛在肩上，或者吃力地扛着其他什么笨重的东西过小河，只能踩在光滑的垫脚石上行走，或者试着将线穿过几乎看不见的针鼻。你劳力伤神，惊慌害怕，垂头丧气，但依然需要努力工作，办事利落。

但是，还有另一种困难感觉。你正试图从一个巨大的、泄气的丝质气球下挣扎出来，你挥开一层又一层的薄纱材料，但它们总是又不由自主地落回来，你无论怎样做，无论怎样努力，都无法更接近外面；你迷失在浓雾中，没有方向感，或者你的方向感只能让你意识到自己在兜圈子；你正在慢慢地沉入沼泽中，每一次努力地爬行和游动都会让你陷得更深；你试着锯一块很厚的木板，你越用力，你的锯子在切口里卡得越紧。正是这种困难让你感到无助和愤怒，也最终阻止了你。

当我在写作中遇到第一种困难时，我知道这标志着我确实在与写作本身的困难搏斗——弄清楚我的想法，找到行为逻辑，为我脑海中刚刚浮现出来的东西寻找语言，寻找正确的方法处理难相处的读者。但是，当我遇到第二种困难时，这意味着我还没有全身心地投入写作任务。之所以存在一些乱七八糟的东西，常常是因为我以一种弄巧成拙的方式去做我的工作，也许是在写下早期试探性的想法时，我试图仔细编辑语言，但这通常是混淆了读者。这种与我的目标背道而驰的感觉，这种发动机不停地运转但齿轮却不肯咬合的感觉，往往因为我害怕读者，对读者是谁感到困惑，或者误解了我想对读者做什么。

在上一章中，我谈到了你脑海内外的危险受众制造的困难，你如何解决这些困难，以及如何使用或避免受众施加的导向力或组织力。但是，除此之外，你与读者之间的某些关系本身就很棘手，由于这种棘手的关系，你很难写出好文章，也难以意识到是什么造成了这种困难。以下是我观察自己和其他人挣扎时，注意到的三种情况：试图说服读者的写作、读者强迫你写作、不受约束的写作。

试图说服读者的写作

> "难道你看不出你错得有多离谱吗？"

在这种情况下，你可以**直接进行说服**，这并不是什么棘手的事情。你可以直截了当地提供有用的信息，理性地辩论，并以良好的态度使整个事情变得更有意义。例如：

• 你的委员会（公司、社区、学校）必须在三种方案中做出选择，并指派你去研究它们，并推荐一个方案。你的报告将送给那些还没有下定决心的受众。事实上，那些受众是在请求你帮助他们做出决定。他们不想看到狡猾的手段，也没有情感诉求，他们只想要最有效的信息和论据。这个任务类似于，虽然你不是委员会的成员，但是你想说服受众。

• 你正在给报纸写信，劝说读者为某个候选人或某项措施投票，但你主要是在试图影响尚未决定的读者，而不是影响敌人（有研究表明，大多数报纸中，阅读"给编辑的信"版面的人比阅读其他版面的人多）。

• 你正在写工作申请或奖学金申请。你知道面试官要给某人这份工作或这笔奖学金，并试图找到最好的候选人，因此他们会感兴趣地阅读你的履历。在写这类文章时，重点是不要害羞、拐弯抹角、自我防卫或忸怩作态地说出你的长处。你必须以一种中立、公正、简洁的方式，坦率地向读者介绍和推荐自己（如果读者需要阅读一大堆申请，在仔细阅读之前，他可能会多次进行60秒的阅读，淘汰大部分履历，将申请数量减少到可控制的比例。因此，你必须在开头段落或封面上总结出你最好的材料，不要包含任何可能会把你淘汰的内容）。

什么时候可以进行直接说服呢？你的读者对你的话语持开放态度，可能是因为他们还没有下定决心，可能是因为你在这个话题上有某种权威，可能是因为他们需要以此来帮助自己做出决定，因此愿意接受新的信息或观点。你的工作很明确——以最合理、最人性化的方式呈现最有效的信息和论点。

在处理棘手的说服之前，我提出这个简单但层次更深的策略用于直接说服：努力为你的立场找到好论点，接着更努力地反驳你的论点，然后想想如何回应这些反驳。也就是说，怀疑游戏或辩证过程是产生有效说服的有力方式。你的论据是否有力，主要取决于你是否愿意成为对方的聪明律师。这种策略的唯一问题是，有时你会发现你原来的立场是错误的，不过这也是有用的信息。

★ ★ ★

然而，在这一章中，我担心的是棘手的受众，我想到了一种情况：你多次试图直截了当地说服别人，但实际上你是在浪费时间。

• 你正在给报纸写一封信，劝说读者就某一法案、候选人或社会情势发表看法，但这次你的立场是少数人的立场。也许你想为所得税、福利、停止一切军备而争论，也许你正在写的是一个两极分化的问题，比如美国关于禁止丢弃瓶子的法案，你不会满足于只给那些思想开放的少数读者写信。如果你想获得胜利，你就得**改变**一些对手的想法。

• 你试图劝阻某人退学、在全国各地搭便车、和你离婚，或者试图说服你的读者接受你的决定去做其中一件事。

• 你正在写一篇文章、小册子或者传单，说服核电站的工作人员发展核能是一件坏事，或者说服那些理智的女大学生堕胎应该是非法的。

你试图用文字说服的那些人与你反驳的观点存在**利害关系**，这让说服变得棘手，你陷入了困境。你越是试图说服他们，他们所持的观点就越会让他们坚持己见。如果你获得胜利，他们就必须把自己定义为失败者。你和读者争论，就把读者变成了敌人，而敌人无法被说服，只能被打败。但是，你不能用文字来打人，至少不能在他们不同意挨打的情况下打人，这是关于阅读的残酷事实——语言被人赋予气息才有用，而吹气的是读者。*如果你指引的方向是敌人不想去的地方，他为什么要踩油门呢？"让我到你的塔楼里，告诉你，你真蠢，居然反对收取瓶子的押金。"但你的读者必须用手摇电梯把你拉到塔楼上来，他为什么要这样做？"让我给你看一部电影来证明你是纵容堕胎的凶手。"但只有读者能转动发电机为这部电影发电。

那么你能做什么呢？欺骗他们？对他们说"我想带你进行一趟很棒的旅行，你会喜欢的"？你掌握方向时，让读者踩着油门，突然转弯，前往他们厌恶的路，不告诉他们目的地？"你有没有想过凡人皆有一死？很奇怪，不是吗？也许你以前没有这样想过，但是你知道的，苏格拉底是个人。哈哈！明白了！苏格拉底是凡人！"

如果你的读者持有的观点恰恰是你所反对的内容，你就不能把直接说服作为你的方法和目标。你必须抑制你要去改变他们信仰的冲动，你得把眼光放低点儿。你所能期望的最好结果，是达成了一个不错的协

---

*　参见第27章"将体验融入语言"的开头部分，此处对阅读过程这一方面有更详细的描述。

议，即读者只是理解了你的观点，但是他们仍旧保持原有的观点。如果你能实实在在让读者考虑或体验一下你的立场，你就创造了奇迹，而让他们这么做的最佳方式根本不是让他们相信或采纳你的观点。

简而言之，不要再劝说敌人了，你只需要播下一粒种子。如果你仔细思考人们是如何改变他们的信仰的——虽然这不常见，你就会发现改变信仰往往是一个渐进的过程，这取决于一颗潜伏了一段时间的种子。必须有某种东西让他们能够说出："想象一下。他真的相信那些东西，而且他不是疯子，我无法想象一个神志清醒的人会认为这个国家没有军队也能维持下去。我一直认为这是某种情感障碍，有些人对制服或枪支之类的东西有特殊的看法，我没有意识到真的有条理清晰的论据来支持他的观点。当然，这些观点都是被严重误导的，是错误的，但现在我明白他们为什么呼吁了。了解一个人以这种方式看待事物是什么样，我感觉很有趣。"

如果你能让读者在特定时刻接受你的观点，用他的呼吸赋予语言生气，那么未来发生的事就会偶尔提醒他这段经历。相反的观点本身就很有趣。如果你的观点有一些价值，那么你的读者会开始注意到真正支持你的观点的事情，当然这是一个循序渐进的过程。例如，他会第一次开始注意你支持论点的具体事件，比如军备增加对国家造成的危害大于军备减少所造成的危害。一粒种子，蕴含你所期待的最美好事物。

那么如何播种呢？你要让别人真正地通过你的眼睛看问题。有很多方法可以做到这一点，但我认为它们都取决于一个重要内在行为——通过他人的眼睛看问题，并且这一行为不能只是作为一种精明的战略去分析："让我们看看那些乡巴佬到底在想什么。"因为他们如果要体验你的观点，哪怕只是片刻，他们也必须放下戒心。除非你也放下自己的戒心——切实地从内心去体验**他们**的观点，而不只是分析观点，否则你无法让他们这么做。虽然说服可以运用怀疑，但播种却需要信任。

这在实践中意味着什么？如果你放弃让读者改变他们的信仰，而是将就读者，让自己的信仰给他们找点儿乐子；如果你开始真诚地尝试通过他们的眼睛看事情，你会发现：有多种方式可以用于写信、文章、报告，具体方式取决于你的技能和性格。一旦你明白了自己的目标——以某种方式说服读者**与你合作**，为你的文字注入活力，而不是与你作对，你就可以相信自己的直觉。例如，如果我写一篇短文或传单给那些与我反驳的观点有利害关系的读者，我不会说："这就是为什么**你**应该相信核能是不好的。"这句话可以翻译为"这就是为什么你又坏又蠢"，这种话怎么可能让读者投入呢？我会采取这样的方式："这里有一些原因和体验，让**我**相信核能是不好的。占用您一点时间，试着了解一下。"

有很多方法可以让读者与你合作。你的最佳选择取决于你的性格和环境。但是，如果你试图改变根深蒂固的信念，自传、人物传记和小说就是特别有效的写作类型。毕竟改变信念需要有体验，而不仅仅是陈述一些信息或逻辑，所以想象式写作和体验式写作有时比论证更有效也不足为奇。*

人们对付敌人的论点往往只对盟友有效，这并非偶然。大多数你**感觉**很好的论点只对赞同你的人有效，或者至少是思想开放的人。这一切很简单，你在房间里写作的时候，开始锤炼一些论证，这些论证有力地证明了，敌人是**错的**！因为混淆了受众，所以感觉这些像是很好的论点。我们忘记了真正的受众，开始写一篇关于核能的罪恶的演讲，这篇

---

　　*　出现了一个有趣的文学问题：你怎么能写出所谓的公关文案，但又充满真诚，不会让读者感到被操纵？简而言之，是优秀的文学作品吗？对我来说，优秀的文学作品和优秀的公关文案一定是相互矛盾的种类，这一点已不再像过去那样不言自明了。

演讲对于那些相信核能是邪恶的人来说简直完美，能在反核集会上击垮众议院。不幸的是，对于那些不同意这个观点的人来说，这根本不会有任何进展。

那么什么对对手有用呢？答案并不简单。你需要通过反馈找出答案。几乎没有人能从对手那里得到准确而诚实的反馈，知道他们的论点是如何发挥作用的。你期望得到的反馈是："这里是作为你的对手读你的文字的感受。这里是你真正打动我的地方，我会认真倾听、认真考虑你的话语。而这里会让我更加坚定地反对你。"我们唯一可能从对手那里得到真诚、深思熟虑的反馈的时候，是我们碰巧为持反对意见的老师写一些文章。但是，老师通常不会给你反馈说："这感觉就像我是你的敌人。"通常他们会从战斗中抽身而去，提供更多关于论证质量和论据使用的理论反馈。老师提供关于说服技巧的反馈在这里无法发挥作用，因为这些技巧只适用于对此不感兴趣、与议题也没有利害关系的读者。

你更需要的是对手的反馈，虽然不容易得到，但还是有可能成功的。找一个在问题上与你对立的朋友，说服他给你真诚的反馈。为了得到一个有帮助的对手，你可能得请朋友的朋友帮忙。如果你不能和一个在你所写的问题上与你意见相左的人建立友好的联系（这难道不值得担心吗？），你可以在你和朋友意见相左的其他话题上练习。

总结和建议

• 写任何说服性文章，你都要花时间仔细思考你和读者的关系，以及你想让读者了解什么。你真的能希望可以使那些人**赞同你的观点**吗？还是应该更现实一点儿，试着让**他们能倾听你的观点**？他们下定决心了吗？如果心意已决，你希望他们放弃这个观点，在他们心中有多根深蒂固？他们有什么特别的理由倾听你的观点吗？你有什么权威能让他们接受你的观点？他们是否必须执行一些新决定或新行动，促使他们愿意考虑新的信息和论据？简而言之，你是在劝说还是在播种？

• **你**在这个议题上有多少利害关系？如果你在为你的一个重要信念辩护，你可能会有一种几乎无法抑制的冲动，想让读者同意你的观点。这种冲动可能会摧毁任何有可能成功的机会。

• 获得准确的反馈，尤其是来自敌人的反馈。找到那些在阅读你的文章之前会诚实地告诉你他自己立场的读者，他们在阅读的过程中发生了什么，以及他们的观点最终发生了什么变化（如果有变化的话）。这往往是令人沮丧的反馈，因为言语很少能改变立场，但如果你试图说服别人，也许你能学到的最有用的知识是，说服别人的可能性是多么低。

• 还有一种策略可以创造奇迹，不管你是想说服别人还是只是想听到反馈"你是对的"。如果你是正确的，即使你的文章有明显弱点，有时你也能成功。现实会帮助你证明自己（当然，这并不是万无一失的，因为有时候正确的做法会让你难以忍受，或者人们愿意坚持错误，只是为了有机会与你唱反调）。这个策略有时候会使你的说服任务变成更艰巨的寻找真相任务的一部分。

• 无论你是在试图说服一个思想开放的读者同意你所说的，还是在试图让一个敌对的读者简单地体验你所说的，你都必须学习一项重要的事情：如何全心全意地站在读者的角度，思考他们会如何看待和争辩议题。

读者强迫你写作

"我想我还是拿枪指着你的头吧，直到你写完为止。"

　　我们写的很多东西都是被强制性完成的。从学校开始，一直延续到工作中。写一封重要的感谢信对于一个成年人而言，感受到的压迫就像你的母亲让你坐下来，强迫你给奶奶写一封信，感谢她买了一件你不喜欢的生日礼物。如果你完全以成年人的身份写作，那可能是因为你学会了对强迫写作逆来顺受。"我希望我不用在这个周末写这个东西。我想去户外。然而一切如故，我总是遇到这种事情。"你在写作的时候，会经历一段特别艰难的时光。你整个周末都在写作，直到星期天晚上才完成。与此同时，你往往会对自己说："我**不擅长**写作。我希望我有写作**技巧**。"

　　你不需要毁掉整个周末，这对你来说很难。你本可以只花一半时间完成任务，事实上，你甚至可以在周末开始之前就在工作中完成任务。你认为你的周末被写作中的困难毁了，但真正毁了周末的是处理强制性任务的困难。你忙着抱怨自己是一个多么糟糕的作家，你忘记了你写作有所长进的时刻。你可能没有很多体验良好的写作经历，如果不用枪指着你的头，你甚至不会经常练笔。

　　或许你并没有那么坚忍。你非常愤怒，整个周末你都生气、跺脚、挥拳。但是，你可能没有意识到这多么阻碍你的写作。你试着思考想法时，脑海中一片空白。你觉得在纸上写下句子很难。你试图组织你要说的那点东西时，你的脑海中全是压力。这一切都在告诉你：虽然你通常会认为这是因为自己不够聪明，或者写作技巧运用得不娴熟，但实际上是因为你缺乏处理强制性任务的能力。

　　我并不是说这种分析可以让事情变得简单。解决你对强制性任务的反应问题可能比学习如何写好作品更难。但是，如果你能分辨出是什么阻碍了你，你至少还有进步的希望，也就是说，你能感觉到使用钝锯锯开厚木板和自己努力绑住锯子尝试锯开厚木板之间的区别。如果你坚持认为你唯一的问题是写作问题，那么你就阻碍了两个方向的前进道路。

如果你必须写一篇强制性的文章，这将有助于直接面对中心问题——你是同意还是拒绝？同意不一定就是屈服。你不必喜欢这个任务，你不必喜欢这个任务的监督人，你不必卑躬屈膝，但如果你想让写作顺利进行，你就必须全身心地投入这份工作。如果这对你来说很难，那可能是因为这**感觉**像是卑躬屈膝或认输。除非你认为你可以拒绝，否则你可能无法全心全意投入工作——你无法同意。这是权力的问题，你感觉好像"他们"拥有所有的力量。他们确实有权威，因此他们有可能发出制裁，他们可以解雇你、让你不及格，或者讨厌你，但最终这力量是你的，你是同意还是拒绝由你说了算。感觉强制的东西其实并不是强制的。即使被真枪"强迫"，人们有时也会保持坚定的力量表示拒绝。我想到了第二次世界大战期间，挪威学校教师成功的非暴力抵抗行动。[*]

你可能会问，（在时机合适时）当你试着学习同意强迫任务时，把烦人的主管或者笨手笨脚的老师描绘成电视里的纳粹虐待狂，他用枪指着你的脑袋，这会有帮助吗？在你所谓的"写作困难"之下，如果你能感觉到"他们"多次揪你的耳朵给你留下的迫使你屈服的心理阴影，你会幸运地冲破这些曾经的阴影，并迅速完成当前的工作（那些关于纳粹的电视电影，如果不是真实讲述了孩童在强权面前无能为力的普遍经

---

[*]　参见《安静的战斗》（*The Quiet Battle*）中的"非暴力抵抗与纳粹：挪威案例"（Nonviolent Resistance and the Nazis: The Case of Norway），穆福德·西布利（Mulford Sibley）编辑，（波士顿，1963年）。还有保罗·威尔（Paul Wehr）的著作《冲突管制》（*Conflict Regulation*，博尔德，科罗拉多，1979年）中第三部分的第二节。

历，就不会有这么大的吸引力）。

但是，你可能不相信自己有拒绝的能力，除非你真的使用了这种能力，公开、负责地使用它（而不是自我欺骗，欺骗自己是生病了、有紧急情况或"尽了自己最大努力"，但不知为何还是没有成功）。也许拒绝并不是理想的解决方案，但比我们所熟悉的"两败俱损"的妥协要好：你无法从说"不"中获得乐趣，也无法通过全身心投入工作、快速完成工作获得满足感，你得到的只是一个毁掉的周末和一种无力感。

总结和建议

• 弄清楚写作是不是强制性的。**真的**有人要求吗？如果没有，那就不是强制性的。如果有的话，这也不是强制性的——你可以拒绝。

• 你确定拒绝的代价非常高吗？你真的会被解雇吗？你确定你想要那份工作吗？他们会恨你一辈子吗？你确定你在乎吗？人们很容易认为，如果你说不，世界就会毁灭。

• 如果你最终决定接受，假设你认为不值得为不写这篇文章付出任何代价，那么就**同意**吧！全心全意地做这件事，不要与之斗争。你不需要热爱一份工作，只是为了尽快完成它并从中获得一些乐趣。

• 如果愤怒和怨恨的情绪阻碍了你的写作，停下来，认清这些情绪是什么，花10分钟时间大声说出它们或写下它们，然后继续工作，维系你有效写作的力量。

• 但是不要忘记强制写作的好处。有时候你学到了东西是因为别人"使"你学到这些。儿童通过内化他人对他们的控制来学习自我控制。你报名参加写作课程，你所做的很可能只是花钱请人让你每周写作。你意识到你还不能让自己每周都写作，但你愿意假装是老师让你写作。如果能让你学得更快，那么把假枪放到他手里也没什么错。但是，记住这是假装的。

不受约束的写作

> "喂！嘿，麦克，你想买我的小说吗？"

　　总算松了一口气，不是因为有人要求你写作，而是因为你想这样做。即使这是一封很棘手的信，即使因为你缺乏所需要的专业培训，导致这篇说服性文章对你而言很难，即使你知道为了写这本小说你需要在森林里待上几年，但是当**你**决定以这种方式花费时间和精力时，它仍然带给你极大的满足感。虽然你知道自己会遇到挫折，但你想写这个东西，所以相对来说，你觉得它们很容易忍受。不受约束的写作从心理层面而言，主要是你会自然而然投入写作任务。

　　如果不受约束的写作总是那么好，为什么每个人都不写呢？可能部分原因是大多数人是在学校的必修课中开始学习写作的。"如果没有必要，谁还会写作呢？"但是，不受约束的写作有其自身的困难，这种写作需要傲慢自大、**敢作敢为**、**狂妄自恃**。"不受约束的写作"只是"没有读者"的另一种说法。你不得不在街上走到陌生人面前，拍拍他的肩膀说："不好意思，请您先别忙手上的事儿，听我说几个小时行吗？我有件事很想告诉您。"你知道你会得到什么回答。

　　如果你不得不忍受这些，那么为什么还要不受约束地写文章呢？因此我们大多数人都没有写。这样也没什么，除了这件小事——我们**确实**有一些事情想告诉人们，即使没有人邀请我们这么做。但是，还有另一个事实：我们都有能力阻止街上的人，用我们的眼睛盯着他们，让他们倾听，让他们高兴。也就是说，我们能够写出让读者想读的东西，并为他们的阅读而感到高兴。我们只需要这样去**做**，虽然在一段时间内我们可能会遇到许多次粗鲁的拒绝，但我们可以坚持让别人听到我们的声音。

坚持让别人听到你的声音。我还记得那个特别的时刻，我清楚地知道那种感觉对所有写作来说是多么重要，尤其是对不受约束的写作来说。那时我想，我还没有发表任何文章，也没有人要求我写这篇让我苦苦挣扎的文章，但我试图在文章中表达一些对我来说非常重要的关于教与学的内容。我已经设法把我想说的话以这样或那样的形式写在纸上了（换句话说，我对拍陌生人肩膀的恐惧并没有那么强烈，不用假装自己对这个世界**无话可说**）。但是写作进行得很糟糕，整件事一团糟，无论我怎么努力，我似乎都无法厘清这一切。最后，情况好转了一些。我停下来回想发生了什么，给自己写了一张纸条（缩写后整理如下）。

1971年6月11日，我正在修改一份将要定稿的草稿。我终于把话说得更优美、更清楚了。我重新排列句子和要点，让它们发挥作用。我把一切都搞砸了，我的解释和我的信息以一种无效的方式混杂在一起，并且我的信息不清楚。随后，通过一系列的重新排列，事情变得井井有条。

是什么让这一切成为可能呢？不可能是任何关于逻辑、排列句子或修辞的新知识。我已经尽我所能地利用了我所掌握的知识。我一遍又一遍地挣扎着——写作、重写、整理、重排，而它仍然是一片泥泞，毫无作用，我所有的知识都没用。

但是，我终于明白是什么起作用了。那是一种感觉："该死，我必须完成这件事，我很清楚大多数人不会真的听进去我说的话，因此他们也不会接受它们，就算他们读过，这一切也都会被他们忘记，而且他们也许不会去阅读，因为这简直是乱七八糟。但是，如果他们读了，他们会认为这只是埃尔伯的一个不清不楚、不切实际的计划。我已经厌倦了，我不愿意再这样下去了。"简而言之，造成差异的是我关于读者态度的**决定**。这种重新调整与读者交流的内在行为，使我的文字和思想最终以一种不同的、更好的顺序出现。

这就像我重新适应我的听众，当学生们说他们听不到我的演讲时，我很生气，我从讲台后面走到讲台前面。挫折和愤怒让我最终坚持要让别人听到我的声音，这让我突然能够用语言做一些之前无法做到的事情。

那么，写作的关键问题是，你愿意被忽视多久？

★ ★ ★

我们无法避免所有的强制性写作，逃避所有不受约束的写作也令人沮丧。被人拿着枪指着你的头，或者你不得不走出去拍拍陌生人的肩膀，这些都不是你与受众建立联系的唯一方式。受众可以**邀请**你——打电话跟你说"你愿意和我一起出去吃饭吗？如果你和我谈谈你的旅程，我就付饭钱"或者"如果你告诉我你对去年做的那个项目的想法，我就请客。我现在有个和它相似的项目"。还有什么比这更好的方法能让你享受交流并激发出最好的想法呢？受众邀请你说话，但不强求你说话，这样的行为具有吸引力。

10年前，我只有一个模糊的感觉，我可能会写一本书，我没有认真对待这种幻想。但是，一位出版商的代表敲开我办公室的门，向我展示我所教课程的书籍，问我是否有任何写作计划，然后说他的编辑会和我谈谈我的想法，经过一番谈判，编辑愿意和我签订一份合同后，我突然开始认真对待这个想法。因为有人愿意发表我的作品，所以我开始迸发出更多的想法，更重要的是，我像疯了一样写下这些想法。

如果你想身临其境地感受受众邀请，回想一下人们需要你对一些你从未想过的事情提出想法或建议时的情景。一开始你无话可说，但他们的请求可能让你有了想法。

不管怎样，对我们大多数人来说，写作最大的回报就是接触读者的感觉。理想情况下，读者应该喜欢我们写的文章，但归根结底，如果我们能感受到他们在阅读，那就足够了。渔夫爱上钓鱼，是因为那种不可预知的摆动，而且即使鱼逃走了，他的手也会受到钓竿的牵引力。至少你感到读者们吃了你的"诱饵"，至少你和文字另一端的人有了联系。这个经验让你想拿起铅笔再试一次。**这次**你会抓住他们，但其实你才是上钩者。

通常情况下，如果要获得写作邀约，你要做好以下两种前提条件：写一些不受约束的文章或者强制性的文章。这些文章需要足够优秀，优秀到让别人打电话来邀请你写其他文章（这是学习处理不受约束和强制性写作的合理理由）。这似乎不公平，让富人更富，最好的选手得到最好的起点。除非你已经成功了，否则你不会得到邀请带来的愉快鼓励。

但是，你也不必等待邀请。不需要鼓起勇气在街上拦住陌生人，你仍然可以找到**想要**阅读你文字的朋友或熟人。找一个有兴趣的受众，即使你只能将作品复印两份；即使你得从朋友开始，让他们阅读你的文章，而他们阅读文章的部分原因是他们喜欢你，关心你在想什么。邀请受众过来阅读或倾听，即使他们的部分动机是一顿美味的晚餐或美味的茶点。你还能找到其他想要阅读你作品的人，就是那些也想找别人阅读他们作品的人。无论你得到了什么样的受众，一个心甘情愿的读者总会创造奇迹，会让你的写作突然变得更轻松，你会有更多想法，并从写作中获得更多的满足。

将稿件寄给竞争激烈的杂志社或出版商，而这些杂志社或出版商基本上会拒绝这些稿件，许多人通过这种方式破灭了他们对读者的渴望。太多的拒绝会让你因为气馁而放弃。在你充分利用一小群愿意阅读你文章的人之前，不要尝试庞大的未知受众群体。与愿意阅读的人建立联系，从中获得乐趣、获得反馈，并在此基础上学习提高你的写作水平。只有这样，你才有能力决定向未知的受众寄出什么，以及你愿意为此忍受多少拒绝。

人们有时也会破坏自己寻找真正读者的本能，因为他们觉得在把作品交给真正的读者之前，他们需要得到专家的许可。如果专家是你文章的真正读者，那么一定要先把文章交给他们。不过，如果你要写一些关于如何成为更好的家长的重要见解的文章，你可能会有种冲动，想先把你的文章交给心理学家、心理治疗专家或该领域的大学教授。你觉得在作品给真正的受众阅读之前、给家长阅读之前，你需要一个专家检查你的文字。这是自然的冲动，我已经这么做过很多次了。我们寻求权威人士来告诉我们文章的观点是否正确或让他们提出建议。最重要的是，我们要找一个助产士（编辑）迎接我们的孩子（作品）来到这个世界。

但是，小心！专家检查你的作品往往会扼杀整个项目。首先你得找到合适的专家，这可能就是个难题。其次，专家很忙，可能不会回应。即使他们积极回应，他们的回应实际上也可能会阻碍你："这非常有趣。我认为你应该读史密斯（Smith）和琼斯（Jones）的书，哦，对了，还有阿伯纳西（Abernathy）的书。"对专家而言，推荐的只有三个人的作品，但对你言，你需要阅读一年或更长时间。如果你真的开始阅读，你可能会得出结论："哦，天哪，我真的说得毫无新意"，或者"哦，天哪，这个领域我不知道的东西太多了。在我掌握它们之前，我无法写作"。即使你已经写了一篇有很多深刻见解的文章，你的项目也会枯萎消亡。但是，如果你从家长那里得到一点儿反馈，再做一点儿修改，那么这篇文章对真正的父母来说可能比史密斯、琼斯或阿伯纳西的作品更有用。

当然，专家可能会以更直接的方式令你泄气。有一次，我把一篇我很感兴趣的关于学习的文章发给了一位专家，我认为他会看到其中的精彩之处，并给我一些好的建议。然而我得到的回复只是："我希望人们不要使用'概念'这个词，除非他们真的懂这个词的意思。"但是，怎么可能不是这样子呢？权威人士已经厌倦了阅读有关育儿的书籍，他读得太多了。对于你的作品而言，他不是自愿受众。他阅读你的作品顶多是出于职责，或者是为了帮忙。他只会注意到差异，你的文章和他认为世界上关于该主题的最好文章之间的差异。

我描绘了一幅暗淡的画面。当然，这个问题也**可以**被处理得当。专家可能会给你一些你需要的鼓励和修改建议，以及把文章呈现给读者的建议。但是，我对上述这种冲动深表怀疑，这种冲动让很多人觉得，他们必须先征得那些**非预期**读者的同意，然后才能把这些文字给那些**预期**读者阅读。专家之所以是专家，是因为他们知道很多，但有一件事他们无法告诉你：一个非专家人士阅读你的文字后是什么感觉。例如，几乎没有读过育儿书籍的父母，他们会对此感到好奇又困惑。

你可能会说："如果我的想法是错误的，或者我关于照顾孩子的建议是错误的呢？"如果你和朋友一起搭乘公交车或者和朋友聊天，他们对育儿知识感到好奇，你会告诉他们关于育儿的一些事情，那么，为什么你现在需要专家的许可才能做同样的事情呢？为什么不以写作形式与重要受众往来，直接向那些对你的话感兴趣的人说话？如果我们必须先得到那些不太愿意听我们说话的受众的同意，然后再把这些话传达给那些可能愿意听的人，那讲话就会成为一件很奇怪的事情。

　　在你对自己的语言进行了实地测验**之后**，也就是你知道在实践中什么有效和什么无效再修改之后，你就可以去找专家了。这时，你和专家的关系与你先将作品发给专家阅读的关系截然不同。你不会说："先生，我可以将这些内容公之于众吗（你的写作好像是一种新药，结果这种药可能是沙利度胺*）？"你会感觉更像是在对一个同事说："看，我这里有一些有趣的东西，一些有用的东西。我想知道你是否愿意告诉我你同意什么，不同意什么。"

总结和建议

　　• 不要等待别人邀请。你可能已经写了你想公之于众的文章，虽然并没有人向你索取，但要写下来，无拘无束地展示给全世界看，坚持让别人听到你的声音。

　　• 文章写出来后，你也能收到邀请。找一位对你文章所写的事物真正感兴趣的人、真正喜欢读这篇文章的人做你的读者。如果你一开始就把你的文章寄给不太可能接受它的杂志社或出版商，或者试图让专家停下他们正在做的事情，给你提供意见，你很可能会扼杀自己想要向他人诉说的本能。

　　• 从真正的读者那里得到帮助、汲取营养之后，再向专家寻求建

---

　　*　译者注：沙利度胺（Thalidomide）原用作妊娠妇女的镇静药，但在20世纪60年代因发现其会引起胎儿四肢畸形而被禁用。

议。尝试通过出版的方式扩大你的读者范围。

• 寻找介于受邀写作和不受约束写作之间的写作状态。例如，给报社和杂志社写信。他们对**你**的想法没有特别要求，不一定会发表你的来信，但他们确实需要像你这样的人，以及你这样的思想。

20 以老师为受众的写作

教师是较为棘手的受众之一，但这也证明了这样一个悖论：受众有时会帮助你，有时会妨碍你。我想我最初能建立对写作的深厚感情，很大程度上要归功于我的一位高中老师——鲍勃·费希尔（Bob Fisher）。他悉心教导我，他想让我写作，要求我写一些对我来说很重要的事情。他打开了我的心扉，并相信我可以用我从未想过的方式进行创造性的写作，而我确实做到了。他相信我会对我从未想过的话题非常感兴趣，而我也确实是这样。有了这位老师，我开始喜欢写作、对写作充满期待。当我把文字写在纸上时，我感到自己在做一件重要的事情。

很多人都有过这样的老师。一位好老师是一个完美的受众。不仅仅是因为他喜欢我们或者称赞我们的作品，尽管这对缺乏自信的青少年（还有其他类型吗？）来说非常必要。有时，好老师的关心表现为严厉，但因为老师处理得当，所以我们仍然想为他写作。*

有了一位好老师，无论他是温柔的还是强硬的，我们都觉得可以

---

* 我想起刘易斯（Lewis Clive Staples）曾这样描述他敬爱的一位老师：

我很快就知道了他的三个开场白的不同特点。响亮地喊"停！"，立即打断无法再多忍一刻的滔滔不绝的废话，不是因为这使他感到不耐烦（他从未这样想），而是因为这浪费时间，使一切更加混乱。急切又小声地说"抱歉！"（例如，"抱歉，打断一下"），则是要插入一段话进行纠正，仅仅是作为补充说明，表示这样纠正后，你所说的仍然可以表达完整，没有荒谬之处。其中最鼓舞人心的一句是："我正在听。"这意味着你的话很有意义，只需要反驳而无须纠正，它已经上升到可以犯错的尊贵程度。反驳（如果我们能走到这一步）总是遵循同样的路线：我读过这个吗？我研究过那个吗？我有统计学上的证据吗？我自己的经验能提供什么佐证吗？……所以这就得出了一个几乎不可避免的结论："你还不明白你没有权利吗？"

有些男孩子不喜欢这样，对我来说，那就相当于红牛肉和浓啤酒。

——摘自《惊喜之旅》（*Surprised by Joy*），第136页，纽约，1956年

孤注一掷，全力以赴。我们可以写真理、写上帝、写对与错、写存在，甚至写恐惧。当我们开始热情地谈论这些议题，或者其他使我们内心火热的议题时，其他人会打趣地看着我们，或者转移话题，又或者无人回应。尤其是作为青少年的我们，是人们折磨的对象。与尴尬窘迫时相比，更糟糕的是被人发现你深切在乎某事、陈词滥调、脆弱敏感、纯粹洁净。但是，一位特别的老师允许我们关注荣誉、陀思妥耶夫斯基（Dostoyevsky）、相对论、讽刺，而不仅仅是关注笑话、女孩、汽车。好老师似乎能理解我们。一个好老师能看穿我们胆怯的犹豫、赶时髦的俚语，倾听我们内心真实的声音，并帮助我们使用它。

现在我是一名教师，对工作条件有了更多的了解，尤其是中小学英语教师的工作条件，我不明白，那些特别的人如何做得如此优秀。他们每天要和100—150名学生朝夕相处，他们怎么能如此深入地倾听我们，关心每一个长满青春痘的个体？但他们这样做了，并做到位了。大多数人都有这样一位特别的好老师。

但是，后来其他老师给我带来了一种对写作的焦虑和恐惧感，这种焦虑和恐惧似乎和我最初对写作的重视一样深刻。[*]写作变得越来越难，直到读研的时候，无论我多么努力都写不出任何东西（因为不会写作，我不得不放弃学生的身份，找了一份当老师的工作）。

但是，我对于了解好老师和坏老师之间有什么区别不感兴趣。我感兴趣的是学生作者和教师读者之间这种问题关系，即使老师是一个正派的人，认真做着工作，也会形成这种关系。

---

[*]　我并不想把我的感情和行为的责任都推卸给我的老师。早在我认识鲍勃·费希尔之前，我就深深爱上了文字和思想。而且，早在我遇到其他老师之前，我就有了明显的缺乏安全感的倾向，因为我对自己的评价几乎完全依赖于别人的评价。但是，在这两种倾向中，我真的和大多数青少年有区别吗？

　　老师被动地成为受众，坐在书桌前看学生的论文，一摞纸批阅完了一半。那一摞没读过的纸整整齐齐地堆在左边，每一张纸都紧紧地纵向折叠着。他的右边堆着批改后的论文，有点儿凌乱，摊开堆着，有点儿像晚餐结束后被丢弃的蛤蜊壳。很晚了，他停下来又喝了一杯茶，因为晚上没有早点儿开始批阅，所以他很生气。他坐下来，把杯子放在书桌上的圆形污渍中间，旁边放着两本字典。他拿起另一份论文，通读了一遍，在页边空白处写几句评论，然后在结尾打个评分，再写下对整篇论文的整体评论。

　　这些论文的主题是他选定的。有时他给学生布置作业，让他们自由选题。但是，当他这么做的时候，很多论文像是一场无果的旅行，走向了死胡同。虽然有的学生写得不错，写出了一些精彩的内容。但他怀疑学生们对写作知之甚少，但是，他知道，他必须不时地给学生自由选择的机会（如果他是初中或高中的老师，他可能有100—150名学生。如果他是大学写作老师，他大概有50—100名学生。多数情况下，写作课程只是他们工作内容的一部分）。

　　如果他是个认真的老师，那么他每周都会给学生布置一篇论文。但是，当他坐在那里品茶的时候，他踢了自己一脚，因为他敏锐地意识到，是**他自己**把这份工作搞砸的。每当他在课堂上站起来布置作业时，他脑海里就会浮现出桌角那一叠作业，等待着他批改。如果他是个不那么认真的老师，那么他会每隔几周给学生布置写作作业，但他会觉得内疚，因为他知道他没有让学生做足够的练习，这意味着他这次对学生论文的评论和建议可能对学生下次的写作没有作用。或者他可能是那种干脆放弃翻阅批改写作的老师，他不相信通过布置作业或发表评论会让事情变得不同。尽职尽责的老师、普普通通的老师、不负责任的老师，每个类别老师的数量可能都差不多。

★ ★ ★

这幅简短的情景说明了一切，但是我想更具体地说明白，老师凭借自己的角色成为什么样的受众。

当你写作是为了提交给老师时，你是在正常的沟通中逆流而行。沟通的正常方向是向不理解的人解释你理解的事物。但是，当写作是为了提交给老师时，你的任务通常是向理解得更好的人解释你仍在努力理解的事物。因为写作并不是因为**你**想告诉别人一些事情，所以你会更多地认为这是一种检查，看你是否能说出**老师**想让你说的话。即使让你写一个主题，这个主题你比老师更了解，但老师的知识变成了判断的标准，判断你是否真的了解标准。作为一种测试关系或评估关系，这并没有什么错，但作为一种交流关系或受众关系，这就非常特殊了。

这种错误的交流方式导致了一种贯穿始终的弱点，这种弱点影响了许多学生的写作，而且很多人以后的写作也存在这个弱点——明确肯定的观点背后潜伏着一种微弱的质疑光环。学生写下"这是什么，那是什么"，但不知为何，他在字里行间也在说"是这样吗？你会买吗？"。

如果你正在写的不是一篇论文，而是一个故事或一首诗，你很难感觉到你正在做的事情对一个写故事或诗歌的人来说是最自然的事，也就是说，试图给人以快乐或启迪。你感觉你的任务就是让老师**表扬你**或者**批评你**，而老师一次必须读25—50篇这样的文章。学生们不是用明确的手势或坚定地伸出手**交给**读者一些东西，而是用弯曲的、充满希望的手臂交出他们的故事或诗歌。学生经常暗暗问道："这样可以吗？我没有做错什么吧？"而不是陈述道："这是给你的东西，这是我的作品，拿去吧。"令人惊讶的是，当学生们把文章交给老师的时候，他们经常会对老师说："我希望这就是你想要的，这是吗？"

这种潜意识的问号甚至隐藏在一些写作优秀的学生的文章中，但写作优秀的学生更容易惹上另一种毛病。一个想成为好学生的学生不能仅仅满足于使老师满意。他必须写一篇文章，让老师在看完同一主题的25—50篇文章后，可以在头昏脑涨之际清醒过来，稍微放松一下。因此，优秀的学生必须用同样陈旧的材料做一些与众不同、引人注目、独一无二的事情。学校环境奖励了一代又一代的好学生，**不是**因为他们说清楚了重要的内容、说清楚了他们想要传达的内容，而是因为他们做了某种更富有技巧的"侧手翻"或"倒立"。优秀学生写作不是为了交流，而是为了给人留下深刻印象。我一次又一次地看到，优秀学生离开学校后，为老师以外的受众写作时，他们失去了平衡，他们发现那些曾经赢得好成绩的手段是多么的失败，因为真正的读者和老师不同。

★ ★ ★

但这就是重点。老师不是真正的受众。你不是写**给**老师看的，而是为了应付老师而写。如果你定期写一篇老师布置的作文，然后再直接交给老师一篇自己写的文章。你就能切身体会其中的差别。自己写的文章可以是一封信，比如请求老师改变你的分数或为你的政治活动捐款。你会发现这种写作任务与常规任务相比令人感到新鲜、满意，虽然这种写作更难。写文章不仅是为了得到**评判**，而且是为了追求一个**结果**，这是一种解脱。你可能会说："得到优秀就好。"但是，如果你为了募捐给老师写了封信，得到的是"优秀"而不是支票，看看你是什么感觉。分数或评语中写着"挺有说服力"，但如果信封里没有支票，你就知道自己失败了。

作为老师，当我们要求你写一篇文章，用以在某些问题上说服我们时，也许我们最接近于成为真正的受众。但是，大多数情况下，鉴于我们作为读者的条件，这个任务有一些虚构成分。如果作为一名教师，在阅读一堆同一主题的论文时，我知道不能完全使用现实的标准衡量，只给真正能改变我想法的论文一个好成绩，这是不公平的，太困难了，尤其是我可能比学生更了解这个话题。对于那些看起来"论证得很好"，但却完全没有改变我立场的论文，我可以给予不错的分数和评论（当然，也有些论文试图说服我已经相信的事情。我又该如何衡量它们的优劣呢？）。在大多数情况下，我给予的反馈是根据预测这些语言对某些（不确定）假设的读者造成了多大改变，而不是这些语言对我造成了多大改变。偶尔，老师会说"你的任务是改变**我**的想法"，并真的贯彻下去。但是，更多的时候，老师会说："你的任务是写作，假设你试图改变我的想法。""假设"这个词经常出现在写作作业中。

如果你直接**给**老师写一篇说服性文章或知识性的文章，他通常会觉得有些不对劲。例如，如果你写"我不同意你上周在课堂上所说的关于哈姆雷特为什么拖延这么久才复仇的观点。这是你阅读这个剧本时遇到的一些难点……"，老师可能会说："你不应该给我写信，你应该写一篇文章。"简而言之，在大多数的学校写作中，读者与作者之间的交往通常带有一些虚构的成分，学生和老师之间的真实情况与"作者"和"读者"之间的真实情况，两者并不匹配——学生假装向不懂的人解释一些事情，老师假装是普通的读者，为获得启迪而阅读。

顺便说一下，在大多数考试中，作者和读者之间的关系更类似社会上合作双方的交易。老师/读者开诚布公地说："告诉我你对印加人的了解，哈姆雷特为什么拖延复仇，这样我就能了解你是否知道我认为你应该知道的东西。"而学生/作者则同样公开地说："我将向你解释你已经知道的东西，以便向你表明我也知道。"

假扮身份本身不是问题，所有的孩子都擅长此道。如果一个大学生不会，那么他需要重新学习。"给码头工会写信，谈谈体力劳动和脑力劳动""给三年级学生会写信，告诉他们如何对付操场上的恶霸""写信给罗伯特·雷德福（Robert Redford），告诉他处理《哈姆雷特》中这一幕的最好方式"……我怀疑，以这些人为受众虚构文章，然后再把文章提交给另一类完全不同的读者——也就是你的老师，会存在很多问题。也许在学校的作文写作中，还没有做到完全的"假扮身份"。

至少这个问题难以掌握，对于大多数学校中的写作来说，学生们给受众（普通读者）写作时，必须同时假装和不假装。这个"普通读者"是一个狡猾的角色，教师很少明确地定义他是谁，但教育界和学术界普遍假设"普通读者"是这样的：他是一个有智慧的生物，接受过一定程度的教育（"普通"），具有开放的思想。他是一个比码头工人、三年级学生甚至罗伯特·雷德福更理智、更**普通**的人。简而言之，猜猜这个人是谁？这个人更像老师。但这个读者是普通人，不像老师那样特别，也不是这个话题的权威或对于作者而言是位高权重的人。

简而言之，因为虚幻和非虚幻的复杂结合，读者的位置令人困惑。学生写作是写给老师，也是写给普通读者。但是，这种普通读者并不存在，是个虚构的人物，不像老师那样是一个特殊的人。最重要的一点是，这一读者的阅读方式很特别，只有老师才会这样阅读。这并不是因为他对某一主题有特殊的兴趣、拥护某个主题、致力于某个主题，不是因为他想去体验这个世界，而是因为他寻求的是一种无私的启迪或无形的快乐。"普通读者"的成分是100%的受众、0%的个人。

然而，这些棘手的受众问题往往不会被提出来讨论。难怪学生对他们的读者只有一种模糊不清、变化不定的感觉，并且用一种模糊不清、变化不定的声音来写作（顺便说一下，这也是人们在官僚机构写作时经常使用的那种声音，会出现同样的问题——你是在给一个看起来不真实、模棱两可的读者写信。如果老师们花更多的时间讨论如何应对"虚幻观众"的问题和解决方法，学校写作抑或可以成为官僚机构写作的良好练习）。

"普通读者"这种角色难以掌握，与老师相似，又与老师不同。老师们评论学生的论文时，也往往不清楚自己的想法，不知道应不应该说"鉴于我对这个话题的了解、我的立场以及我在这个世界上的位置，这文章对**我**不起作用"或者"我不认为这对普通读者有用，他们还没有完全理解你想要解释的内容或者还没有对这个主题做出决定"。如果你不确定你的受众是谁，不确定他们在这个话题上的立场是什么，你就很难很好地去论证，也很难去学习论证。

★ ★ ★

然而，老师不是真正的受众，这可能是一种优势而不是问题。毕竟，有什么能比拥有一个教练更好呢？这个教练与你真正的受众不同，但他的工作是帮助你在真正的受众中取得成功。问题是大多数学生的写作从来没有真正的读者。写文章给老师就像为你的小提琴老师拉小提琴，这对学习拉小提琴有很大的帮助，但这不是目的。这样做是为了给自己、朋友和更广泛的受众演奏，这也是首先要得到老师帮助的原因。当然，从某种意义上说，你的小提琴老师是**很好**的听众。他会认真听你说话，时刻想着你和你的技巧。但你真正的听众不会那样做，因为他们正忙着做一件你的老师不能做的事——他们是为了享受你的演奏而听，享受音乐而听。

写文章给老师就像和你的网球教练击球。你会学到很多技巧，而且很有趣，但这是一种练习、一种锻炼，不是真正的比赛。这种方法可以提高你在真正的比赛中的成绩，真正的比赛可以是为了取得胜利的职业网球比赛，也可以是趣味性的业余网球比赛。但是，很少有人只在老师面前演奏乐器，或者只在教练面前击球。至少如果他们这样做了，他们通常会意识到这样做就忽略了教学设计的目标。然而在学校里，大多数学生只写文章给老师，并认为这种情况理所当然。

的确，老师打磨他们的学生，为其他老师做好准备。但是，这就好像网球教练让学生们一直在球场上移动，学生们与一个又一个教练练习截击球，直到每个人都习惯了这个过程，最后再也没有人费心地去问那个显而易见的问题："嘿，教练，我什么时候才能真正地打网球？"

你写作给老师的时候，他不会站在网的另一边，也不会站在决斗场地的另一边。当你打了一个非常好的球，擦去额头上的汗水，看着他躺在球场上伸展四肢，够不到球；或者你放下冒烟的手枪后，走过去看到他仰面躺倒，额头上有个齐整的血窟窿。这时你突然听到有人说"打得好"，然后他就站在场外，干爽无汗，毫无波澜。下次你就不会这么努力了。

但是，如果老师用实战代替练习，学生又无法承受。学生们只敢和老师较量，因为他们知道老师会手下留情。有时学生确实会被击倒在地，尽管老师并不是有意的。学生发现，他们越努力，被击倒的次数就越多。除了天生的拳手，所有人都学会了克制，当他们与老师练习时，并不会全力以赴。

这种奇怪的情况严重影响对写作的学习。一方面，如果你无法从真正的观众那里获得真正的表演所带来的兴奋和满足感时，你就很难全身心地投入你的工作。当你为老师写作时，你可能会感到**焦虑**，但你体会不到真实写作带来的满足感，那种可以用你的文字影响读者的满足感。当然，学生的写作偶尔也会影响、说服、吸引老师，但老师阅读的条件是受到影响、说服、吸引的最糟糕的条件。

★ ★ ★

对教师来说，这也不是一个安乐窝。作为教师，我是一个忠实的读者。我必须把每一篇作品都读完。我必须对每个学生说那些每个作者都想听到的神奇话语："我无法放下你的作品。"只是我要咬紧牙关才能说出来。即使有些作品令人愉悦，阅读时停不下来，我也不能真正地为享受而阅读。我不能只是置身事外，只是让自己获得启发，或者娱乐一下，我必须寻找弱点和错误。

不可避免地，我获得了提高，但学生不会和我一起进步。也就是说，我一年比一年更容易发现弱点和错误，但每一批新学生都和去年的学生一样不熟练。因此，每一年我都能发现更多的弱点和错误（我怎能不相信学生一年比一年差呢？）。然而，我无法做到每一个真正的读者都能做到的，也就是直接说"去你的"或者"这让我很生气，我真想揍你"，然后把作品扔进垃圾桶。我必须坚持到最后，然后试着写一个有用的评论。我不能向学生表达我感到厌烦，有时甚至生出一腔怒火。如果这些感觉有时不管怎样都会熬过去，或者对于这些每周给我带来痛苦的生物，我并不总是像我应该做的那样提供帮助、给予支持，这令人惊讶吗？

简而言之，老师无法轻易地对学生的写作做出真实的反应，因为他们的真实反应通常过于苛刻，有时甚至难以启齿。镜子毁灭性地显示出他们的每一个弱点和错误，老师知道学生无法掌控镜子，也不能从镜子中获益。由于老师无法向学生传达阅读这些文字的真实感受，又由于没有其他人阅读这些文字，所以学生**永远不会**体会到真正的读者在阅读他的文字时到底发生了什么，他只能从一个能熟练分出（人们希望的）优缺点的编目员那里得到结论。

这一切导致的结果是，学生的写作任务既轻松又困难。轻松在于学生知道他的读者会一直读到最后，不管写得有多糟糕。这些学生无法体会那种让人沮丧但又必须保持健康向上的感觉，即读者在文字的另一端，随时改变决定——是继续阅读还是放置一边。试着一直和读者保持联系的感觉，那种只有一条细线把你和读者联系在一起的感觉，只有这种感觉才能真正给你修改所需的力量。一旦细线断了，你就永远失去了你的读者，他们回到了广阔的大海，至少在你再次结合好运和美味诱饵吸引读者到来之前是这样。

同时，为老师写作也太难了，因为你必须付出代价，为拥有一个从不停止阅读你的文字的读者付出代价。他从来不认真对待你的文字，不把你的话当作为他而写的真实信息。

遇到最棘手的受众时，最简单的方法就是不去过多考虑受众，不去想你的文字是写给谁的，不去想你写这些文字想要达到什么目的。不考虑读者是阻碍写作进步的好方法之一。大多数人在离开学校后仍然保持着在校习惯，习惯于不重视受众。除非他们为真正的读者写了很多文章，并且从这些读者那里得到了很多有关自己的语言有什么作用的准确反馈，大多数人在写作时都在努力达到"总体不错"，而不是仔细、精确地考虑"好在何处、读者是谁、产生了什么影响"。

老师们也不知不觉忽视了受众。例如，不明确说明受众是谁以及文字应该对受众产生什么影响，只是布置作业，这样无法提供帮助，而大多数老师都是这样做的，我意识到其实我也倾向于这样做。这些文字是用来传达信息的吗？传达给谁？他们有多少先验知识？说服？说服谁？我们对他们在这个问题上的立场了解多少？带来快乐？给谁带来快乐？他们喜欢什么样的阅读？

对学生写作的**总体**质量进行评估和反馈也没有什么帮助。真的，试着告诉一个学生他的写作大体上是多么成功，而不告诉他是如何成功地在特定受众中产生特定效果，这毫无意义。要对"总体质量"给出反馈，唯一的方法就是做老师们历来倾向于做的事情：关注点主要集中在写作作为一种媒介的惯例，即与拼写、语法、脚注和分段有关的问题，而忽略了它对什么样的读者会起多大作用的问题。这并不是说写作作为一种媒介不重要或容易学习，恰恰相反，如果你只是像做俯卧撑一样自学写作，没有动机去尝试用写作与真正的读者进行真正的交流，那么写作学习起来就太困难和繁重了。

建议

无论当下的写作是否是为了交给老师，以下所述是给所有人的建议。

• 检查你的写作习惯。即使你已经多年没有写过文章交给老师，这么做也可能会影响你的写作：

> 你还在像个紧张的学生一样写作吗？给考官写作？试探、犹豫、拐弯抹角？你的话语中是否隐隐透着担忧，就好像在和一个让你感到不适的人谈话？你的作品是否就像那种说话语气总是在句尾打小问号的人一样？
>
> 你还在像个胆小的学生一样写作吗？总是谨慎行事？你的作品是否总是青涩稚嫩？你总是举棋不定，总是说"一方面……另一方面……"，总是以温和、积极、含糊的感情结尾（"虽然已经取得了重大进展，但是我们知道这是一个难题。"），从来不敢断言你真正所坚信的想法吗？你的写作还在追求那些金色星星吗？多年前那些因为你指甲干净而获得的（或者没有获得的）金色星星。
>
> 20年后，你还会像那个愤怒的学生一样写作吗？暗中向

那些在你不想写作时迫使你写作的读者竖起中指，你写的文字虽然从表面上看可能很文明，但实际上传达了一个隐含的信息："亲爱的读者，如果你不喜欢这个，就给我滚蛋。"

你是否还在像那些明星学生一样写作，更努力地炫耀技巧和奇特的风格，赢得分数，令老师印象深刻，而不是简单地传达信息？你更努力地写作不是为了与人交流，而是为了取得好成绩？你是不是让所有的读者都失去了兴趣，除了那些愿意视你为奇才的人？

这些残留的坏习惯以极其微妙的方式表现出来。你可能没有意识到它们，甚至你的读者也可能没有意识到。如果读者真的很生气，却没有意识到这一点，他会以一种半隐半现的方式与你最初在学校的读者建立联系，他会抱怨你的论点或结构组织，甚至你的拼写。但是，只要你问自己和读者："这些话语和读者的关系是什么？你觉得那个对你说话的声音如何？"你就能轻松地发现读者生气了。即使是没有经验的读者也能察觉到那些陈旧的、具有破坏性的语气。

对于这些不好的旧习惯，最好的纠正方法（除了从读者那里获得对你的语气和对读者态度的反馈——见第五部分"处理反馈"）是确保你从事两种对立的写作——非常实用的写作和非常不切实际的写作。所谓"实用写作"，我指的是那些能产生实际作用的文字，那些你用来工作的文字，那些文字不需要被**判断是否优美**，例如，要求退款、捐款，写简历、推荐信，给出版商写简介、提议。所谓"不切实际的写作"，我指的是那些在某种意义上根本不重要的语言——这些语言随风而逝，或者是丢进纸篓的废话。例如，不试图产生任何实际作用的自由写作或探索性的个人写作（也许只对你自己产生作用）。

这两种写作经验截然相反，但却必不可少。第一种情况，所有文字都很重要。你写下的文字决定了你能否得到这笔稿酬，你写下的文字决定了出版商是否要看你的手稿，这些**行为在现实中**可以强化你和纸上文字之间的关系。第二种情况，不切实际的写作中，你得到的是完全自由的体验。这种情况中，所有文字都不重要，以一种不同的方式强化了你和你所写的文字之间的关系。只有在无所谓的情况下自由写作，你才能发现某些特定的思想、感觉、声音，同时你也会发现写作本身可以轻松而不痛苦。实用写作和自由写作，这样的对立活动可以帮助你抵消只为老师写作的有害影响，即为应付老师的写作任务拥有这两个极端糟糕的部分：获得了实用写作的全部焦虑，但没有获得满足感；获得了自由写作的无效语言，却没有体会到写作的自由。也就是说，当你为老师写作时，你可能会被老师的评价伤害，同时也没有真正打动你的读者。

如果你目前正在为老师写作，为你提供以下建议

有一个写作老师是一件很棒的事情，教练看你打球，为你提供指导，建议你如何练习，给你提供反馈。但是，除非你学会在一定程度上控制自己的处境，把你的老师视为一个服务人员、一个助手、一个同盟，而不是把他当对手来打，也不要软弱无力地斗争，否则你得不到大部分益处。这里有一些具体的建议，可以帮助你最大限度地发挥老师的作用。

• 不要只给你的教练打球，找另一个人一起打球。把你的文章交给朋友阅读，先分享，再反馈。举行分享小组或反馈小组聚会。如果你只把你的写作交给老师，你就会陷入一种可怕的模式，那就是过于关注你的写作。这是一种折磨，同时让你忽略了另一点——对真正的人类传达

重要的信息。

只要你把你的文字交给除老师以外的人，你就会立刻感到轻松，得到新视角和新能量。即使**讨厌**这个任务，你现在也面临着一个有趣的挑战——认真对待你的**朋友**，找到一些值得谈论的话题，或者找到一种给你带来乐趣的写作方式。这两项任务虽然困难，但都是可行的，而且回报巨大。

• 与老师一起制定替代作业，这样的话，把你的作文交给别人就会更容易、更自然。如果你向老师表明你认真对待写作的态度，如果你接受老师会严格按照写作技能安排布置作业，那么你可以制定一些替代作业：

> **首先是与之相似的作业**。简单地问一下你是否可以按照给定的主题写一篇文章，但换个形式，以信件、个人论文的形式交给朋友，或者以备忘录、文章的形式送给你喜欢的其他受众。
>
> **其次是显著不同的作业**。如果你要写《哈姆雷特》的某些方面，问问你是否可以写些可以提交给文学杂志或报纸艺术版的内容：提供《哈姆雷特》和其他一些戏剧、小说、电影的有趣对比并保证突出老师让你处理的那一方面。如果你要写一篇关于近代一段时期的历史论文，问问你能不能写那时你的祖先是什么样子的，使其成为家族史的一部分。如果给你分配了一个与你无关的说服性文章，也许你可以选择一个完全不同的主题，那个主题中你有一个真正的受众，但使用的说服**方式**和老师布置的作业任务中的相同。如果你问老师需要你强调什么技巧或问题，然后你同意在替代作业中凸显这些地方，那么也许

你会发现，老师更加通情达理了。例如，他可能想让你把你所说的关于《哈姆雷特》的一切都用引用原文的形式记录下来，可能让你专门处理意象，可能让你强调你所写的历史时期的经济状况。你可以在替代作业中做这些事情。

　　最后是完全不同的作业。 对老师说明你需要写或想写的文章，比如短篇小说、备忘录、求职信、政治小册子、给编辑的信。向他强调你会对此非常努力，至少会和完成他的作业一样努力，甚至更努力，并且会学习到很多关于写作的东西。但是，确保你不仅仅是一遍又一遍做同样的写作（例如，只写关于未来的科幻小说），因为老师可能会理所当然地认为你不会练习他强调的那些技能。

• 要求老师清楚说明他们布置的写作任务的读者和目的。如果这些读者是真实存在的人或群体，即使文章并没有真正传达给他们，也是非常有帮助的。而且，作者可以轻易地将作品传递给有用的真实读者——课堂上的其他同学。

• 要求老师在课堂上留出一些时间安排师生讨论受众的问题，如果可能的话，请一些外部读者，比如，其他老师、杂志或报纸的编辑、企业的公共关系领导，让他们开诚布公地描述对实际文章的具体反应。

• 你需要掌握传统体裁写作，以应付棘手的普通读者。但是，请老师更清楚地解释他认为的普通读者是谁，并对此发起一些讨论。你需要假设这个主题的普通读者应该具备什么样的知识水平，读者对这个议题持什么观点。有一个简单的方法可以把这个棘手的议题从假设的领域中去除，那就是让你的老师为每一篇论文指定一个特定的杂志或期刊，文章会在这个特定的杂志或期刊上发表。然后你们对这个出版物的读者和编辑政策进行讨论，你可以看看出版物上实际发表的一些作品（当然要记住，这可能会帮助你把你所有的原始内容写给不同的读者、更对口味的读者，或者根本没有读者，然后修改的时候，使你的文字适合普通读者或这一出版物的读者）。

• 请你的老师指定几个写作主题，这些写作主题中，你的老师是直接的、真正的受众。这些文章的目的就是影响他做决策。如果他试图说服自己的孩子做某事，或试图决定买什么牌子的东西，那么学生可以写真诚的建议给他。让他想想那些他无法做出决定的理论问题、政治问题或现实问题。这些问题他已经有强烈的感受了，因为他是真正的读者，所以他可以给出准确的反馈，反馈对于他而言文章如何起作用，如何没有起作用。

• 让你的老师给你的文章打分和评论，不仅是对文章质量进行总评，而且需要讲述他认为文章如何对特定的假想受众发挥作用。如果你已经说服他更清楚地指明受众和目的，或者制定出替代任务，由你自己指定受众和目的，这种反馈变化就会自然而然地出现。有趣的是，这种变化通常会导致他做一些其他非常有帮助的事情，即讲述自己的一些特殊反应，他是以自己的身份讲述，而不是"代表读者的身份"讲述。他会更容易说出这样的话："这对罗伯特·雷德福可能有用，但对我却产生困扰，因为……"或"我发现这部分特别有趣，但我认为它对你三年级的读者没有意义"。

• 几乎所有这些建议都要求老师给予更多更清晰的反馈，你应当想办法让他更容易地给予反馈。例如，试着在你的作品中附上一张纸，上面写着一些问题，这样可以让他用更少的语言说得更多。下面的表格是一个例子，你可以根据你的需要进行改动。

作为读者，请在你喜欢的或者对你有效的段落和短语下面画一条直线，在你讨厌或者对你无效的段落和短语下面画一条波浪线。

请在这里就最影响你阅读的一件事写一个简短的评论。

对于**目标受众**而言，你认为这篇作品哪部分或哪方面最有效或者最成功？为什么？

你认为什么内容对目标受众而言是失败的，是适得其反的？为什么？

关于我的作品，我特别希望得到以下反馈：

	优秀	良好	糟糕
段落划分	☐	☐	☐
论点说服力	☐	☐	☐
论据信服力	☐	☐	☐
语言活泼或者语气人性化	☐	☐	☐
标点	☐	☐	☐

续表

> 为了得到最大的改善，我能做的最快速、最简单的改变是什么？
>
>
> 你认为在我下一个作品中，我应该尝试去做哪些事或思考哪些事？

如果他没有明确指出受众和目的，你就必须在这张纸上说明你的受众和目的。

请参阅下一部分关于反馈的内容，了解你应当问读者的其他问题。

为你的文章提供一盒磁带（和录音机），这样老师不用写就能发表评论了。你会得到更人性化的评论，更多地了解你的作品如何对他产生影响（这一方法可能只有当他在办公室阅读文章时才可行。你无法让他带录音机回家）。不要对每一篇文章都进行研讨，那样太费时间了。

• 请老师指出每篇文章中至少一个做得好的地方。如果可能的话，指出的这个地方要比上次做得好（然而，如果他们的学生太多，你就不能指望他们记住你的上一篇文章）。当老师们阅读一大堆文章时，他们经常什么都不做，除了寻找不足之处。这个请求的目的不仅仅是照顾你的感受（如果你太受打击，那么学好写作这件事就变得很难）。知道做得好的地方比知道做得不好的地方更能帮助你提高写作水平。如果你的老师向你展示了你做得好的地方，甚至稍微好一点儿的地方，你就可以再做一次，更频繁地做，甚至扩展它，因为你已经知道如何去做，你只需要改进你已经会的行为，并学会在更多的环境中使用它。当你学会在写作中更多地发挥自己的长处时，你自然就会克服其他一些的弱点。但是，如果你的老师只告诉你做错了什么，那么不管他解释得多么清楚，你可能都无法解决问题——因为他要求你做出以前从未做过的行为。

例如，如果你的句子组织能力一直很差，偶尔还是会出现一些强有力的句子，那么你可以尝试多写强有力的句子来提高你的句子组织能力，而不是通过专门练习组织能力。由于某些原因，你对组织句子有严重的盲点或者缺少精准的感觉，在这种情况下，别人对你大喊"多注意组织结构"基本毫无用处。**你必须培养对组织句子这个行为的感觉**，而通常情况下，除非你在写作的**其他**方面有巨大提升，你的想象力才能在组织句子上发挥作用，否则你无法做到这一点。

• 要想从老师那里获得最大的帮助，你需要将他视为你的盟友和助手，而不是你的敌人。如果你能让他指定写作任务的受众，然后进行评分，并给你一些反馈，告诉你他认为你的作品如何能赢得读者的青睐，那么你离这个目标还有很长的一段路。这让你的老师变成了一种教练，帮助你把文字瞄准第三方。学校的结构特点使老师成为对手和警察（大多数老师都希望摆脱这些角色），要克服学校的这种结构特点，你还有很多可以做的事。例如，在老师对你的论文做出反应和评论时，假装他是一个**帮你忙的朋友**，而不是一个履行职责的雇员（如果他做得好，他当然是在帮你的忙）。想想如果你请求朋友帮忙，你会为他做哪些具体的事情：

你应该使你的文章干净整洁，易于阅读。如果学生的文章乱七八糟，作为老师我会很生气，我会把他们视为敌人。

你应该在方便的时候把论文交给老师。作为老师，我讨厌那些迟交论文的学生，这通常会让我的生活更艰难；即使没有，这也会让我觉得我必须警惕他们。

你应该仔细地校对和改正文字内容，尽可能地消除所有的错误。当我收到一篇满是错误的文章时，并且我知道这个学生本可以做好时，我立刻感觉**不想帮他**，我认为他把我当成仆人，让我把他的臭袜子从地板上捡起来，而这件事他自己也能做到。

你应该紧贴任务的主题。当我读到一篇避开或偏离任务的文章时，我本能地感觉："哦，有人试图逃避某事，我最好还是保持警惕。"我开始把他当成敌人（顺便说一下，通常情况下，你能找到一种方法，几乎囊括所有你感兴趣的东西。虽然它看上去没什么关系，但是只要仔细思考如何使其真正成为主题的一部分，你就能达到目的）。你也许可以在我的建议列表中添加一些建议，帮助你的老师成为你的盟友而不是你的对手。

• 除了老师布置给你的作业，这些建议并不需要你做更多的写作——只是把作品交给其他人，并调整你和老师之间的交流关系。但是，要想从老师那里学到更多东西，你能做的最有力的事情就是**多写**。不仅是因为量变引起质变（虽然这可能是提高写作的主要事实），以老师为受众的文章对你正在写的其他文章有补充作用，你可以从老师那里学习到很多知识。想象一下，写文章给老师，就像是偷偷溜去找老师帮忙，就像在打网球比赛的间隙跟教练打截击球。写得越多，得到的就越多，但是，一旦你不再把作业看作折磨或是给敌人的可怕表演，而仅仅是把它们看作练习游戏，或是从同盟那里获得终稿反馈的机会，老师要求的写作量就会突然看上去变得很少。

　　只要写得够多，你就可以向老师寻求他们**能**提供的帮助，并从别处寻求他们不能提供的帮助。因为老师会阅读25—50篇文章，所以他们很擅长批评。接受并利用批评。只是因为他们有权威，所以他们擅长在你不想写作的时候让你写作。与其怨恨，不如试着欣赏，并从中内化和修炼最重要的技能——心情不好时也能写好作品的能力。老师们**不**擅长告诉你，你的作品对一个真实的读者来说是什么感觉，不擅长把你的话当成是传达给他们的信息，不擅长称赞你，甚至不擅长注意你。从别处获得这些东西，比让老师提供这些东西更容易。

第五部分
处理反馈

本部分导览

　　无论你的写作多么富有成效，无论你多么仔细地修改作品，无论你多么精明地揣度你的受众和目的，无论你的言辞多么适合受众，你需要反馈的时候到了。也许你需要反馈是为了修改：你有一篇非常重要的文章，你需要找出哪些部分有用，哪些部分没有用，这样你就可以在把它交给真正的读者之前仔细重写。也许你已经把重要的文章交给了真正的读者，现在再修改为时已晚，但是你仍然需要了解你的文字是如何打动读者的。也许你只是下定决心开始学习写作的有效性。

　　一些人不需要被鼓励去寻求反馈，他们实际上需要受到约束。对于这些人，我想说："不要过于担心你的文字如何发挥作用，不要过于担心文字的**好坏**，只要专注于写作，享受写作的乐趣，充满自信，多写就行了。"简而言之，如果你是一个强迫性焦虑者，不断将注意力从你在做**什么**上转移到你做得有**多好**上，那么在你完成足够的写作、分享，在更有安全感之前，别寻求反馈。

　　但是，一些人需要被鼓励着去获得反馈。也许因为曾经被反馈灼伤过，所以大多数人认为反馈是痛苦的，但他们还是得到了反馈。毕竟，完成初稿时获得反馈通常意味着在尽

你所能写好作品之前获得批评。

但是，刚完成初稿时获得反馈的感觉更糟糕，因为这通常会让你满意的作品受到批评，此外，你已经厌倦了这件事，甚至不想再看它了。但是，如果你遵循我在这个部分中给出的建议，那么获得反馈将非常有用，同时也是种令人满意的体验。

你什么时候应该得到反馈，这很容易知道。只要记住什么更重要：写作比与读者分享你的作品更重要，与读者分享你的作品比从他们那里获得反馈更重要。也就是说，如果分享阻碍你写作，那么就不要分享；如果获得反馈阻碍你写作或分享，那么就停止获取反馈。写作是最重要的，但是，如果你能够在**不妨碍**写作的情况下分享作品、获得反馈，你就会从这两种活动中受益匪浅。

也许获得反馈对你造成了不必要的阻碍。如果你使用这里建议的方法，你就可以避免遇到获取反馈过程中最常见的问题：读者拐弯作角，什么都不告诉你；读者给你模糊的整体评价，比如"良好"或"我喜欢它"；读者使你进入消极状态，他们寻找每一个真实的错误和想象中会存在的错误"批评"你（"我希望我没有让你泄气"）；读者模仿他们记忆里从老师那里学到的东西，只谈论"主题句"；读者从你手中夺走构思，并试图按照他们认为的方式重写整个故

事；读者只是对你倾诉：你的作品让他们想起的一切。

本部分的四个章节向你展示你拥有的选项，提供你需要的工具，帮助你控制反馈过程。

• 在第21章"以标准为中心的反馈和以读者为中心的反馈"中，我探讨了你可以获得的两种反馈，以及每种反馈类型的特殊优势和劣势。

• 第22章和第23章为你提供获得良好反馈所需的工具——具体的问题，帮助读者找到比"我喜欢它"或"我不喜欢它"更有用、更实质性的反馈，然后告诉你。第22章是以标准为中心的反馈的问题目录，第23章是以读者为中心的反馈的问题目录。当你阅读这一部分的时候，你可能想浏览一下这两个章节，但你不能真正使用这些问题，除非你有一篇自己写的文章，想要得到回应，并且有一两个读者愿意给你反馈。

• 在第24章"获取反馈的选项"中，我解释了许多你可能会使用的程序。在本章的最后，我描述了一种特别有价值的方法——从写作支持小组中定期获得反馈。

21　以标准为中心的反馈和以读者为中心的反馈

以标准为中心的反馈帮助你发现怎样使作品达到一定的标准——在这种情况下，这些标准最常用于判断说明文或非虚构写作。为了得到以标准为中心的反馈，你可以问读者四个广泛而基础的问题：

1.文章内容的质量如何，思想、见解、观点如何？

2.文章组织得如何？

3.文章语言的效果如何？

4.文章是否存在用法错误或者选择不当的问题？

但是，这些问题过于宽泛。如果你问些更具体的问题，通常会得到更好的反馈。比如：这个基本想法好吗？是否有逻辑推理或有效论证支持？是否太抽象、例子太少或细节不充分？是否整体统一，而不是向两三个相互矛盾的方向发展？句子是否清晰易懂？第22章提出了24个问题，这些问题按上述四个基础问题分组。

另外，以读者为中心的反馈不是指你的写作如何达到既定的标准，而是指你的作品对特定读者的影响。要得到以读者为中心的反馈，可以问读者三个宽泛的基础问题：

1.读这篇文章的时候，你身上每时每刻发生了什么？

2.总结文章：文章表达了什么，文章里发生了什么事情，说说你的理解。

3.为文章以及你与文章交流时产生的内容编织一些画面。

在这里，你也可以对你的读者提出以下更具体的问题，这有助于获得更有效的反馈：

1.在读完了前一两段或一两节后，你是一个感兴趣的、愿意配合的读者吗，还是在某种程度上感到厌倦或抵触？

2.指出你在哪些地方感到最困扰，并描述你遇到的是什么样的困扰。

3.总结你对整篇文章的理解。

4.你在这些文字里感受到了什么情绪，听到了什么声音？

5.作者看上去是在和什么样的人交谈：知情人士？笨蛋？有兴趣的业余爱好者？

6.作者是怎样把作品交给你的：自愿地？偷偷地？不情愿地？给你猝不及防的一击？

本部分第23章，按上述三个宽泛的基础问题分类，提出了41个具体问题。

★ ★ ★

文章的质量如何，文章如何起效？以标准为中心的反馈会告诉你，你的文章水平如何；以读者为中心的反馈会告诉你，文章对读者做了什么。但是，有时在实践中，两者的区别似乎很模糊。也就是说，有时读者会给你一个以标准为中心的反馈（例如，"这个作品不统一"），这可能只是他表达内心想法的方式（"阅读的大部分时光，我感觉在迷雾里，不知道要去哪里"）。如果一个读者给了你一个以读者为中心的反馈（"读到这里时，我突然停下来说：'不，先生！我一点也不信！'"），这可能只是他用他的方式说："你这里逻辑有问题。"事实上，如果不是因为读者内心发生了什么，他不可能给你一个以标准为中心的反馈，读者也不可能在没有一丁点儿判断标准或感知标准暗示的情况下，给你一份以读者为中心的反馈。

但是，这两种反馈之间的相互依赖并不会减少它们之间的重要区别。无论你向读者询问其中哪一种，都会令你感受到切实的不同。*

因此，如果一个读者告诉你"这篇文章缺乏统一性"，你可以推测他的内心发生了什么，但你并不知道真正发生了**什么**。正如我在前文所解释的，也许他感到迷茫，也许他完全知道写作的方向，但他在里面看到了不属于这里的无关紧要的内容。这是否惹恼了他，或者扰乱了他的协调感？他是否感觉到蚊子不断分散他的注意力，或者只是平静地反对，注意力转移到地板上散落的玩具？他对你文章缺乏统一性的评论中并没有显示出他对你话语的感受。

反过来说，如果读者给你以读者为中心的反馈——例如，"这里我感到困惑"，他是在告诉你他的反应，而不是关于作品本身的反馈。他是因为你的逻辑、你的措辞而困惑吗？这里是否有太多的细节，使他无法理解要点？

因此，如果你想要关于文章的反馈信息，你应该询问以标准为中心的反馈；如果你想知道在读者那里发生了什么，你应该询问以读者为中心的反馈。因为你的努力是为了提高写作，而不是心理学，所以这似乎表明你应该总是询问以标准为中心的反馈。

但是，对于任何一篇写给读者的文章来说，关键问题不是"如何符合某些标准"，比如句子完整、逻辑合理、段落优美，而是"**如何打动读者**"。如果文章对读者的影响达到了你想要的效果，那么句子、逻辑、段落的质量就无关紧要了。

因此，天平再次倾斜，回到了以读者为中心的反馈更有用这一点

---

* 这让我想起了关于形式和内容之间关系的争论。有些人想说，形式和内容之间没有什么区别，因为归根结底，两者都可以用彼此的方式表达。虽然这在理论上可能是正确的，但它们之间的区别仍然是真实存在的，有巨大的实际意义。如果你寻求形式，你会注意到你在寻求内容时错过的东西，反之亦然。

上。当然，事情没那么简单。因为即使你知道读者所有的想法，如果你想以任何方式修改或改变你的作品，你也需要关于你作品的反馈信息。否则，你就不得不告诉你的读者："我**知道**你感到困惑，你生动地描述了你的不知所措，但在我的**作品**中是什么让你感到困惑？我的措辞？我的分段？我的逻辑？"

当然，你应该同时尝试以标准为中心的反馈和以读者为中心的反馈。每一种反馈的确都会相互促进。每当你得到一些以标准为中心的反馈时，你可以鼓励读者告诉你他对作品的统一性、段落或拼写的看法。每当你得到以读者为中心的反馈时，你就可以鼓励读者告诉你是作品中的哪些部分引起了他的这些反应，是逻辑、证据、措辞，还是其他什么？无论怎样，每一种反馈都有其独特的优点，能在不同的情况下发挥作用。

以标准为中心的反馈的优点

• 以标准为中心的反馈是大多数人都习惯的一种反馈，也是通常从老师那里得到的反馈。你向人们寻求反馈时，他们可以很自然地将这种反馈脱口而出。因为我提供了一长串非常具体的问题，所以你可以避免以标准为中心的反馈的主要问题之一：人们不知道为作品寻找什么样的标准，或者完全基于一些喜欢的标准进行评论。

• 因为以标准为中心的反馈可以更直接地指出作品的缺陷，所以更实用，也更容易理解。如果某人说你的文章组织不清晰，或者某人说在阅读中隐约地感到不安，相比而言，你更容易通过前者的反馈找到改进写作的方法。所以，这个方式特别适合用于修改（而不是长期系统性地学习使用文字影响受众）。

• 其实，在修改的时候，你甚至可以使用这些问题**自问自答**，从而获得反馈，就像用一张检查清单找出草稿中的弱点。这些问题帮助你从新鲜的"外部"视角——外部标准系统，审视你刚刚写的内容。而以读者为中心的问题，你很难自问自答。

• 以标准为中心的反馈帮助你分离出写作中特别麻烦的方面，然后在修改过程和写作后期集中处理它们。例如，也许你很容易偏题，或者难以在各部分之间进行清晰的过渡。一旦你通过以标准为中心的反馈了解了这一点，你就可以自己检查每一篇文章是否存在这些特定的危险。你可以专门寻求读者对这些问题的反馈，否则他们可能会忽略这些问题。

• 所以，只要你想，你就可以更快速地使用以标准为中心的反馈——只需要放大并询问某些部分，然后停止。但是，以读者为中心的反馈很难如此快速获得。

• 如果只有一个读者能为你提供反馈，那么基于标准反馈的问题会令他注意到你作品中各种各样的质量问题——注意到只依靠自然反应可能会忽略某些方面。也许他的反应主要针对他在你的作品中感受到的人物或语气，而完全忽略了组织和逻辑。或许他的反应主要针对了逻辑和论证，而忽略了语气。

• 以标准为中心的反馈有益于那些对细微差别不敏感的读者或不愿谈论自己感受的读者。

• 以标准为中心的反馈比以读者为中心的反馈更具有可验证性。如果读者说你的逻辑或拼写有误，你可以验证他的判断。如果读者说你的组织或段落薄弱，那么你无法证实他的判断，不过，如果你能找到三四个有才智的读者，让他们给出自己的判断，同时讲明理由，让他们对这些问题进行讨论，你可能就会得到一个值得信赖的客观结论。

• 如果你想融会贯通，理解判断作品质量的标准，那么以标准为中心的反馈很有效。以标准为中心的反馈可以帮助你进行简短而有启发性的讨论，类似"怎样才能写好引言"或"嗯，**怎样**使段落连贯一致"，可以引导对有意识地使用写作技巧的讨论。

• 以标准为中心的反馈对于那些必须一次或在相对较短的时间内对**多篇**文章发表评论的读者很有用。这就是为什么老师们倾向于使用这种方法。你一口气读完一堆文章，然后按照每篇文章的特点做出不同的反应，这样的可能性很小。选择一套易于管理的好标准，阅读时用它们衡量每篇文章，这要容易得多，而且从长远来看甚至更公平。

因此，如果我必须在一个晚上阅读评论一大堆文章，我倾向于按照统一的评判标准阅读每一篇文章，比如统一性、论点、语言清晰度、方法以及是否适合受众／目的。我也尝试评论阅读这篇文章感觉如何，但如果我太累了、太无聊了或者心不在焉，那么我可能没有任何感觉，除了这些在我的余生中侵扰我的感觉——厌倦、愤怒、不耐烦。以标准为中心的反馈有一个巨大的优点，那就是你可以不专心地阅读，而且如果操作熟练，你可以根据特定的标准给出准确的反馈。

• 如果你的任务是对一组作品进行**判断**或**排名**，例如，如果你必须从10份求职申请中做出选择，如果你作为委员会成员必须在参加比赛的作品中选出最佳文章或者诗歌。那么根据明确的标准来判断，会更加公正和准确。否则，这是把两个不同的事物相提并论的问题——每一篇文章都能在读者中产生无法比较的反响。如果你**认为**一篇文章非常好，那么这种感觉可能完全基于你特别看重的一个标准，比如清晰的语言或者通过语言表现出来的个人特质。而且你可能会忽视其他七个重要的标准，而在其他没有打动你的文章里，这些标准都被完成得很好。

• 如果你在为某类读者写东西，他们会根据标准来评判你的作品。也许是你把作品交给老师，这位老师需要一口气阅读、评价一大堆文章，那么以标准为中心的反馈就可能对你修改文章特别有帮助。你可以尝试发现他会用什么标准。许多写作要求或指导方针会说明读者的评判标准，例如，经费申请书的指导方针——"申请将根据以下情况进行评判……"。询问老师的评分标准是值得的，即使他没有完全一致地使用这个标准。但是，要记住重要的一点，人们常常根据不同的标准做出判断，但不包括根据他们自认为正在使用的标准。

以读者为中心的反馈的优点

虽然以标准为中心的反馈有一些优点，但我发现以读者为中心的反馈有时更有用。如果你忽视了以读者为中心的反馈，你就会错过整个反馈过程中的许多重要优势和乐趣。

• 以读者为中心的反馈可以给予作者提高写作水平的重要东西——读者阅读作者文章时的感受。从长远来看，深入读者的内心比精确地诊断自己写作的优缺点更能让作者获益。但是这种精确诊断对于改变写作方式而言毫无用处，甚至导致写作停滞不前。

此外，读者往往将自己的反应隐藏于以标准为中心的判断之中，比如段落排列是否合乎逻辑、是否离题，用词是否得当等。他们感觉不舒服时会说："看了几页后，我觉得很无聊。""其实我觉得你一直在缠着我，用居高临下的口气跟我说话。""我莫名其妙地发现自己在最后比在开始时更不同意你的观点，但我不知道为什么。"

人们说这些话时很紧张，因为他们对此无法做出解释或提供证明。然而，提高写作水平所需的正是这些感受反应，特别是如果你能让读者告诉你更多的引发这些感受的地方和原因。

• 以读者为中心的反馈是最值得信赖的反馈，因为你只需要"原始数据"——他们在阅读时看到了什么、发生了什么。另外，有了以标准为中心的反馈，你就能要求他们将这些感知和反应转化为对文章优劣的判断。这种转化很棘手，需要一个有经验的读者把他的不舒服或烦恼准确地**转化**成你在逻辑或措辞上的错误。例如，他可能会告诉你"离题太多"或"概括太多"，但也许最重要的是，你没有让他成为一个愿意配合的读者。如果你让他愿意配合，他就不会抱怨你离题了，他会把这些视为你的论点的组成部分。即使你解决了这些问题，他可能还是会生气、不配合以及抱怨别的事情。自始至终，你都不知道最重要的这一点：你写作中的某些语气或立场让他生气和不配合。另外，如果你能从那些你认为非常直接和礼貌的话语中**代入**他的视角，**感受**他的愤怒，如果你能学会像他一样体验你的语言——你通常可以找到一种方法把所有这些转化为实际行动：你就可以考虑清楚自己是否需要改变（或者他的反应是否特别），以及什么样的改变将消除这种愤怒。

• 因此，以读者为中心的反馈的优势是你更容易掌控整个反馈过程。读者告诉你他们看到了什么、发生了什么，然后由**你**接手，做出所有的转化。你需要思考他们的反应意味着什么、你对此能做出什么改变。许多人讨厌反馈或未能从反馈中吸取教训的主要原因之一是，他们感到非常无助。获得以标准为中心的反馈总是让人感觉把自己完全置于别人的权力之下。但是，如果你使用的是以读者为中心的反馈，就不会有这种感觉（当然，**有时候**你又忙又累，对读者很有信心，你可以说："别拿你的反应来烦我，直接告诉我哪里出了问题，怎么补救就行了。"）。

• 以读者为中心的反馈有一个巨大的优点，那就是**任何人**都可以给你这个反馈。你不需要专家或者有经验的作家，教师和编辑也没有特别的优势。你甚至可以把文章大声读给那些不识字的人听，你会惊讶地发现你能得到非常好的反馈。你的朋友、孩子、你喜欢的工作伙伴、任何有空的人、对主题很了解但对写作一窍不通的人都可以给你反馈。他们反馈的质量与他们的写作想法或他们掌握的写作理论无关。简而言之，以读者为中心的反馈要比以标准为中心的反馈更容易、有更多的乐趣。

• 如果你在写一篇以读者为导向的文章，比如一份备忘录或一封棘手的信函，你的文章必须是对目标读者**有用**的作品，而不是一些永不过时、抽象时髦的作品，那么以读者为中心的反馈对你更有帮助。你不仅可以知道你的文字在真实读者身上如何发挥作用，而且还可以从读者那里得到反馈，即使读者没有经验或对写作不感兴趣。如果你写的是儿童故事，就不能问孩子们你写给他们的内容是否协调或措辞怎样，但你可以问他们很多以读者为导向的问题、发生在他们身上的事情。如果你写的广告是针对小企业主的，你**可以**问他们措辞是否得当、是否离题的问题，但这不是重点，重点是他们感受到了什么。

• 因为以读者为中心的反馈强调的是实际问题，即文字在做什么，而不是理论问题，即文字有多优美，所以它不太具备评价性和判断性，但这会带来更多的倾听和学习，减少争吵。而以标准为中心的反馈则完全基于理想或完美的模型，因此反馈中的每一项内容都可能是关于你的文字不符合标准的陈述。你很难不为自己辩护，但也很难反驳："嗯，如果你**觉得**这个介绍不得体，你可能只是想法刻板僵化，认为开篇段落应该是某种形式。"以读者为中心的反馈很少有什么可争论的地方。你不能说："我不同意。开篇段落**没有**使你感到困惑。"虽然你认为他很笨，无法理解，但你只要单纯地倾听，通过他的眼睛去看，就能改善开篇段落的内容。

当人们第一次学会获得以读者为中心的反馈时，会感到如释重负，因为价值判断和"符合标准"并非每个反馈中陈述的重点。这是一种令人兴奋的体验，有时你的一篇文章会得到一系列丰富的反应，当一个人告诉你他的反应时，你会得到优秀的见解，疯狂地记笔记。结束之后，你开始听下一个人给你反馈，你突然灵光一闪："嘿！我甚至不知道他是否**喜欢**这个作品。"突然之间，喜欢和不喜欢这个专横的问题变得黯然失色。

当然，你经常在以读者为中心的反馈中得到价值判断，因为喜欢或不喜欢是读者的行为之一，但这只是其中一项，而且通常不是最重要的一项。如果价值判断是陈述读者如何因你的文字而产生烦恼、反感或不舒服的感觉，而不是陈述为什么你的写作不符合某些标准，那么你更容易接受并从中学习。

• 从这个意义上说，以读者为中心的反馈是最**有效**的反馈，使你提升得最快、涉及的范围最广。它更倾向于讨论你写作中优缺点的根本原因，而不仅仅是表面效应。也就是说，如果你寻求以读者为中心的反馈，你往往会听到这样的话："该死的，别拐弯抹角了，直接说出你的想法吧。别那么努力地回避我可能会提出的反对意见。把你要说的写下来，你不断地辩护让我作为一个读者很难轻松地理解你的想法，而且这让我很生气。"想想看，听别人那么说比听别人这么说有用多了："语言又长又啰唆，从属从句太多了，试着让语法更简单，让逻辑更清晰。"让读者帮你听到作品中没有安全感的拐弯抹角的声音，比只是告诉你去掉从句，使用更简单的措辞、更合理的逻辑，能更快、更全面地提高你的写作。

以读者为中心的反馈会告诉你："我很生气，我不把你的观点当回事，因为我总是听到你的声音里有一种哀怨。"而不是告诉你："被动动词、形容词、副词太多，动作动词不简短干脆，措辞不够生动有力（我不是说，你知道这个缺点后，就能一夜之间改掉这种声音。因为这是一种习惯，所以它会在口语和写作中一次又一次地溜出来。事实上，既然意识到有人在抱怨，你就应该在自由写作中尽可能多地释放出这种声音——夸大、玩耍，深入地感受这种声音，看看它想告诉你什么。这将提高你在修改时**删除**它的能力，并逐渐摆脱它）。"

以读者为中心的反馈中，某人会对你说："我读这篇文章时很生气，因为我觉得你傲慢无礼。你飞快地向前滑行，根本不在乎我是否摔倒，不在乎我是否跟得上，你从不会回头看。"大多数时候，这种反应比"突然的变化太多，清晰的过渡太少，太过抽象，缺乏实证，即使你举例，这些例子也并不突出"有用得多。我并不是说读者对你的印象总是**正确**的。虽然他被你吓到了，但是你其实并没有以一种傲慢自大的方式写作，而只是在享受自己的力量——你快速滑行，只是因为你喜欢快速滑行。但是，与其告诉你句法规则或段落过渡这种完全正确的评语，如果你能意识到读者的**感受**，就算读者对你判断错误，你的写作也能更快、更轻松地得到提高。

• 以读者为中心的反馈对于诗歌、小说和其他类型的创造性写作尤其重要。因为诗歌或故事的成功或失败有很多不同的方式，所以很难说出一系列具体标准。实际上我很担心对于非虚构写作或说明性写作，你会过于依赖我的以标准为中心的问题列表。虽然这是一个安全列表，很多老师会同意大部分内容，但许多成功的非虚构作品并**没有**达到这些标准，例如，这些作品会偏离主题、难以阅读，或者分段独特。许多失败的文章大多数符合标准，却没有那种能在读者中获得成功的特质。

总结

以标准为中心的反馈的标准是有意识的，而以读者为中心的反馈的标准是无意识的，我可以总结为这两种反馈的优势互补。有意识的标准可以帮助读者注意到他们在自然阅读中或习惯性阅读中所遗漏的部分。但是，这些有意识的标准也可能是读者和文字之间的一道屏障——一个让读者无法直接接触和体验文字的过滤器，引导读者将文字和模板进行比较，按照模板的目录，一项项核对。尤其是非专业读者，当你向他们询问以标准为中心的反馈时，他们有时会陷入一种特殊的状态，会不像平时那样阅读，对自己说："嗯，现在我要在写作上提供帮助，让我们看看，我要注意错误。现在看看我应该关注哪些地方，结构正确、拼写和语法正确，这很重要。分段合理，是的，这是我的老师经常强调的。语气！我有一个很棒的老师，他总是强调说话语气，但我一直没弄明白他是什么意思。形容词别太多，长句子别太多。"如果读者的脑子里充斥着这样的杂音，就无法告诉你太多关于你的作品的事情。

另外，以读者为中心的反馈，可以忽略标准，产生与以标准为中心的反馈相反的优点和缺点。读者可以轻松地阅读你的作品，获得启迪或乐趣，并且用自己的方式体验它。这种反馈让他们能够注意到你作品中的更多特质并对其做出更多反应，也让他们对细微差别更加敏感，尤其是语气和自我表现的问题，这些问题很难归类，但往往决定着成败。然而，忽略标准也会导致狭窄阅读——阅读受制于一两个无意识标准，例如，读者对作品中语调或"氛围"的感受。

总之，这两种反馈鼓励读者扮演不同的角色。如果你要求读者提供以标准为中心的反馈，就是鼓励读者担任专家、教练、评论员，也就是说，你举行小提琴音乐会时，观众站在舞台两侧看着你，不会太投入你的音乐。这有助于他告诉你技巧相关的东西。另外，如果你要求读者提供以读者为中心的反馈，就是鼓励读者作为听众，也就是说，坐在你面前，体验你的音乐。这有助于他告诉你，你的音乐对观众产生了什么影响。

那么，这个故事的寓意就是要使用这两种反馈。我在这里首先提出以标准为中心的反馈，因为这个方法对于你来说更熟悉，更容易理解，但一般来说，最好先寻求以读者为中心的反馈。因为问读者以标准为中心的问题之前，在读者变得更有自我意识、变成技能型读者之前，他们可以只是为了乐趣或启发而阅读，并告诉你在正常阅读时他们产生了什么体验。

22 以标准为中心的反馈的问题目录

这一章的20多个问题将帮助你找出一篇文章的四个基本特质。

1.文章内容的质量如何，思想、见解、观点如何？

2.文章组织得如何？

3.文章语言的效果如何？

4.文章是否存在用法错误或者选择不当的问题？

这四个标准可以有效地应用于任何类型的写作，但本章中的大多数具体问题的框架更适合说明文或非虚构写作，而不是诗歌或小说。接下来的问题太多了，不能一次性全部让一个读者回答（不过，如果你正在尽最大努力仔细修改自己的文章，你可以问**自己**所有这些问题）。这本书的其余部分，我会为你提供更多的食谱，不仅能做一顿饭，而且能帮你掌控一切。在不同的文章和不同的读者身上尝试这些问题，你就会逐渐了解哪些问题对你最有用，以及在不同的情况下哪些问题最重要。

★ ★ ★

文章内容的质量如何，思想、见解、观点如何？

1.文章的基本观点或者见解好不好？

2.是否有逻辑推理或有效论证的支持？

3.是否有证据和例子支持？

4.它是真的讲述了些什么，还是只是一堆软绵绵的想法或观察（只不过写得整齐划一）？作者是否传达了整件事很重要的原因？

5.是否有太多的抽象概括？细节、例子、解释是否很少，最终导致文章枯燥、空虚、没有体验感，甚至无法理解？

6.抽象概括是否**太少**，细节是否过于杂乱？是否没有退后一步，转换多种视角？是否独木成林？

7.是否按照它所述的那样去执行了？或者是否按照它暗示的那样去做了？是否解决了它提出的问题？

8.是否存在一种观点？还是只是无中生有的空谈？这个观点统一连贯吗？

9.这部作品适合它的受众吗？作者是否了解受众的需求和观点？

文章组织得如何？

10.整体是否统一？是否存在一个与一切相关的中心思想？还是说向两个或三个方向发展，通篇松散又离题？

11.这些部分的排列是否连贯或合乎逻辑？

12.文章是否有开头？也就是说，它是以一种让你舒服的方式开始的吗（最安全、最常见的方式是做一个介绍，例如快速解释一下接下来要做什么。当然，这不是唯一的方式。在没有任何警告的情况下，使读者陷入其中，确实**可以**作为一个不错的开始）？

13.文章是否有主体？一个身体，粗细如何，是否紧实，是否有点儿肉和土豆的味道，是否充足？还是它说了一声你好之后就马上转身说再见？

14.文章是否有结尾？是否给你一种结束或完成的感觉（最安全、最常见的方法是用一个结论来结束，不是仅重复之前做过的事情，而是弄清楚每件事情的意义或者对所有的一切进行总结。当然，这也并不是作品结尾唯一的好方法）？

15.这些段落真的是段落吗？你能说出每个段落写的是什么吗？这些段落是否有帮助、是否可以作为一个思考单元，使思考变得舒适——不会太多，让你无法全部抱在怀里；又不会太少，让你感觉像是一趟没有意义的旅程?

语言的效果如何?

16.句子是否清晰易读?

17.词语的使用是否正确?

18.对于目的和受众来说,是否足够简洁? 是否不长、不重复、不乏味?

19.是否丰满? 作者从人类交流中榨出了太多的汁液,从实际口语中榨出了太多的油脂,所以即使是正确的语言,也难以消化?

20.措辞、语气或正式程度是否适合受众和场合?

21.语言是否生动、人性化、有趣? 无论是有趣的隐喻、短语的变化,还是文字中的一个声音、一个存在,都给人一种真的有人在那里的感觉?

文章是否存在用法错误或者选择不当的问题?

22.语法、用法、拼写和打字是否有错误?

23.脚注、图表或其他特殊效果中是否有错误?

24.页面是否整洁且易于阅读?

23　以读者为中心的反馈的问题目录

这一章的41个问题只是具体的实践方式，用以询问读者三个关于你的文字对他产生了什么影响的概括性问题：

1.读这篇文章的时候，你身上每时每刻发生了什么？

2.总结文章：文章表达了什么，文章里发生了什么事情？说说你的理解。

3.为文章以及读者与文章交流时产生的内容编织一些画面。

有时读者可以毫不费力、毫不犹豫地告诉我们他在阅读我们的文字时到底在想什么。这要么是因为他对自己的反应感到惊讶，要么是因为他在进行特别的沉思，即自我反思。但是，读者阅读时往往很难说出发生在他们身上的细节，这不一定是一个错误。良好阅读的标志之一是全心全意地投入文字和意义，不关注自我。如果读者在阅读你的文章时什么都记不住，这可能是完全成功的标志。

但作为作家，我们需要知道读者在想什么。如果我们能在读者内心的各个角落安装上小摄像头，我们就能看到他们阅读我们的作品时产生的所有思想、图像、感觉、冲动。我喜欢将以读者为中心的反馈称为**读者思维影像**。

读者充分回答以下问题，你就能看到这些影像。当他阅读你的文字时，进入他的内心是你作为一个作家能得到的最宝贵的经验。这些问题对读者也很有价值，他们不仅在这篇文章中知道了更多的东西，还学会了成为更有洞察力的读者。

我写了很多问题，但是，请记住，这些问题只是帮助读者告诉你他们对你的写作有什么感受的方法。有些读者根本不需要你问他们这些问题就会给你很好的反馈，你可以只是坐下来倾听。

读这篇文章的时候，你身上每时每刻发生了什么？

只阅读文章前一两段话，然后停止阅读。*

1.当你读这段开头的时候，你有什么感受？

2.说说哪些文字、短语给你的印象最深、最引人注目或者最能引起你的共鸣。

3.刚才这部分说了什么？你现在希望整篇文章说些什么？（以故事为例：发生了什么？这意味着什么？你对接下来的内容有什么期待？）

4.你对这篇文章抱有什么想法、信仰、感觉？以至于影响了你阅读的方式。

5.作者刚刚向你介绍了自己。他是怎么做的？正式吗？随便吗？亲密吗？幽默吗？他有没有伸出手来跟你握手？有没有不看你一眼就悄悄靠近你？基于有限的介绍，你现在对作者有什么认识？

6.在这个早期阶段，你是更**支持**作者还是**反对**作者？你感觉作者是在拖着你的脚步还是在帮你踩脚踏板？

7.你现在想要什么？需要什么？希望什么？如果你现在正在和作者斗争，怎样做才能继续前进？

---

* 你可能不愿意这样做——向只读了一点你的文章的读者寻求反馈，因为你认为这样只会得到毫无根据的草率判断。但是，第一印象往往会影响读者对你文章的其余部分的反应。如果等到读者读完你的文章后再给你反馈，你可能就不会知道你的开篇部分对他产生的真正影响。例如，你可能不知道，他与你的论点争吵或他不能体验你的故事中的主要事件的真正原因是，他一开始就生气了，然后以一种抗拒的、拖沓的心情读完剩下的部分。如果他是一个愿意配合的读者，他可能就不会遇到这些困难了。通常开头部分就能决定读者是支持你还是反对你。

8.继续阅读。如果你手里有一份副本，用铅笔轻轻做记号，更完整地记录下你对这些文字的反应——在你喜欢的段落旁边、单词和短语下面画一条直线；对那些没用的部分、你不喜欢的部分，画一条波浪线。

读至作品的一半或四分之三，再次停下。*

9.你产生了什么感受？此时此刻又有什么感受？以故事的形式讲述——首先发生了这件事，我注意到这件事的发生，然后我感到这样，等等。例如：

> 一开始我对你的耍花样持开放同情的态度，但不知不觉中，我开始抗拒你所说的话。有些东西让我觉得"等一下！有不合适的东西！"。不知道怎么回事，我变成了你的对手，你变成了我的敌人。但是，现在我停下来想一想，我基本上完全同意你的观点。问题是你看起来特别天真无辜，就好像你总是在说："哎呀，天哪，天啊，这个想法太棒啦，真神奇。"我想抨击这种天真幼稚的腔调，但你的主要观点我还是同意的。我觉得你让我明智复杂的观点看起来愚蠢天真，这让我很生气。

---

* 在中途阻止读者阅读并向他提问，确实会有点儿影响他的反应。但是，这可能会让他比一次性通读全文想得更多一点儿、观察更敏锐。他会发现一些他可能错过的微妙之处，也许还会注意到一些参差不齐的边缘。你可能想让一些读者通读之后再给你反馈，但这些临时反馈解决了以读者为中心的反馈中最令人沮丧的问题，即模糊的整体反馈，比如说"写得很好，我非常喜欢它"。迫使读者中途停顿，在一连串未完成的反应中告诉你他在哪里，从而把你的写作看成是一系列在读者头脑中发生的事件（任何一篇文章都是这样），而不是以一个模糊、全局化的"它"作为整体概念。

一定要说出一切，即使看起来无关紧要。如果你开始做白日梦或者想到你的新鞋，这就是反馈。重要的是告诉作者，这一切发生时，你读至作品的何处。所有的反馈都掺杂着主观性，让作者来整理。

10.你和以前相比发生了什么变化？如果你之前和作者**站在一起**，现在抵制、怀疑作者，那么你们从哪里开始分道扬镳的（反之亦然）？为什么？作者要怎么做才能让你回来？

11.指出你特别喜欢的句子、段落。指出你不理解的句子、段落，你读起来磕磕巴巴的句子、段落，或者你感到抗拒的句子、段落。

12.接下来你在期待什么？文章结束之前你需要什么？

全部读完后，立即放下这篇文章。

13.现在你身上发生了什么？你的反应发生了变化还是忠诚度发生了变化？这篇文章最重要的是什么？

14.如果你不想给别人反馈，你会本能地如何**回应**？你会告诉作者发生在你身上类似的事情吗？问他写作时脑子里在想什么？和他争吵？要求澄清某些问题？问："这种事**真的**发生在你身上吗？"问："然后呢？葬礼之后发生了什么？"对这个故事的意义有什么看法？问一些技巧方面的问题，比如"为什么你决定以枪击作为开头而不是以争吵作为开头？"。约他出去喝咖啡，从而多了解他一些？*

15.描述一下作者结束文章的方式。可以这样描述，他好像写完一封信、他好像在说再见、他仿佛结束一通电话——他突然挂了电话吗？他在门口站着，有说不完的话，最后说着再见？一股突如其来的暖流？

---

*   你也许不需要**问**读者这个问题。只要留意他们的行为、他们读完后会问你什么。不要沉迷于回应他们说的话，倾听这些话，将其视为反馈。

悄悄溜走，无人发现？

16.这篇文章展现了**你**的哪些方面？你深思熟虑的一面？你幼稚好奇、充满渴望的一面？你如母亲、父亲那样乐于助人的一面（"让我看看我能如何帮助这位漂亮的年轻作家？"）？

17.作者变成了什么样的人？与你最初的猜想有什么不同？

18.现在你最喜欢这篇文章什么？

保持安静，沉思片刻。

19.你感觉如何？有什么反应姗姗来迟，或者有什么其他想法？哪些部分似乎是用隐形墨水写的，放在蜡烛上才慢慢显露出来？例如：

> 很显然，自始至终我完全不同意你的观点，但直到现在我才逐渐意识到，我并没有经常和你作对。你设法以某种方式把想法全部告诉了我。你没有让我觉得我必须同意或接受这些想法，甚至没有让我觉得合理。我可以在安全距离内产生兴趣，对它保持好奇。事实上，我发现我的冲动是稍微**向前靠近你**，不是后退或推开你，因为你给了我一个机会，让我安全地看那些我通常会反抗和推开的东西，这是一种解脱。

现在，再读一遍这篇文章。

20.说说这次阅读和第一次阅读，让你感觉有什么不同。

总结文章：文章表达了什么，文章里发生了什么事情，说说你的理解[*]

21.总结一下。如果觉得总结困难，就假装你只有30秒的时间告诉朋友这篇文章的内容，迅速而非正式地告诉他。因为马上要给他讲你的思绪，所以你没有时间整理出正确的表达或准备出答案。让作者从你笨拙的表达中寻找重点，例如，"嗯，讲述的是关于在山里旅行，或者说是关于生存。我想这其实是在讲男女之间的差异"。然后用一句话总结，最后用一个词总结——首先用文本中的词，然后用文本中没有的词。

22.总结一下你觉得作者**想要**表达但是又没有处理好的内容。作品试图走向哪里——也许会违背作者的意愿？

23.总结一下你**希望**它表达什么。

24.做一个夸张的总结。如果你要取笑它或模仿它，你会怎么

---

[*] 你可能需要催促读者给你总结反馈。他们经常对此表示抗拒，因为他们感觉这很愚蠢、机械，很像一场六年级考试。但是，坚持总结值得去做，因为如果没有总结，你可能就会误解你听到的其他一切。想象一下，当你听到读者说："我觉得你的论点令人恼火，特别是第三段和结论，我想和你吵一架。"尽你所能地站在他的立场上，在你的话语中找到令人不快的地方，始终不要觉得他认为你所说的事情与你认为自己所说的事情完全不同。

即使你写的是诗或故事，也值得去让读者总结一下，哪怕是总结故事的"寓意"或诗歌的"意义"。许多自认为有艺术天分的读者不屑于总结一首诗，因为他们觉得这是一件很庸俗的事情。但是，你需要知道你的写作如何在他们脑海中被整理，或者如何在他们的头脑中形成一个焦点。你必须允许他们做一些粗鲁或不准确的事情——允许他们对你写的东西"使用暴力"。语言不会一点儿都不扭曲地进入别人的头脑。你需要知道形成扭曲的本质。

总结。[*]

25.负面总结。它和什么**无关**？与其表达的内容的对立面是什么？它大部分在讲述什么？在回避表达什么？^{**}

为文章以及读者与文章交流时产生的内容编织一些画面^{***}

26.它还让你想起了其他什么作品？它让你想起了什么**形式**的写作——情书？联邦政府部门间的备忘录？申请表上"我为什么想上大学"的文章？一篇深夜日记？

27.告诉作者和你不同的人会有什么反应。"如果我**妈妈**读到这篇文章，她会认为这很愚蠢，也不是很有趣。""如果约翰读了这篇文章，他会不知道你在说什么，会认为你只是在描述一个梦。""如果我

---

　*　如果你对这篇文章感到不自信或者如果你觉得自己的写作很脆弱，不要做夸张总结，这样会刺痛你。但是，它们极大地改善了反馈。许多读者拐弯抹角，不会直接说出他们看到了什么，他们闪烁其词、小心翼翼，他们害怕伤害你的感情，你甚至不知道他们在说什么。一切云里雾里。但是，如果你让他们对作品进行**夸张总结**或者用作品**取乐**，这就消除了那些云雾，他们可以直接**说**出来，将感受轻轻**放**在台面上。

得到夸张总结后，你会发现那些粗心的读者或缺乏同情心的读者如何理解你的文字。我之前写的关于写作的书，得到了以下的仿写总结："写作很容易。你永远不必尝试，永远不会痛苦，只要坐下来，写下想到的任何东西，一切总是刚刚好。"这让我皱眉蹙额。我想说："等等，等等，你在阅读中犯了一个错误。"但它完美地展现了读者对这本书的看法，他们强烈反感我想说的东西。那本书在修改完之前得到这样的反馈对我很有帮助。

　**　这听起来很奇怪，但试着在读者身上试试，有时你会发现微妙但重要的线索，了解你的写作倾向以及读者的先入之见。有时候，你无法从读者的定期总结（或其他反馈）中获益，除非他说出自己的观点，说出你的文章与什么无关或你的文章没有说什么。

　***　这里有一些隐喻性的问题，可以帮助读者说出他们的反应和看法，他们无法轻易地用语言表达这些反应和看法，甚至有一些反应是他们没有意识到的。不要强迫读者去解释这些画面，这会阻碍他们给你有效反馈，只要倾听，相信你就会从中受益，即使你无法理解它们或将它们转化为建议。

是男人，我会觉得受到了攻击。"*

28.为作者和读者之间的关系塑造一个形象。作者的手臂是不是很亲密地搭在你的肩膀上？作者是在悬崖边向下面的人群大喊大叫吗？在舞台上为你朗读？发送邮件炸弹？坐在餐桌主位以父亲的身份对家人说话？对你挥舞着拳头？

29.你觉得作者想对你做什么？打你的头？让你掉进陷阱？欺骗你？给你惊喜？让你喜欢他？

30.作品中表达的意思是作者**交给**你的吗？用什么方式？放在银盘里？只是在远处对你的崇拜表示尊敬？笑着给你？他是否退缩？他是否给你后又拿回来——害羞地让你看一眼，然后又拉上帘子？他是否狡猾地试图隐藏自己的意思，以便只有对的人才会明白——穿着邋遢的衣服，隐藏着品位，只有特别的人会发现他也是特别的？

31.用**距离**来描述作者与读者的关系。近吗？和手臂差不多长吗？远吗？描述文章中出现的距离**变化**。例如，"我觉得作者在结尾的时候开始退缩、沉默寡言，变得有点儿疏远或拘谨——就好像他突然感到窘迫尴尬，意识到自己暴露太多"。

32.为作品中的**声音或语气**寻找形容词或隐喻：亲密？大喊大叫？腼腆？守口如瓶？"我觉得作者非常幽默，实际上他根本没有展露自己，这种开玩笑的语气感觉像是隐藏自己的一种方式或者没有认真对待自己的信息。像爱开玩笑的小丑侠"或者"我能感觉到作者的羞怯和自我意识，就像一团雾一样从文字中散发出来。好像他在台上发表演讲，因为他太紧张了，所以**我**也感觉到了他的紧张。我想对他说：'忘

---

* 若只看表面，这是非常有用的反馈——不同读者的反应线索。有时候虚构人物或角色扮演可以使读者表达出他们自己没有意识到的反应或无法表达的一些反应。

掉我们，专注于你所说的。'"。用颜色隐喻描述声音，或者用天气隐喻描述（这里有雾，那里晴朗）。你也可以用比较描述声音，比如杰克·本尼（Jack Benny）？基辛格（Kissinger）？伊迪丝·邦克（Edith Bunker）？尽量不要被他大声朗读的方式影响。也许他读的时候有些腼腆，但在文字里却流露出霸气的声音。

33.特别注意声音的变化。也许一开始很僵硬，之后便放松了。你在哪里察觉到了这种变化？也许它会以另一种音色说出结论，用来告别。

34.试着用模仿传达声音或语调，或者用夸张手段。例如，"听着，伙计，我知道。我全都看见了，我是个硬汉，你骗不了我的"。我在《写作无师自通》中的语气被模仿成这样："我**真的**很真诚，你真的可以相信我。我知道你的感受，我是个好人，我不会误导你。不过，如果没成功，别生我的气，我真的已经尽我所能了。另外，我的写作也很艰难。"

35.你觉得这些文字创造、暗示的声音和作者本人之间有什么不同？如果你认识作者本人，你就能立即生动地感受到其中的区别："你从来不这么说话，怎么听起来这么自大呢？"有时候，就算你完全不认识作者，你仍然会感到文字**中**的声音和文字**背后**的作者之间存在某种差距，就好像作者在玩某种游戏，抑或是作者在使用狡猾讽刺的声音写作。如果你能感觉到这种差异，就按照声音语气、外表、性格等进行描述。例如，"这篇文章中甜美理智的声音背后，我感觉到有人很生气"。为这两个人相处的场景创造一个画面或隐喻［例如，我在第25章关于声音的部分引用了戴维·赫伯特·劳伦斯（D. H. Lawrence）的一段话，我感觉到作者以一种有点儿狡猾老练的方式微笑着在文章中表达出咆哮和狂妄的声音］。他们对彼此感觉如何？如果他们说话，他们会对彼此说什么？

36.脑海中浮现的作家是什么形象？弯腰伏在书桌前？躺在沙发上？坐在沙滩上？作者如何着装？什么姿势？如何梳妆？所有的形象未经考虑只凭直觉。

37.使用镜头隐喻来表达作者如何处理他的素材。他在哪里拉近，在哪里推远？哪里锐利？哪里模糊？什么前景？什么背景？他用的是特效还是机关？是否对你有用？

38.这作品是写给谁的？陌生人？老朋友？傻瓜？谨小慎微的女孩？硬汉？**夸大其词**还是**诋毁贬低**？

39.按照作者和读者之间的交流描述标点符号或节奏（或写作中的任何倾向）。我的妻子曾经告诉我，我有太多的分号。我坚决拒绝她的建议，但随后她描述了一个画面：她感到我试图用皮带拴住她这个读者，牢牢地控制住她的注意力，不让她的目光离开写作，不让她深呼吸，不让她放松片刻。就好像我没有安全感，害怕给读者画上句号，害怕他们会走神，不再回来关注我，这使她感到不断地被人拉扯。突然间，我明白了她在说什么，我不得不停止争论分号的合法规则，开始倾听。

40.试试其他媒介。用涂鸦、画、声音或身体即兴表演表示作品或你对作品的反应。

41.试着只读这篇文章，然后花5—10分钟快速地不间断写作，这是不回答这些具体问题的另一种选择。你会发现，你写下的内容通常会透露出你对这个作品的很多感受。如果你已经习惯了以读者为中心的反馈，这是一个特别有用的过程。

24　获取反馈的选项

获取反馈没有单一、正确的方法。本章我会描述获取反馈的各种选择的优缺点。最后，我提出一个我认为特别有价值的方法：从写作支持小组中定期获得反馈。

• 你可以得到一个人或几个人的反馈。如果你真的想知道你的文字如何影响读者，你不能只相信一个人的反馈，不管她有多专业或多有经验。此外，在某种程度上，多人反馈能让人意识到不同读者对你的作品的反应差异较大，甚至相互矛盾。一开始你会感到困惑，但它将你从单个读者的暴政或老师的判断中解放出来。它揭示了这样一个事实：一篇文章从来没有单一、正确的评价。当你遇到相互矛盾的反应时，抑制住你想弄清楚哪个反应是正确的冲动，像猫头鹰一样吃东西：吞进所有东西，相信你的内脏会消化营养物质，舍弃没用的部分。特别是如果你的读者并不多，试着找些品位和性格不同的读者。

但是，如果你只是想要以标准为中心的反馈，只是想了解你的结构、逻辑或语法如何，那么你从一位读者的反馈中就可以获得很好的收益，只要这位读者很清楚这些标准。*如果你想在一份早期的草稿上得到帮助，一位读者也可以提供很大的帮助。你太想弄清楚你的草稿有多么棒，因为你知道仅凭自己努力还不够，所以你想要对这个话题进行一次有趣的讨论，放松头脑，以新的见解结束讨论。和一位读者进行讨论，得到反馈，可以将不稳定的初稿变得更为坚实，也可以使其他读者

---

* 一位细心的读者肯定能找到你语法、用法和拼写方面的错误，这是一种以标准为中心的反馈，任何面向读者的重要文章中都应该得到这种反馈。

为了让自己获益而喜欢阅读，而不仅仅只是为了帮忙。也许这位读者是你的朋友，只是为了听听你的想法而乐于阅读你粗糙的作品。

• 如果要获得几个人的反馈，你可以与他们在小组中会面或者单独会面。通常而言，在小组中能学到更多。读者听到别人说话会注意到更多，有人说："我看到你很惊讶。"一位读者答道："她对第一段的反应，和我的反应一样。但是，听到她说，我才意识到这一点。"或者说："她的反应让我意识到，我读第三段的感觉与她截然相反。"读者有时会进入指导性讨论：三个有不同看法的人可能会把他们的观点放在一起，然后看到你的文章中他们单独看不见的事情。

但是，一个团体麻烦也更多。人们必须协调他们的日程安排，这花费了每个人更多的时间（虽然你花费的时间更少）。有些人讨厌团队，沉默不语，但如果你和他们一对一地坐下来，他们会给你很多好的反馈。小组有时会陷入毫无意义的争论。

• 你可以一直从同一群人那里得到反馈，也可以从不同场合不同的人那里得到反馈。同一群人有很大的优势，因为他们在给予反馈方面做得更好。如果你和那些希望从你那里得到反馈的人一起，你就会进一步提高你获得的反馈的质量——人们需要从你那里得到同样的礼物时，会对你更加诚实开放。当然，有时你需要从具备专业知识的特定读者或你作品的真正读者那里获得一次反馈。

• 如果由**你**来选择问题，有些读者会做得更好，可以说，他们更喜欢接受采访。如果你把问题列表交给一些读者，让他们可以选择他们觉得最有趣的问题和最适用的问题，他们会给你更好的反馈。更幸运的是，如果你让这些挑剔的读者自由支配时间，他们就可以回答一些特定的问题。

• 你可以提前给别人看你的作品副本（或者把副本放在他们可以悠

闲阅读的地方），你也可以大声朗读给他们听。当读者手里拿着你的作品副本时，通常可以给你更详细和更准确的反馈。如果他们能在你们见面前读到作品，这就节省了时间，虽然有时你们见面后，他们头脑里的内容没那么新鲜了。从某种意义上来说，你大声朗读你的文章时，得到的反馈更佳（你必须读两遍，每次读完后保持一到两分钟的沉默）。虽然写在纸上能理解，但是任何不能通过倾听理解的段落都不够清晰，这会让读者付出更多的努力，从而使他们更可能抗拒你的意思。把你的文字大声朗读给听众听的经历本身就是有益的。

既然这两种把文章交给读者的方式有不同的优点，那么我建议在不同时期分别使用这两种方式。理想情况下，读者在你们见面前几天阅读你的文章并记下自己的反应。你们见面后，他们听你大声朗读你的作品，就会对你的作品印象深刻，这样他们就可以比较自己对这两种不同体验的反应。

• 如果你给读者长篇文章的副本，没有大声朗读，就可以缩短会议时间，读者可以告诉你更多的反应，因为在倾听时，人们很难长时间记住一件事。如果这很难安排，你可以大声读长篇文章的前几页，这样做仍然可以得到非常有用的反馈。如果你能让开头（简介和正文的重要部分）发挥作用，你就已经在整个过程中取得了巨大进展。

• 在你的读者给你反馈**之前**，你可以告诉他们一些你作品的信息，如受众、目的和背景。"这个备忘录能给销售人员提供建议，让他们在竞争非常激烈的市场中销售产品给抗拒的客户。我是他们的主管，他们常常讨厌我的建议，但我希望他们不要有任何压力，他们可以只接受备忘录中他们认可的内容，而且可以随意忽略他们不喜欢的内容。"如果你有类似这样棘手的受众问题，或者如果你非常在意这些话能否在特定的受众中成功传播（例如，"如果这封信没有打动她，我不认为我有权去探视我的孩子们"），那么这种情况值得解释，至少值得对你的一些读者解释。他们也许对于你的特定受众会如何反应以及特定受众需要什么有一些很好的见解——如果他们只是按照自己的方式反应，你就会错过这些见解。但是，如果你的文字对特定的读者很重要，那就努力去找到你真正的读者，找销售人员或像上述那种情况里的在离婚诉讼中的女性，请求她帮忙。

但是，另一方面，当读者忙着告诉你他们认为**其他**受众会如何反应时，他们往往会错过自己的一些反应。或者他们不会告诉你他们自己的反应，因为他们对你的受众有一种刻板印象："哦，推销员只会想着达成交易"或者"离婚诉讼程序中的女性听不进道理"。重要的是，至少要获得一些不受到受众的知识和目的影响的反馈。我总是从人们**自己**的反应中学到很多，我总是说："请不要花太多时间谈论你认为**他们**会如何反应，多告诉我一些**你**实际的反应。"如果一开始保持沉默，那么你可以两全其美，但在获得一轮非特定反馈后，你需要解释你的特定受众的情况。

• 当你把一篇文章交给读者时，你很难不道歉："这只是第二稿，还很粗糙。我昨晚想想熬夜写完。我知道有点儿不连贯，还需要做很多修改。"有时这并没有什么坏处，而且读者可能会亲切地说："我发现开头这一段让人困惑，但是我肯定这是因为你还没有完善它。"但是，有时道歉会让读者怀疑你是否害怕听到批评，也不敢这样说出来。最后，他们感到犹豫和不确定，顾虑重重，你永远不会知道他们最有趣的反应。通常情况下，你最好闭嘴，看看他们说什么，或者直接明确要求不要有负面反馈。

• 你能有效地利用多少负面反馈？如果太多负面反馈阻碍你完成一篇文章或减慢你的写作速度，你必须非常勇敢、非常聪明地承认这一点，并在你对自己的写作有把握之前，坚持简单的分享和非批评的反馈。对写作有把握是指只要你需要，你就能写出很多文章，其中一些文章很不错，或者改进后会还不错。

因为读者偶尔会讨厌你的文章，所以除非你能够**利用**负面反馈看到你写作中新的可用内容，而不是感觉受到贬低、批判，否则不要要求全面的反馈。直到面对因为你写的内容而感到愤怒的读者，你可以说："我肯定在我的话语中注入了一些强有力的东西。"直到你克制着不说出："我在第三页上就回答了你的反对意见。"只是点点头，暗自想道："哦，我明白了。这对我很有帮助，你向我证明了我在第三页的回答似乎没有作用，至少对你不起作用。我也许需要对此做些什么。"直到你觉得不需要**取悦**读者的时候，再使用它们。你的目标是倾听你的读者告诉了你什么，而不是反驳读者。但是，如果他们的权力比你大太多，你就不能这么做。即使你已经习惯了得到全面反馈，有时对于特定的文章，你也需要说："我还没准备好接受批评。告诉我什么有用，你喜欢什么，以及你认为我在说什么，就这样。"我最后终于学会了这样做。

如果你的要求明确并且坚定，读者可以给出你需要的反馈。有时候，如果他们忘记了你的要求，你需要打断他们。这在有同样需求的团队中完全可行——有些人只是分享，有些人只要求非批评的反馈，有些人想要"作品"。人们可以每周更改他们的请求。

• 你是更在乎立即修改这篇特别的文章，还是更在乎长期学习了解读者对你写作方式的反应？如果你的目标是立即修改，可能你感兴趣的是在以标准为中心的反馈中获得的直接建议，这可以修改你的草稿。你可以坦率地征求读者的意见，征求他们对这个话题的看法，如果他们引出了一个好想法，你可以打断他们："等一下！我才意识到我**真正想**说的是……"如果这是一个粗略的初稿，你可能更感兴趣的是讨论主题和你的总体方法，而不是从你的实际写作中获得更多的反馈。你可以与读者争论这个话题，作为提出新想法和更接近真相的一种方式（只要争论不会让读者不愿意分享他们的想法和反应）。但是，不要忽视以读者为中心的反馈。确保大部分时间你不要说话。通常情况下，你只有在最终了解了读者的内心**感受**后才能写出最好的修订版——突然间，你想到了一个更好的方法来讨论你的话题，一种更有效的声音：只需要听一个完全误解你的话的人在说什么。

但是，也许你对修改这篇文章并不那么在意（虽然你实际上会修改），你最关心的是你的文字和读者的意识之间建立一种更好的互动感觉——更好地感受鱼线上不同的鱼。当你想要长期的反馈时，你需要定期得到反馈，并强调以读者为中心的反馈，倾听它。

对于长期的学习来说，你不仅要得到中期草稿和后期草稿的反馈，有时也要得到未修改写作或者自由写作的反馈。因为这种文章的缺点明显、易于改正，所以你会感到赤裸和脆弱。但是，这样的反馈会告诉你一些重要的事情，例如你习惯性的声音语调以及自发的语言和思维习惯。这种反馈比其他任何反馈都能够更深入、范围更广地改进你的写作。

当你收到未修改作品的反馈时，你应该让你的读者告诉你作品的声音语气、思维习惯，以及他们从你的文字中感受到的与读者联系的方式，而不是强调这些语句是否成功。这是一种更私人的反馈，从某种意义上说，你是在邀请他们阅读你的日记。重要的是，你和他们都要明白你最不被接受的声音和思维习惯是可以出现的，其实可以说是有益处的。例如，当读者听到你话语中丑陋的咆哮或绝望的呜咽，或一些习惯性的烦躁不安的语言时，不要因此难过。只有通过更好地熟悉这些声音或思维习惯、适应它们，或许试验性地夸大它们，你才能逐渐学会控制它们，它们才不会以微妙的形式渗透到你所有的写作中。*

• 与单纯的倾听相比，你有多想争论？相信游戏还是怀疑游戏（参见《写作无师自通》中关于这两个方面的附录文章）？我倾向于相信游戏。并不是说读者应该尝试去相信或喜欢你的文章，而是每个人都应该试着通过给予反馈的人的眼睛来看待自己所写的内容。轮到你给出反馈时，你告诉对方你是如何看待这些文字的，轮到其他读者反馈时，你永远别说："等一下，这是没有意义的，因为……"通过尝试从其他读者的角度看问题，你加强了自己的阅读技巧，也帮助别人创造了一种安全和信任的氛围，让他们读得更好、说得更好。

但是，我相信这个游戏并不轻松，这需要纪律。透过别人的眼睛去看，有些人对此很难投入全部的精力。有时候，讨论的过程中能量会消失，人们只是在维持风度，避免争论，而并没有真正进入别人的

---

* "多年来，我书里的男主角一直饱受自怜之苦，我感同身受。我的男主角哭闹、乞求，用一种似乎违背我所有目的的方式扮演一个小男孩。在我的新小说中，又开始发生同样的事情，巴克·拉威尔（Buck Ravel）一直噘着嘴，我努力使他有自知之明和足够的责任感。我选取了这本书的部分内容给他人阅读，经历六个星期，不断地让这群人越来越生气不安，尤其是两个勇敢的女人，她们厌倦了他：'他就不能振作起来吗？他真是个婴儿，谁会被这样一个可怜的人吸引？'每一周，我都对这本书的发展方向感到越来越沮丧，我觉得如果我不处理巴克的问题，那么我六个月的努力将付诸东流。

"我所做的就是坐下来，快速地写了3500个字，**让巴克做了所有我一直不让他做的事情**。如果我一直在努力不让他变成婴儿，那么现在我让他变成了婴儿；如果我一直努力不让他哭哭啼啼，那么他现在对一切事情都哭哭啼啼；如果他是一个可悲的人物，那么我让他更可悲，除了可悲一无所有。

"这突破了书中的一个障碍。我写的很多东西在书里都有用处，但更重要的是，我要对从巴克身上渗透出来的东西负责。我没有躲避它，而是握着它，把它变成我的。我不推开它，让它发生，才是我控制了它。"

因此，唐纳德·波特（Donald Porter）给我写了一封信，讲述了他参加反馈小组帮助他写作的经历。他为作家开办研讨会——**写作研讨会**，与纽约市亨特学院终身学习中心（Hunter College Center for Lifelong Learning in New York City）合作。

视角（当人们设法玩"相信游戏"时，会产生一种不同的能量——更为安静，同样强烈）。轮到你获得作品反馈时，你需要自律。读者有时会问你这里的真正意思是什么，或者你是如何想出这个方法的，从而诱使你说而不听。你必须把他们的问题转化为反馈："你内心到底发生了什么，让你提出这个问题？"读者也会通过误解你表述**非常**清晰的观点或批评你最好的段落刺激你的方式进行争论。你真正理解他们的方式之后，就可以回答他们的问题，反驳他们的诽谤。

不用说，如果每个人都准备好了，怀疑游戏也会同样强大。角力可以让人知道真相。你可以就某篇文章的两种不同组织方式的优点进行启发式的争论，或者对于为什么大多数读者在同一篇文章中忽略相同的段落的问题，在其相互对立的解释之间进行争论。

无论是怀疑还是相信，争论如果演变成一个关于读者反应是否**正确**的问题，就都是没有用的。如果读者意识到他们可能会因为自己的特殊反应而受到批评嘲笑，他们就会开始检查自己的回答，你就不会再得到可靠的反馈。我对过分强迫人们**解释**他们的反应持怀疑态度，因为我担心他们因为害怕而只给出他们认为合理的反应。当你要求读者**解释**她的反应时，你似乎总是在说："证明你的反应不是错的，也不是疯狂的。"如果你只是问更多关于她的反应，这感觉更像是"通过你的眼睛帮我看看这些文字"。重视特殊反应，读者会尽可能多地告诉你他们的反应。我所见过的最好的反馈小组的特点是成员对彼此非常坦率、非常信任。

• 为你提供反馈的读者，无论你是否需要给他们提供反馈，你都应该通过一些方式回报、赞扬他们，让他们知道自己提供了多么有用的帮助，如果反馈刚好适用于你正在写的作品，写在脚注或介绍中，你非常感谢_____，或者你的最终版本在很大程度上归功于_____有用的反馈。

确保你给他们的手稿整洁易读，即使是一个很早期的草稿，你还没有弄清楚其中的主要观点，只是向一个好朋友寻求反馈。在这样的草稿中，虽然你笨手笨脚地叙述，但只要读者能跟上你的脚步、理解你的意思，那就没问题。在早期的草稿中，你可以通过一些直白的段落来帮助读者，就像在直接和他们说话一样，阐明你的挣扎："我在这一部分想要表达的想法是……"或者"在这一点上，我感到困惑，因为我在前几页论证了一种方式，但在这里，我所有的证据都指向对立面（此外，把这些困惑的想法写进你的草稿，而不是碰到这些困惑的时候停笔思考，养成这种习惯对你很有帮助，写下它们常常是解开困惑的开始）。"

对读者最好的回报就是向他们展示你确实在使用他们的建议。但是，这并不意味着总是听从他们的建议（彼此能达成一致，这很罕见）。最有价值的不是他们的建议，而是他们的看法和反应。你可以让他们知道，你不仅在听，而且真正理解了他们所说的话。实践证明一切，即使他们的建议与你的想法互相矛盾。让他们看到你对错误的信念产生动摇，或者看到你对自己偏爱的一篇蹩脚文章产生动摇。

从写作支持小组中获得反馈

改编自大约四年前我写给自己的纸条：

> 我突然想到，我以前在写文字或对文字做出反应时，对未知事物有一种恐惧感，现在这种恐惧感消失了。我非常清楚是什么导致了这种变化。因为过去的几年，我参与了反馈研讨会：获取反馈，给出反馈，听别人给出不同的反馈；讨

论的目标不是彼此认同或找出什么是正确的，而是通过对方的眼睛来看文字，不断实践、体验一系列文字可以做什么。事件是这样的：

• 我听到别人对特定的词或图像的特定反应，整篇文章突然就被赋予了了不同的含义。我的含义和这个新的含义，不是说哪个更好或更完整，它们只是不同而已。

• 有人对一篇文章很生气。但是，他在看了其他读者脑海里的影像后，发现了他错过的内容，这完全改变了他的反应。我终于明白，当缺少那部分内容时，读者自然会生气，也明白作者需要怎样做以确保其他读者不会错过这一部分。

• 我对一篇文章没有兴趣，通过别人阅读，文字突然为我打开了大门，让我进入其中，我看到了以前没有看到的东西。我在想要让作品吸引我的注意，文字必须有什么不同，或者说对我不同。我的结论是，如果没有其他读者的帮助，这样一篇文章吸引我的机会微乎其微。然而，我现在还是看到了我以前认为拙劣的作品的优点。

• 某人对一组词有奇怪的反应，最终我们发现他的反应非常准确地反映了作者的一些感觉，而且这些感觉与作者所写的内容无关。读者觉得作者在生他的气——这只是一种简洁、直接的描述，但别人没有那样的感觉。不过，作者透露他写作时对家里的某个人很生气。我们其他人才发现这些文字背后隐藏的一丝愤怒。如果我们没有努力通过一位读者特别的眼睛去看这些文字，我们永远也不会在这种奇怪的反应中发现真相——写作中的微小成分可能会在潜意识中影响所有读者。

如果工作多年的精神科医生或治疗师没有变得麻木不仁、愤世嫉俗，肯定就会有这种感觉，一种比大多数人有机会看到更多人的感觉，但不会感到震惊或害怕。似乎没有什么奇怪的人类——是的，这就是我的感觉。对于文字所能做的意料之外的事情不会感到震惊、沮丧，对于人们对文字的各种令人困惑的反应也不会感到震惊、沮丧。这是一个谜、一团乱，但我现在可以进去看看，其实它有点儿道理。

我不再逃避混乱了。我更愿意亲自动手，试着理解文字对读者的影响；试着用文字来影响人们；试着理解任何情况下，我的文字成功或失败的原因。这几年参与反馈小组的经历，让我收获了多年学习和教学中没有得到的东西。

要想全面提高你的写作水平，了解文字对读者的影响，最有效方法是定期参加写作支持小组，这也是获得反馈最有趣的方式。你需要一个4—10人的团队，团队成员至少需要参加八次会议，可能是一周一次或两周一次，并且每次都带一篇文章（不一定是好文章。如果有人说"如果有满意的文章我就带来"，那就没有人参与了）。人们需要一段时间练习互相信任，他们需要能够依靠彼此。

你们可以把所有的时间都花在反馈上，不过我认为每次会议留出一定的时间来分享会有所帮助。每次聚会你们可以做一个快速的自由写作练习作为开始，每个人都分享其中的一些内容，或者以阅读人们带来的短文作为开始。一个简单的方法是，一半人拿出作品分享，另一半人给作品反馈。对于大一点的团队而言，这样更便于控制，处理作品也更轻松。这样促进了一个自然循环：一周分享早期的，也许是探索性的草稿，定稿后继续努力修改；下周获得修订版的反馈。有时人们因为听到了上周的初稿写作，所以可以给出特别有用的反馈。

时间。一次会议上对五六篇以上的文章给出反馈，这很难做到。可能每篇文章需要花15分钟，而且如果必须大声读出来的话，就需要更长时间。如果你想要进行讨论而不只是听彼此的反馈，那么会花费更多时间。

重要的是，在每次会议开始时，就定好你拥有多长时间，有多少作品需要反馈，这样你们就可以平均分配时间。因为时间截止时你们很难"完成"，所以计时员需要直截了当地宣布时间，团队必须无情地继续前进。否则后面的人就会有损失。你们可以试着给长一点儿的文章更多时间，但这会使时间计算复杂化。每个人拥有的时间都应该相同，这个简单的提议并没有错，因为每个人都**付出**了一样多的时间，并且每个人都可以随心所欲地利用自己的时间，无论是长篇作品还是短篇作品。

领导。如果作家能掌控自己的时间，那她就是最好的领导。她需要说出她想要什么（例如不接受负面反馈、欢迎提出争论等）。她的工作就是充分利用自己的时间，例如确保她听到每个读者的反馈，或者确保她写作中的一些重要方面没被忽视。当然，作者可以把领导权委托给别人："你负责这里，我想自由地倾听和做笔记。"人们可以轮流主持每次会议，如果有人经验丰富，那么她可以负责所有的会议。我认为从长远来看，如果作者负责自己写作的反馈过程的话，她会学到更多，毕竟这就是目标，这有助于克服阻碍人们写作的主要因素：无助感或无力感。如果读者没有告诉你她对你的文章的反应，如果读者浪费时间说了很多废话，如果每个人都忽视了你最感兴趣的部分，你可能在一开始会觉得有点儿尴尬，不知道怎么敦促他们，但很快你就会学会如何提出你的要求。事实证明，**你**提出要求会比某个"主持人"提出要求更有效，人们会更容易给予反馈。

尽管每个作家都应该**掌控**自己的时间，但让别人（比如作者左边的那个人）监督某些简单但关键的步骤也会有所帮助。如果监督者能发挥以下功能，小组成员就能更好地团结在一起，每个作者也会更容易得到她需要的反馈：

- 控制时间。

- 阻止说话超时的人。

- 阻止争论。

- 如果作者没有倾听，而是发表不同意见或者找借口辩驳，指出作者的问题。

前几次会议，如果有反馈的话，请进行限制条件较多的反馈——只做总结，说出你喜欢的部分，并指出有共鸣的段落。读者想到什么反馈及时让他们说出来，哪怕只有一点儿。人们在给予反馈时会变得更加自在和自信，因为聚光灯不会全部聚焦在他们身上。

但几周后，为那些想要得到反馈的人提供更完整的反馈，轮流把焦点放在每位读者身上，这样她就可以在下一个读者发言之前说出更多的反馈。这非常重要，因为你是在试图了解每个读者的内心世界，而不是达成某种平均反应或一致意见。你给每位读者的信息应该是"我想知道**你**阅读我的文字时是什么感觉"。你在获得答案之前，不要感到满足。不久后你就会知道答案。

在所有的读者都给出反馈之后，听到了其他人的反馈，他们可能会产生更多的反应。如果你有时间和意愿，可以不用做单独陈述，只就这些反应进行讨论。并且作者现在终于可以做出回应，说出自己的想法，而不仅仅是倾听和汲取。例如，她可能想谈谈她所认为的这篇文章的读者和目的，说说她想传达什么，或者回答一些读者之前反馈时提出的问题。

　　把重点放在以读者为中心的反馈上——找出真正的读者发生了什么。但是，这并不代表有时候你不需要大量的以标准为中心的反馈（例如，在你需要修改的时候），同时也要确保任何以标准为中心的反馈之下有以读者为中心的反馈。

　　没有争论。人们开始争论时，你就知道出事了，因为这没什么可争论的。没有正确答案需要捍卫，也没有错误答案需要击败。唯一的目标是了解每一个读者产生了什么反应。在两种相互冲突的反应中，她的目标受众最可能发生哪一种情况，也许以后作者想自己对此做出决定，但现在她的工作是学习这些反应，有可能的话，甚至去体验这些反应。但是，争论会对此形成阻碍。

　　每次会议的最后值得花五分钟去让每个人简短地说出此次会议中一件她喜欢的事和一件她认为可以做得更好的事。这不是讨论这些事情或试图解决问题的时候，但仅仅通过这些简短的评论，与运作团队有关的大多数问题会迎刃而解。

写作支持小组的建议总结

- 坚持参加并带作品参加。

- 每次会议中进行一些分享。

- 给每个作者相同的时间。

- 作者控制其反馈时间。

- 设立监督者。

- 不要争论。

- 前几周别说负面反馈。

- 每位读者对每一篇文章进行总结、指点，并提出一些积极的反馈。

- 为所有的以标准为中心的反馈获取以读者为中心的反馈。
- 最后花五分钟对会议本身进行简短的正面评价和负面评价。

也许有很多合理理由可以解释你为什么会违反这些相当严格的规则。但是，如果你发现你的团队发展滞后，成员们语气不善、分崩离析，那么就回去遵循这些规则。规则的设计是为了最大限度地增进信任、提供支持、让彼此坦诚相待。我认为这些是一个成功的写作支持小组的必要成分。*

---

　* 　更多关于反馈研讨会的内容，请参阅《写作无师自通》第4章和第5章。顺便说一句，如果能听到这本书的读者讲述他们在同龄人组成的反馈小组中的经历，我将感激不尽。例如，如果没有老师或写作权威人士组织：
- 什么帮助你的团队良好运作？
- 什么对团队造成阻碍？
- 描述一些难忘的时刻、令人困惑的事例、关键事件。

第六部分

写作中的力量

本部分导览

　　读者面前有两篇文章：一篇是你写的，一篇是你朋友写的。从大多数标准来看，你的作品更好，风格更清晰优美，组织更符合逻辑，更有连贯性，也有更多的原创内容和更连贯的思维。此外，你的话题比你朋友的话题更能引发读者的兴趣。读者翻阅这两篇文章，先阅读你的文章，并表示她喜欢你的文章。随后她开始看你朋友的文章，只是想看看它是什么样的。然而，一旦开始读你朋友的文章，她就会一直读下去，再也不会回到你的文章。她被吸引了，爱不释手，深受感动，尽管这篇文章没有你那篇写得好，内容也不是她感兴趣的。

　　就算没遭遇过这种事，你可能也见过。有些作品对读者有很大的影响力，尽管按大多数传统标准衡量，这些作品并不"优秀"。在这一部分中，我想知道是什么组成了这种更深层的力量，以及如何获取这种力量。

　　最合理的答案是，为了让文字具有力量，它们必须适合读者。你必须给读者他们想要的风格或内容，最好两者都有。但是，我对这个答案并不满意，因为它说如果你的文字符合读者的需求，就具有了力量。能给读者想要的东西真的就是有力量吗？如果写一本小说，除了那些已经与你的风格

产生共鸣的读者，或者那些和你看法相同的读者，你难道不想接触更多的读者吗？你愿意在反核集会上只和与你持相同看法的人谈论核能的邪恶吗？力量意味着有能力带来改变、产生影响。当人们说一篇文章很优秀的时候，有时他们真正的意思是这篇文章没有产生任何影响——只是证实了他们之前的想法和感受。

我认为在这一部分，你当然会经常尝试让文字适配你的读者（第四部分"考虑受众"中我建议了一些操作方法）。然而，如果想让文字具有力量，你一定是在寻找别的东西，而不是如何让文字适合读者。尤其是如果你想用"年迈水手"*的力量震撼读者，就让他们听到他们不想听到的东西，或者给他们一种他们原本不想拥有的体验。

因为我认为真正的语言力量是一个谜，所以用"年迈水手"比喻很合适。在接下来的章节中，为了更接近这个谜团，我探讨了不同的假说。在与声音相关的第25章和第26章中，我认为力量来自某种程度上适合**作者**（不一定是读者）的文字。作者与其文字之间的契合引起了读者的共鸣——无论读者的性格如何，这些文字都能打动他们。关于将经验融

---

* 译者注：出自《年迈水手之歌》(*The Rime of the Ancient Mariner*)，也被译为《古舟子咏》，是英国诗人塞缪尔·泰勒·柯勒律治的叙事长诗，讲述了一名年迈水手在海上航行时的遭遇。

入写作中的第27章和第28章，我认为在某种程度上，力量来自**文字本身的含义**。因为这些文字很好地体现了它们所表达的东西，所以读者遇到这些文字时，他们会觉得自己遇到的是文字所描述的物体本身或思想本身，而不是文字——读者获得了体验，在从文字到表达的翻译过程中没有任何损失。在第29章"写作和魔法"中，我探讨了这样一个概念，也许作者的工作实际上是在文字或读者身上施加"魔法"。

这一部分比书中的其他部分更具推测性。我所探索的只能被称为"危险假说"。虽然我只是谈论理论，但是我也从这些假说中得到了很多具体的实践建议。我相信，如果真的尝试了这些建议，你会发现这些假说本身更有说服力（整个章节既适用于创造性写作，也适用于说明性写作，不过，第28章特别适用于说明性写作）。

25 写作和声音

> 深入其本质，句子有一种戏剧性的必然性。除非句子具有戏剧性，否则句子的差异不足以吸引人的注意力，巧妙构思的多变结构对此也无济于事。拯救的唯一方法就是，让说话的语调不知怎么地纠缠在字里行间，牢牢地印在书页上，供人想象。只有这样，才能从歌唱中保留诗歌，才能使散文摆脱自我。
>
> 罗伯特·弗罗斯特，《出路》（*A Way Out*）序言

我这里写的内容和共鸣有关。我认为这里是高档的男厕所，从地板到天花板都是高度抛光的黑色大理石墙壁。"他们真的相信这里有隐私。"我心想，但当我不假思索地低声哼唱时，我发现有些音符似乎太大声了。我尝试不同的曲调，最后找到半音音阶，我渐渐明白了自己正坐在一个能与我的频率完美契合、产生共鸣的盒子里。

这个抛光的黑盒子可以完美类比笨重的小提琴：一个盒子对一个音符产生共鸣，并抑制其他音符的共鸣。当然，完美的小提琴会对所有音符产生丰沛而平等的共鸣。然而事实上，不管小提琴有多好，它都需要"演奏"，长时间精力充沛地演奏，才能与所有频率产生良好的共鸣。这需要花费几周或几个月。最笨重的小提琴也能演奏，并能扩大它的共鸣曲目。因此，如果我坐在那个大理石房间里，大声唱上几天或几个星期，也许我能让它多增加一两个音符的丰富性。

本章的隐喻是，我们都有一个胸腔，因为大小和形状都不同，所以我们每个人都会本能地对一个音调产生共鸣。有人每秒振动440次，

你可能是375次，我可能是947次。我们大多数人都试着唱我们最喜欢的音符或被告知要唱的音符，但因为不是属于我们的音符，所以我们的声音通常低沉或者微弱，从来没有被别人听到过。的确，少数人的歌声铿锵有力，但似乎没有人明白他们是如何做到这一点的，就连他们自己也不明白。在这个隐喻世界里，即使弄清楚了这个系统，我们也被困住了——如果想让别人听到我们的声音，我们就只能唱属于我们的唯一的音符；如果我们想唱其他音符，别人就听不到我们的声音。

　　然而，只要有足够的勇气和毅力，长时间地歌唱自己的音调，发展自己的共鸣能力，渐渐地，我们就可以"唱出我们自己"——首先让共鸣进入一个或两个以上的频率，然后进入更多的频率。最后，我们能够唱任何我们想唱的音符，甚至唱任何别人想听的音符，并让每一个音符都充满力量，产生回响。但是，只有我们愿意长时间地唱着自己单调乏味的音调，并以这种方式渐渐教会我们身体中僵硬的细胞振动、变得灵活，我们才能实现这种繁荣景象。

我如何对声音产生兴趣

　　很长一段时间以来，我感到有一种你可以称之为"声音"的东西在写作中很重要，但在过去几年里，我被迫尝试更全面地思考这个问题。这一轮思考源于我教的一门自传课，在这门课上我要求学生每周写15页。我没有规定特定的写作形式，自由写作、胡言乱语、语无伦次都可以。我没有给自传写作下任何定义，没有给它评分，甚至没想过我会阅读——20个学生，每个学生每周写15页，这太多了。我把学生分成两组，让他们每周互相阅读对方的全部文章，然后只给出几页让我阅读。但是，这些搭档解散了，我得每隔一周浏览学生的笔记本，试着去阅读30页。我发现自己读得很快，而且是间歇性地阅读。我的阅读标准变得相当自我：如果喜欢，我就继续阅读；如果不喜欢，我就跳着阅读（顺便说一句，并没有要求学生们向我展示一切，他们可以用记号代表希望保密的部分）。

但是渐渐地，新的神秘的标准出现了。不知为何，感觉最"真实"的作品读起来最有趣、最令人满意，它具有我现在所说的声音。当时我说的是："它让我感觉很真实，有一种共鸣，听起来很真实。"

这些段落有时很短，是一个短语或一个句子的长度，是一种插入语或中间一段别的内容的题外话；有时很长；有时是一个特别的想法，具有更强的说服力；有时是一种特殊的感觉，比如愤怒、快乐、讽刺、自艾自怜，但是不知何故显得比其他语句更真实。以其他标准来看，这些带有声音的段落有时很好，有时很糟；有时是内心真诚的迸发，虽然并不总是如此；有时我看不出这些段落在风格或内容上有什么特别之处，只是这些段落突然跳出来，向我扑来，就好像作者突然换了一条新的打字机色带。

有时候这些段落清晰地跳入我的眼帘，我仿佛能听到齿轮啮合、脱离的声音；有时候我不知道哪里有声音，哪里没有声音，一切似乎都一样，我可以使用其他写作标准，但就真实性、共鸣或声音而言，我无法说清这其中的区别。

我开始在空白处用线条标出这些段落，只是告诉学生，这些段落在我看来富有生气，能让我产生共鸣、迸发力量。我告诉他们我喜欢读这些文章，似乎发生了特别的事情。我通常会问他们是否也有特别的感受。学生通常会认为这些段落代表了他们的**一种**特殊的写作方式，他们能记住写下这些文字时的一种特殊的感觉，但也不总是这样。学生们常常对我的选择感到惊讶，因为他们并不觉得这些是他们最好的段落。我对那些似乎缺乏声音的段落没有任何反应。在大多数情况下，我只给出了正面反馈。批评会违背我给这门课定下的目标——让学生大量写作，对自己随心所欲写作的能力有信心。并且，在一个学期内完成了这么多自传作品，他们以后有时候会忍不住回来继续写。

少量学生似乎清楚地知道我在说什么，他们重视反馈，想要更多反馈。也有少量学生非常烦恼，似乎用我的反馈来阻止自己再写这类文章，就好像我发现了一个漏洞，他们马上就堵上了它。

然而，对大多数学生来说，这就像是我种下了一颗种子。他们不一定认为这些段落写得好，我也没有要求他们这么认为。我只是强迫他们接受这样一个事实：作为一个读者，我认为这样的段落确实具有力量。因此，学生们似乎会思考这个问题，他们边写边想，想知道下次我会选哪些段落。他们中的一些人开始知道什么时候该做、什么时候不该做，有了一种内在暗示的感觉。

在这个过程中，我允许学生或者说是邀请学生朝着他们不曾去过的方向前进。在某种程度上，学生确实这样做了，也就是说，在某种程度上，他们开始倾听我的反馈，并试图产出更多我所赞扬的内容。我看到很多事情开始在学生们的写作中发生，他们开始更喜欢写作，写一些对他们来说更重要的东西，从而感觉写作和自己之间有了更大的联系。我认为这个过程不仅仅是学习，也是成长、发展。为了寻找更多的声音，他们开始踏上旅程——一条通向新思想、新感觉、新记忆、新阅读的写作模式的道路。但是，无论是学生还是我都不清楚这条路将通向哪里。

学生们尝试着接受邀请并学习声音的时候，似乎会发生一些事情。首先，这个过程会影响文章主题。对一些学生来说，这意味着写更多关于标记段落中的事件、言论。对一些学生来说，这意味着探索同样的感觉——也许是愤怒，也许是沮丧，也许是他们生活中的某个特定领域。对另一些学生来说，这意味着探索某些思路。在以说明性写作为主的课程中，我给出同样的反馈，这一过程通常会使学生写出自传式或自我探究式的作品——虽然并不总是这样。但是，当学生探索这些领域时，他们明显产生了更多的记忆、更多的感情、更多的思想，而且这些思想往往是**新**思想。学生经常会说："我已经开始写多年没想过的事了。我回忆起了新事情。"

我的邀请也会引向改变风格、情绪、模式的试验。有时学生会觉得我邀请他们写作是为了看到**糟糕**的作品，尤其是对一些学生而言，因为我在那些粗心、破碎的段落中找到了共鸣。我发现学生们随后的试验会导致写作既没有质量，也没有声音，只有泛滥、戏剧化、歇斯底里的文字，没有任何力量。但是，因为我有一种直觉，无论结果如何，这些试验都是恰当的、有用的，所以我发现克制自己给出负面反馈并不难。我只是一直在寻找有力量的段落。当一个学生指着一段话说"这个怎么样"时，很明显这段话反映了他写作时的强烈情感和极度兴奋感，但是对我而言，几乎感觉不到力量和声音。我说我没有感受到力量和共鸣，我甚至不喜欢这段话，但我会再次强调这是一件神秘而主观的事情。在特定情况下，我可能会**觉得**这篇文章质量不佳或者缺乏力量，但原则上，我不认为任何人对声音的判断值得相信。

我对声音的反馈通常还会造成另一种影响：学生们常常觉得需要放弃为读者写作。也就是说，有些学生写作技巧已经很熟练了，而且喜欢为读者写故事、散文和诗歌。但是，当他们在这些新的写作领域探索力量时，他们有时不想与任何人分享自己的作品，甚至不想与我分享。这些作者拥有卓越的控制能力，写作技巧娴熟——能够在读者身上产生他们想要的效果。现在，他们需要隐私来进行试验，实际上，这是对放弃控制权的邀请。

虽然一些新的记忆可能是痛苦的，但我的邀请通常会给写作带来更多乐趣。这就好像某人把铅笔放在纸上只是想制造更多**噪音**。这让我想起了一个孩子，他得到了一个吵闹的新玩具，并在吵闹声中获得快乐。我自己也有感觉，我在练习中提琴弓法时发出了简短、圆润、浑厚的共鸣声音，我的手臂和肩膀肌肉短暂地松弛了一下。我立即尝试重新捕捉这个声音，但却失败了。几周后，这种间歇的共鸣会出现得更频繁，最后我可以随心所欲地拉出来，让乐器和我的身体产生共鸣。然后我仅仅是来回拉弓，哪怕只是一两个音符，也能发出最圆润、最响亮、最清脆的声音，这是一种极大的乐趣。同样，瑜伽有一种"共鸣箱"练习，你唱一个元音，试着用头部和胸部产生共鸣，唱出一个响亮的声音。

首先，学生只能从第一次出现这种力量或声音的段落中获得特定情绪、特定记忆、特定思路。但是逐渐地，几周或几个月后，如果他们进行试验，试着让这种力量自己出现，看它会把他们引向何方，这种力量就会转移到写作的其他领域。例如，在愤怒、自怜的段落中，或在某些描述中，可能会产生一种特殊的共鸣。随着作者对这类作品的创作越来越多，她越来越善于感受和运用这种力量，慢慢地，她的更多类型作品中出现了这种共鸣的特征。一开始，学生只能在写自传体文章的某些事件中产生声音，然后逐渐可以在其他类型的事件中做到，甚至渐渐地可以在说明性写作中做到。但对一些学生来说，声音会首先出现在某种说明性写作中。

近几年的经历促使我努力研究出一个更完整的声音理论。有些人会用**"真实性"**或**"影响力"**这样的词表示我所追求的力量。很多人称之为**"真诚"**，但我认为这是一种误导，因为这种力量有可能存在于虚伪的写作中，真诚的写作中却缺乏这种力量。我喜欢称这种力量为**"汁液"。因为我正试图理解一些神秘而难以定义的东西，所以这个隐喻一次又一次地出现在我的脑海里。"汁液"结合了**魔力药水、母乳**和**导电**的特性。有时我害怕永远都弄不清楚自己所说的声音是什么意思。当然，我在很多场合都语无伦次。我在斯坦福大学的一次写作老师会议上，努力向对老师们解释自己的想法，但没有成功。我很欣赏的一位老师艾伦·诺尔德（Ellen Nold）听后，对我写道：

> 声音现象不能用理性主义的术语来讨论，每次你试图定义产生它的条件，你都失败了，毫无希望。为什么不放弃呢？为什么不直面声音，看看它是什么？
>
> 它是什么？这就是印度教、佛教、道教所围绕的问题。这个问题本身就是禅宗公案。我们都知道，正如波西格（Persig）在《禅与摩托车维修艺术》（*Zen and the Art of Motorcycle Maintenance*）一书中指出的那样，良质是存在的，什么作品有良质，什么作品没有良质，我们对此都能达成一致。良质即声音，声音即道，道即本我，本我即真我……我用"声音"说话时，因为"声音"直接对着你的"耳朵"，所以"声音"很大，你的耳朵一直被其他声音干扰着……你教写作的方法是，当你的"耳朵"听到学生有那种"声音"时，你会指出来，要求学生写出更多这样的"声音"。理性主义者感到崩溃：那是教学吗？内容在哪里？技术是什么？什么是这种"声音"？我在哪里可以买到"耳朵"？我怎么知道我的"耳朵"和你的"耳朵"是否一样？
>
> 大多数老师都有耳朵，但其"耳朵"被遮住了。因为他们从来没有想过"声音"是公立学校的职责范围，即使

他们重视它，也不会去寻找它。你渴求"声音"，你告诉别人"声音"的存在是为了被感知和被寻求……不要试图用理性主义的术语向理性主义的人解释！这会是一种根本无法向没有听过的人解释的东西，但听过的人必会原谅你言语上的不足。

但是，我忍不住想要更全面、更理性地解决这个问题。首先，我希望能够向更多的人解释它，甚至是向那些没有听过这些的人解释它。再说了，我得弄清楚"声音"这个词是否正确。写作中，"声音"意味着文字，这些文字体现了纸张上一种独特的声音。虽然这似乎是我寻求的核心，有时候我发现有些段落伴有这样的声音——是的，这些文字已经融入了声音，但不知为何缺乏更深层的力量和共鸣，而这种力量和共鸣逐渐成为我追求的目标。

有声音和没声音

没有声音的作品显得死气沉沉、呆板机械、千篇一律，不会发出任何响声。没有声音的作品**可能**会讲述一些真实、重要、新颖的事情，可能组织有逻辑，甚至可能是一个天才的作品。但是，这些作品似乎是机器写出来的，而不是人写出来的。行政备忘录、技术工程写作、社会学书籍、教科书，很多这些类型的文章的特点就是极度缺乏声音。

测试应该反映习得行为的变化，因为我们假设自己测试的不是一种特质或天生的心智能力，而是一种可逐步测量的后天习得的技能或概念，所以正常使用的可靠性估算必须加

以修正。因此，分数应该反映出从一次管理到下一次管理的
变化。（摘自一篇关于教育的文章）

这段话里没有声音。在这个极端形式里，军队手册风格的文体寂
静无声。但是，可悲的事实是，大多数人精心创作的作品里没有声音。

与之相反的是，大多数人讲话时有声音，而他们的作品中却没有
声音，即一种声响或质感——"他们"的声音。打电话的时候，在对方
说出自己是谁之前，我们可以识别出我们的大多数朋友。少数人可以将
声音融入写作中，你读他们写的信或其他作品时，里面有他们的声音。
有声音的作品好像具有生命，我们阅读它时，呼吸之间，文字自动离开
纸张进入我们的大脑。我们只需要将眼睛像留声机的唱针那样，沿着凹
槽转动，神奇的声音和意义就会在我们的头脑中形成。

这里有一篇说明文，我从中听到了声音。

我在第三节课中概述的思想架构解释了应该在科学研
究中培养的平衡能力。任何时候想象力和批判性都是必要条
件，但不是充分条件。最有想象力的科学家不是效率最高的
科学家，最糟糕的状态下，不受约束的时候，他们是怪人。
最具批判性的科学家也不是效率最高的科学家。一个人对批
评不屑一顾，会臭名昭著；拼命追求着错误，往往徒劳无
益，就好像自己吓自己，吓到失去理智——除非这个人的批
判性心态是贫瘠的结果，而不是造成贫瘠的原因。*

---

* 《科学思维中的归纳和直觉》(*Induction and Intuition in Scientific Thought*)，彼
得·梅达沃(Peter Medawar)，费城，1968年，第58页。

注意这篇专业的教育文章［可能还有梅达沃节选的最后一句］如何受到写作过程本身的影响，那个教育心理学家永远不会这样**说话**。她一定感受到了自己想要表达的意思，然后**组织**语言去表达出来。这些文字缺少气息或存在感，如果她是在说而不是在写，同样的意思会产生更生动的词语（尽管不够精确和简洁）。她还得多做一步修改——为了声音而有意识地修改，改变她写下的文字，为了打破那种**语言结构**，让其变成一种写在纸上的**述说性文字**。

但是，通常情况下，它会以另一种方式体现。你的初稿中有声音，但你修改的时候把它删掉了。当你厘清思想或纠正语言时，这声音就消散了。我们可以在下面两段中看到这一点。第一段是我在其中找到声音的早期草稿。我认为，在作者为了更明确地表达观点而进行了段落修改后，这种声音消失了。

> 在美国，虽然应该有言论自由，但却有禁止淫秽的法律。没人能说出什么是真正的淫秽。淫秽内容真的有害吗？也许某些形式的审查是必要的，但这只是一个例子，例证被我们称为自由的国家并非如此。

> 我们应该承认，言论自由在美国并没有真正实现，因为对淫秽材料的审查明确限制了这种自由。

为了着重强调这一段，她失去了所有声音、呼吸、节奏，而恰恰是这些赋予了第一个版本生命。

大多数人的作品里没有声音，这并不奇怪。写作比口语慢得多，也麻烦得多，需要做很多决定。你必须组词，一次一个字母，完成拼写。写作需要标点符号。写作有更严格、更不为人所熟悉的语法和用法标准。除了写作涉及的这些额外规则，如果我们写了一些愚蠢、错误的内容，会受到更严厉的批判，大家会说："白纸黑字写着的。"

在那些我们感觉自己被评头论足的讲话场合中，例如，求职面试，或者在我们新认识一个人，想给对方留下深刻印象又担心自己无法做到时，我们说的话也有可能失去声音——我们说话时可能会小心翼翼、结结巴巴，会谨慎地措辞，同时一直思考我们的措辞是否清晰、正确、明智。如果我们听到自己在那种情况下讲话的录音，我们可能会说：这听起来不像我们，这听起来好像我们在试图成为另一个人，这听起来根本不像一个真人。

想象一下，假设我们所有的讲话都是在这样的场合进行的，或者在更可怕的场合，别人给我们打分、评判，指出我们每次开口犯的一丁点儿小错误。我们的讲话会变得非常笨拙、不自然。对大多数人来说，写作就是这样的。除非学校要求他们写作，否则他们从不写作，他们所写的每一篇文章上的每一个错误都会被用红笔圈出来。难怪大多数人的写作没有声音——听起来不那么生动，不像他们平时说话的方式。

当然，有些人说话也没有"声音"，他们已经养成了说话小心谨慎的习惯，所以你听不到任何真正的节奏和质感。他们的讲话听起来木然、呆板、虚伪，那些把自己的灵魂出卖给官僚机构的人就是这样说话。或者有些人因为一生都沉浸在逻辑或科学的思考中，已经习惯了说话之前考虑每个单词的有效性，所以说话没有"声音"。有些人说话没有"声音"，只是因为他们非常害怕——他们的人生就像一场求职面试，他们怀疑自己能否得到这份工作。

我们可以轻松辨别有声音和没声音。我们可能会对一些模棱两可的案例意见不一，但我们应该都会同意这一点：用作者是否在作品中注入了声音和人类节奏来区分作品是否有效、是否发挥作用。在约翰·契弗（John Cheever）的《猎鹰者》（*Falconer*）这段节选中很容易听到声音（主角正在写信），但在之后的名片信息中却缺乏声音。

　　我还记得在海滩上度过了愉快的一天后，我们返回丽都岛的达尼爱丽旅馆，几乎每个人都对我们发出盛情邀请。就在那时，可怕的，特别可怕的乐队开始可怕地演奏可怕的探戈，夜晚的美女，穿着手工制作的衣服的女孩和男孩，涌现在眼前。我记起这些，但我不想记起。脑海中浮现的景色与贺卡上的画面很接近，令人不快，白雪覆盖的农舍经常出现，不过，我愿意沉沦于一些没有结果的东西。时间已经很晚了，我们在海滩上度过了一天，我能看出来这些是因为我们被太阳晒得焦黑，鞋里还有沙子。一辆出租汽车，一个雇佣的司机，把我们送到一个偏僻的地方火车站，留我们在那里。车站是锁着的，没有城镇，没有农舍，除了一只流浪狗，周围没有生命的迹象。我看着钉在车站上的时间表，虽然我不知道我们具体在哪里，但是我意识到我们在意大利。我之所以选择这段记忆，是因为其中没有什么细节。我们要么错过火车，要么没有火车，要么火车晚点了，我不记得了。我甚至不记得在某个不讲英语的国家，当我们坐在一个空荡荡的地方火车站的硬板凳上时，是否有笑声、亲吻，是否我的手搂着你的肩膀。灯一直亮着，像往常一样，大张旗鼓地亮着。我真正记得的是有你陪伴的感觉和一种身体上的满足感。

　　　　乔恩出租车服务

　　我们的座右铭：任何时候都为您提供最礼貌、最高效、最可靠、最尽责的服务。

有声音和无声音的区别为格特鲁德·斯坦（Gertrude Stein）的奇怪案例提供了线索。她不只是把声音融入她的写作中，还用打破规则的方式强化了这种效果，我们甚至无法理解她的意思，除非我们真的**说出**她的文字。她发明了一个诀窍，迫使我们听她的话语，而不仅仅是视觉上的阅读：

　　逗号有什么作用呢，逗号什么作用也没有，只是让事情变得简单，如果你很喜欢这件事，即使没有逗号也很简单。一个长而复杂的句子会将自身强加于你，强迫你理解它和逗号，逗号最多是个短暂的停顿，让你停下来喘口气，你应该了解你自己，你知道你这时想喘口气。逗号不是完全停止，不是像一个句号那样完全停止，它停一下，然后继续前进，但是喘一口气后，你总是在喘气，为什么要强调喘口气，而不是重新呼吸。无论如何，这就是我对它的感觉，我对它的这种感觉非常非常强烈。所以我几乎从不使用逗号。

　　摘自"诗歌和语法"（Poetry and Grammar），格特鲁德·斯坦著
　　选自《美国演讲》（Lectures in America）（纽约，1935年）

真实的声音

　　为什么我要引入第三个类别，真实的声音，来复杂化有声音和无声音之间的简单区别呢？因为我觉得有些作品的声音充满活力和能量，

在这方面，这些作品虽然比没有声音的作品更有优势，但缺乏梅达沃和契弗的力量和共鸣。以下面的（一个学生写的）摘录为例。

> 每当我看到有人拿着一把旧牙刷、用过的厕纸、一团麻线，在10分钟内就能做出一尊堪与达·芬奇（Da Vinci）媲美的雕塑时，我就会非常难过。就我个人而言，我和理查德·尼克松（Richard Nixon）的笑话作家一样有创造力。"30多种尼龙网的使用方法"这样简单的想法从我头脑中一闪而过。我的意思是，我用尼龙网干吗？在我宿舍捉螳螂吗？把它缝在衬衫上，在我想自虐的时候穿上？
>
> 也许我只是有点儿沮丧。我刚从社区厨房回来，我的邻居爱丽丝·阿提斯提克（Alice Artistic）正在厨房里从锡箔纸上剪下鹪鹩形状的封条，贴到自制信封的背面。她打算用自制的信封寄自制的圣诞卡。我的圣诞贺卡是八美分的明信片，上面用红色的马克笔写着"诺尔（Noel）"。
>
> 我四年级的同学用燕麦片和胶合板做华盛顿地图的时候，我就知道我没有艺术天赋了。我用粉色食用色素上色，在中间用银色蛋糕装饰球拼出"华"，然后带回家。我的狗把它当晚餐吃了。

这篇文章有生动的说话声音。它的时机很好。这些话似乎是从立场和性格中自然生成的。但是，让我震惊的是，在这些话里，我几乎感受不到真实的人。我认为这是缺乏深层次共鸣的表现。我不相信这些话会掷地有声。

想想那些夸夸其谈的电台、电视播音员，花言巧语的推销员，过分热心的传教士的讲话——语言流畅、毫不犹豫、充满活力，正如我们所说的"充满表现力"，但声音却极为虚假。这些人在模仿或无意识地模仿"富有表现力"的声音。

这些播音员、推销员、传教士的讲话不过是"有声音但不是真实声音"的一个极端例子，清楚说明了有时每个人都会做的事情：为了面对观众而采用一种声音。因为他们的全部工作就是用声带打动听众，所以他们更有可能被困在这些声音中——这对他们来说风险更高，他们可能过于用力，然后逐渐听不到声音里面的虚假。演员也会这样，现实生活中他们的讲话也会偶尔变得不真实，只是他们通常比那些拙劣的推销员更巧妙。因为他们花了很多时间控制自己的声音，所以他们没办法再让声音恢复本真。我们都经常接受不真实的声音，特别是在某种情况下需求很大或我们的资源不足的时候。如果紧张没有减弱消除所有的声音，我们可能会晕眩、健谈、愚蠢（比如在聚会上），或者我们可能会听上去严肃、自负（比如在工作面试上）。这些紧张的说话方式可能有声音——流畅、有活力、有个性。它们是齿轮——我们不需要停下来有意识地选择词语，也不需要停下来做决定。不过，通过简单的观察，我们可以轻松地发现这些紧张的声音不真实，如果我们最终在聚会或工作面试中变得舒适，我们就不再晕眩、自负，而是开始听起来像真实的自己。

真正的自我。真正的声音。我现在处境艰难，一层又一层。例如，如果我在上课，缺乏安全感，感到不稳定，我可能会不加思索地采取一种非常自信和肯定的语气去补偿，熟悉我的学生可能会从我的声音中感觉到一丝可疑。如果事情进展得不顺利，我会在中途停下，暂停我试图解释的事情或者一些我试图实现的活动，我对此解释为我不能真正专注于我正在做的事情，并且表示我接下来会只是旁观学生们的讨论。学生可能会说："哦，我现在知道为什么刚才听起来很假了，现在听上去才更像彼得·埃尔伯。"但是，如果我很长一段时间——一节课接着一节课，维持这种声音、姿态或角色，那么熟悉我的学生就会说："哦，彼得又陷入了无助，齿轮卡住了，那不是他，他不敢做真正的自己——执拗、顽固、爱出风头。"而且他说得挺正确。

大多数人在一生中都会使用不同的声音来应付特定的受众和特殊的情况。许多人对小孩子说话时都装出一副甜甜的样子。许多教师、行政人员、医生、法官都用一种自信、慈爱、不容置疑的语气表达他们的权威和责任。如果我们只在工作时认识他们，我们可能会说："约翰听起来就是这样的。"但是，如果他在家里也这么说话，那么他的妻子可能会说："别这样，约翰，你现在不是在工作，别用和客户说话的语气和我说话。"

但是，我真的能说有些声音比其他声音更"真实"吗？如果这听起来真的像约翰呢。也就是说，或许**曾经**他在家里说话和在办公室说话不一样，但随着时间的推移，他在家说话的语气被职业腔调同化了。也有可能约翰是幼儿园里说话像大学教授的那种孩子。

当然，一些对角色理论感兴趣的社会学家会简单地坚持认为，我们每个人都有各种各样的角色可供选择，仅此而已。如果有些话语比其他话语"听起来更真实"，那只是因为我们更善于此道，在这方面得到的练习和学习更多。这种复杂的相对主义方法适用于我们在生活中使用适度的中间声音——我们自然而然担当的角色。但是，由于我感兴趣于一些极端的例子——显而易见的虚假声音和尤其是那些罕见的、有影响力的、真实的、能引起共鸣的声音，我无法停止思考真实的声音。我不能说通过学习能发出真实的声音，这证据不充分。我发现正常情况下，人们开始使用他们真实的声音时，这些声音通常并**不**是通过学习获得的。真实的声音被使用时通常锈迹斑斑，人们磕磕绊绊并不熟练。我看到，当人们开始使用他们真正的声音时，他们会获得一系列的成长，会掌握自己语言的使用方式，甚至可以掌控相关的人。

不太真实的声音通常帮助我们应对来自某些受众、某些情况的压力，并保护更深层的自我。大多数声音听起来很假的人都从事特殊职业，那些必须经常与受众见面并给他们留下深刻印象的职业：销售员、播音员、政客、传教士（老师也是），这并非偶然，观众的压力增加了我们对隐私的需求，我们扮演的角色可以让我们在公共场合和工作中获得隐私。

我并不是说那些把自己真实的声音隐藏起来的人是邪恶的，而是说他们忽视了力量的一个重要来源。我们大多数人，虽然听起来不像巧舌如簧的推销员和夸大其词的播音员那样虚伪，但是也忽视了真实声音的力量。或许我们的语言生动、流畅，听起来就像我们自己的真实声音。我们并不缺乏声音（至少在说话时是这样，然而我们在写作时可能严重缺乏声音），但我们很少使用自己真正的声音的力量，我们之所以知道这一点，是因为有时候我们将力量注入语言时会感受到惊人的不同。

有时，我们需要在危机时刻展示我们的力量——也许我们被逼到一个角落，必须说出来，以挽救我们的自尊；也许这是一封重要的信；也许这些话经常是在深夜或其他一些情况下说出来的——这时"正常现实"的约束稍小。我们注意到词语对听者或读者的惊人影响。这一次，我们的语言**有效**了。当别人真正感受到我们话语的分量时，往往是吃惊甚至害怕的，虽然这种情况很少发生。有时他们也感到害怕，他们会惊讶地瞪大眼睛看着我们，好像在说："我更喜欢你常规、无效的方式。"

听起来好像我在描述一个案例，一个终于有人尖叫或发脾气的例子，也许吧。但是有时，一个习惯尖叫的人开始安静地低语时，就会出现这种可怕的力量。有时，尖叫声是某人从隐藏处发出来的声音，但来自中心的话语通常是安静的，它们的力量来自内心的共鸣。

★ ★ ★

一些例子。上文中，我在梅达沃和契弗的作品中找到了真正的声音。这是另一篇小说——片段选自弗吉尼亚·伍尔芙的著作《到灯塔去》（*To the Lighthouse*）中第一部分"窗"（The Window）。

> 这房间（她环顾四周）非常破败，毫无美感。她忍住不看坦斯利先生。似乎一切格格不入，大家都各坐各的。融合氛围、流动信息、创造话题全都得依靠她的努力。她又一次感到男人的无能，这是一个事实，不含敌意。因为如果她不做就没人做，所以，就像别人轻轻摇动那只停摆的钟表，她自己鼓起动力，熟悉的脉搏开始跳动，就像钟表嘀嗒开始走着——一、二、三，一、二、三……她一直这样重复，一边听着，一边保护促进那微弱的脉搏，就像用报纸保护一团微弱的火焰一样。然后，她停下了，弯腰面对威廉·班克斯，默默对自己说道："可怜人！他没有妻子，也没有孩子，除了今天晚上，总是一个人在出租房里吃饭。"对他表示同情之后，她现在又有力量了，可以重新承受生活了，于是她开始了这一切，就像一个疲倦的水手，看风灌满他的船帆，不再想离开，也不再想如何离开。如果这艘船沉没了，他就会随着旋涡一圈又一圈地转动，在海底长眠。

她对威廉·班克斯说："你找到你的信了吗？我让他们帮你放在大厅里的。"

下面是我精选的四篇文章，用以说明真实的声音。

拟刻于巴利里塔畔石上的铭文

我诗人威廉·叶芝
用旧磨坊板和海青色石板
还有高特铁厂的铸铁技艺
为我妻子乔治重修这座塔
愿一切再次毁灭时
此文犹存

威廉·巴特勒·叶芝（William Butler Yeats）

这首诗说明了文字如何在不需要对话或不带有任何个人色彩的情况下也能发出真正的声音。人们能感觉到他说了一些深刻的感受，但这是一种公开的、舞台上的声音。从某种意义上说，他在用扩声器写作。

我去上班了，我父亲带我去的。那里的人非常好。我喜欢他们，他们也喜欢我。我工作了很长很长时间。我曾经做过厨师。夫人没支使我去做，但我想学。因此她同意了。我想做什么就做什么，想吃什么就吃什么，为所有人烹饪。这里有两个比婴儿大的孩子。在我老板的妈妈来访之前，我

一直做得很好。然后她想接替我的工作。我自己烹饪或打下
手时，老板的妈妈为我准备早餐、午餐和晚餐，一个盘子搭
配两块饼干。我忍受了一两天，然后打包好衣服，跟夫人说
我要走了。她想知道原因，我说我爸爸家里有足够的食物，
我可以尽情吃喝。我说那位女士为我备好餐食，但我习惯了
自己盛饭。没有人知道我的胃口，也不知道我能吃多少。夫
人说那位女士不知道自己在做什么。"我会让她停止这样
做。"所以这位女士不再为我准备餐盘。然后我留了下来。

选自埃斯特尔·琼斯（Estelle Jones）

未发表的自传

我选择这段话是为了说明，我有时会听到语言中真实的声音，这
些声音违反了一些说话的模式。你可以感觉到它包含很多的"言论"，
但它并不完全像作者的实际言论，也不像其他任何人的。

玫瑰

有一天我醒来

看着窗外

到处都是玫瑰花，

粉色的，红色的，

我出去抚摸它们，感受它们，

它们又美好又柔软

像我姐姐的天鹅绒裙子，

闻起来像生日蛋糕，

像我散步在

树林里一样。

（我弄丢了这首诗的引用来源，是个孩子写的，刊登在一本
教师杂志上）

有时候，这些文字在某种程度上与作者保持正确的关系时，我甚
至能在那些模糊又老套的文字（例如"它们又美好又柔软"）中听到
真实的声音。我并不是说"考虑到这是一个孩子写的，这首诗真有灵
气"，也不是说"他很真诚"。这首诗在这两方面都不是特别出众。我
的意思是，看看他是如何从内心写出这些老套的、频繁使用的词语，从
而赋予它们力量。

完美的男人！ 天啊，多么沉闷的主题！完美的福特汽
车！你打算让哪一个完美？我不是一个机械的创造物。

教育！在各种各样的"我"中，你建议教育哪一个，又
建议压制哪一个？

无论如何，我对你发起挑战。我蔑视你，社会啊，按照
你那愚蠢的标准来教育我或压制我。

理想的男人！请问哪一个是他？本杰明·富兰克林
（Benjamin Franklin）还是亚伯拉罕·林肯（Abraham
Lincoln）？理想的男人！罗斯福（Roosevelt）还是波菲里
奥·迪亚兹（Porfirio Diaz）？

除了这个穿着花呢夹克坐在这里的有耐心的混蛋，我的
身体里还有其他人。我在做什么，穿着花呢夹克装出耐心的

样子？我在跟谁说话？你是谁，在这种耐心的另一端？

你是谁？你有多少个自我？你想成为哪一个自我？

是耶鲁大学要教育你内心深处的自我，还是哈佛大学要教育你？

理想的自我！喔，但我有一个奇怪的、逃亡的自我，被关在外面，像狼一样在理想的窗户下嚎叫。在黑暗中看到他的红眼睛了吗？这是独当一面的自我。

完美的男人，亲爱的上帝！每个男人活着的时候，内心就存在很多矛盾的男人。你会选择哪一个人去追求完美，而牺牲其他男人呢？

富兰克林老爹（Old Daddy Franklin）会告诉你。他会帮你塑造他，典型的美国人。哦！富兰克林是第一个地道的美国人。他知道自己在干什么，敏锐的小个子男人。他造了第一个假美国人。

> 戴维·赫伯特·劳伦斯
> 《美国古典文学研究》（*Studies in Classic American Literature*）

有时，我能从不完全真诚的话语中听到真实的声音。劳伦斯显得古怪而做作，而不是真诚和"真实"。或者更确切地说，他特别强调"这是真的很重要"，这看上去有点儿傻，他自己也知道。他在闲逛，玩着侧手翻，他知道我们认为他看起来有点儿傻，他挺起胸膛，紧绷绷地。我听到了共鸣，也就是说，即使是在一种微弱的反讽中——这种反讽可以概括为某种字面意义上的自我**缺失**，即使是在这种临界的、棘手的情况下，我也要指出真实声音的中心特征：文字以某种方式（即使不太流畅）从作者的内心发出，产生共鸣，更有力地进入读者内心。

声音和真实声音之间的区别帮助我们理解语言流利度和语言能力之间的棘手关系。有时它们一致，有时它们对立。也就是说，一方面，有时流利是力量的一种标志—— 一个真正优秀的演讲者从来不会因为找不到合适的词而不知所措，因为她已经找到了通向她最佳见解和信念的大门。另一方面，有时我们不信任语言流利的人，认为他们油嘴滑舌："他们说话生动流畅，但太圆滑了。""她说得那么动听，但你知道我并没有真的**相信**她。"这些人善于找到合适的方式，创造出适合情境和受众的词语，他们从来不会哑口无言。所有这些语言无论多么生动、流利，不知为何却没有给我们任何与说话人接触的感觉，也没有任何了解她真实情感、态度、观点的感觉。

然而，那些经常无言以对的人，那些舌头打结、说话吞吞吐吐的比利·巴德（Billy Budd）*式的人物，总是在句子写了一半时停下来改变主意，或者话说一半时质疑自己要说什么而中断讲话，这些人往往在某些场合会表现出一种演讲天赋，具有最深层次的力量和诚恳态度。在某些场合，当他们真正开口说话时，与流利的说话者相比，他们能触及更深处的共鸣，更真实。甚至一些流利的演讲者都很难**知道**自己真正的信念。在一些口头文化中，比如一些美洲土著部落，讲话滔滔不绝的人难以获得信任。有一种感觉：真实性在太多的语言中消失了。话语的力量源于沉默，从沉默中生长。

总之，**没有声音**的写作木然而没有生气，因为它缺乏声音、节奏、活力和个性。大多数人的写作缺乏声音，因为他们经常句子写到一半时停下来思考、担忧、改变用词想法或改变前进方向。有些人甚至说

---

* 译者注：青年水手比利·巴德为人和善却受人嫉妒，被陷害之后无法用言语辩解，一怒之下杀了人，迫于军法，他最终受到绞刑。

话都没有声音。

写作**具有声音**就是给作品注入生命。作品具有大多数人谈话时的特点——自然的谈吐、语言流畅、节奏明朗、生动活泼。有些人经常写作、大量创作、充满信心、设法使作品伴有声音。

用真实的声音写作会富有力量，让你赢得关注和理解，你的文字会更深入。我不知道拥有真实声音的作品和拥有声音的作品的客观特征是什么。对我来说，这是一个听觉共鸣的问题，而不是纸上的那一堆东西。我想说的是，这与纸上的文字**无关**，与文字和作者的关系有关，因此，同样的文字，一个人写的时候会有真实的声音，而另一个人写的时候就没有真实的声音，这凸显了其中的神秘性，不过扯太远了。也许更准确的说法是，文字不仅仅包含明确的信息（"太阳斑驳地照射在弯曲的小路上"），而且也隐含了作者的处境（例如，"我对那景象很好奇""我想着其他事""水上的太阳让我害怕""这光芒无孔不入，我的各个部分都看到这光芒，我讨厌光的部分也无法避开。"）。也许隐含信息以某种正确的方式加强了公开信息，我们因此产生共鸣或得到力量。当隐含信息与主要信息相矛盾时，我们无法产生共鸣。因为我不知道如何指出这些页面上的隐含信息，所以我发现谈论声音听起来是否"真实"，或者这些词是否在某种意义上"来自中心"更为容易。

因此，我相信，任何**种类**（风格、基调、语气、句法）的写作都可以有真实的声音，也会缺乏真实的声音。我们能找到真实声音或识别真实声音的唯一方法是通过优秀读者的感受能力。由于没有客观的标准，所以也就没有办法去核实任何一个特定的读者的判断。有些人会比其他人更擅长识别真实的声音，但在任何给定的实例中，不管他们有多确定自己的感觉，都有可能是错的。如果他们听到共鸣，可能那是文字与自身之间的共鸣，而不是文字与作者之间的共鸣；如果他们听不到共鸣，可能是因为自身带来的干扰，而不是因为作者带来的干扰。

　　说话具有真正的声音并不比写作容易。事实上，有些人的作品中具有真正的声音，但却很少在说话时出现真正的声音。有力量的作家说话却没有力量。我们独自面对纸上的作品时往往比与观众面对面时更容易深入、准确地投入自己的语言。

真实的声音和糟糕的写作

　　在过去的四年里，我一直反复琢磨我对声音的看法，有人指责我所说的"真实的声音"只是作品碰巧触动了我的感觉或引起了我潜意识的关注，与文字跟作者的关系无关，对此我一直感到紧张，这种指责似乎言之有理——如果我产生了共鸣，肯定更可能反映的是文字与**我**自身的契合，而不是文字与作者自身的契合。毕竟，我的自我就在这里，与纸上的文字接触，而作者的自我却无处可寻。

　　不用说，我无法反驳这项指责。但是，我并不是试图证明我是对的，我只是想说服你采用一个假设——看看它是否使你的阅读体验更为清晰，是否帮助你提高了写作。

　　但这一指责也让我感到紧张，因为我想知道，这是否表明我的品位奇怪且不正常？我依靠本能在一篇文章中挑出的段落，很少是文章中技巧最好、写得不错的段落，有时它们简直是糟糕透顶，但它们确实吸引了我。我经常让人们自由写作，或者给他们一些练习，让他们写大量的、粗心的、自我放纵的作品，我偶尔也喜欢阅读其中的一些。的确，我讨厌的只是还不错的作品，这会不会是因为我对糟糕写作有一种特别的渴望？

　　我的声音理论帮助我相信自己的品位，处理对我不在乎质量的指责。我现在明白了，在意质量有两种不同的含义，源于两种不同特质的写作方法。一方面，在意质量意味着一种对于消灭糟糕写作的渴望，渴望摧毁缺陷、失败、多余、丑陋。我没有这种渴望，我满足于让人们写很多不好的文章，也试着让自己写得不好。另一方面，在意质量意味着对卓越的渴望，想要真正的作品，而不是仅仅满足于合格。这就是我。我想要月亮。我坚持认为这是可以实现的：写一些人们真的愿意阅读的文章，让人们不仅是为了钱或者是为了帮你的忙去阅读。

　　我之所以不介意写得不好是因为我觉得，如果你想超越单纯的非冒犯性写作，写出一些真正值得读者花时间阅读的文章，那么写得不好是非常必要的。我相信这有助于培养你对真实声音的品位，因为这不仅会满足你对优秀写作的渴望——你内心深处感觉你和其他人的写作都可以理所当然地蕴含力量，还会帮助你更容易接受自己写得糟糕，你如果想要那种力量，那么通常无法避免写得不好。

　　重点是，如果真实的声音完全展开，控制得当，就会产生优秀的作品，但在它刚刚出现、尚未被掌控之时，往往会产生糟糕的作品。你最流利和最熟练的声音通常是你**认可的声音**——形成一个认可的自我后，就会形成这样的声音。为了得到你认可的声音，你也许不得不推开无法接受的感觉、经历和语气。但是，这些不可接受的元素都蕴含着能量和力量，如果想加深声音的共鸣，你就需要挖掘这些能量和力量。当然，你也很可能**讨厌**这些声音——你已经训练自己推开了它们，这么做花费了你很大的精力，它们是你**反**自我的一部分。那么，如果你开始在写作中使用这些感觉、经历和语气，那么基本上你难以控制它们，或者不可能有效地使用它们，糟糕的写作几乎无法避免。

　　实际上，我在暗示，这一种由弗洛伊德或深度心理学模型粗略构成的昏暗的潜意识池子，充满强大的、具有威胁性的能量。但是，还有一个不那么耸人听闻的模型强调了我所说的声音——大致是皮亚杰

（Piagetian）式的：获得真正的声音是一个成长和发展的问题，而不仅仅只是学习。在达到一个新的发展阶段时，你从一种功能模式转移到另一种更复杂、更成熟的模式，在这个过程中，技能可能会崩溃。在旧模式下，有很多事情你做得很好，但现在却搞砸了。*真正的重建需要先进行拆解。我想我在写作中看到了这种情况：许多学生如果不经历写作水平下降的阶段，就无法达到一定的写作水平。

简而言之，害怕写不好可能是阻碍人们发展写作能力的主要原因。努力成长为可接受自我的过程中，自然会产生些许害怕。还有一些害怕的原因则是来自老师，他们更关心摆脱劣质作品，而不是寻找潜在的卓越。如果你太在意避免劣质作品，你就会过于谨慎，过于害怕失去控制。对于作者来说，这可能会带来最糟糕的命运，你会得到类似于这样的反馈：“这看起来很好，我相当喜欢它，我看不出有什么问题。”而读者真正想告诉你的是，他们完全不受你话语的影响。

另外，如果你真的追求卓越，如果你想写一些别人真的**想**读的东西，你需要停止谨慎行事——去做吧，冒险一试，跳过边界。你不知道你要去哪里，你会写很多可怕的东西。如果你只是想摆脱写得糟糕，那么你会感到要走更长的路。但你会得到回报。你会得到很多反馈，这会很有趣。人们会讨厌你写的一些内容，同时也会喜欢你写的一些内容，有些人会喜欢别人讨厌的部分。如果你能忍受所有这些事情，特别是那些不可避免的失败，你就会感到满足，因为你知道你的写作正在发生变化，你正在走那条不再仅仅是不冒犯他人的道路。

最后，这条路不再是长途。摆脱糟糕是一项无穷无尽、不可能完

---

* 例如，儿童虽然可以在不出现新错误的同时提高他们的手指计算技巧（一个简单的学习案例），但当他们开始在头脑中计算或使用抽象的非可视化符号时，他们往往会犯很多新错误（一个发展或成长的案例）。

成的任务。在你的作品中总会有一些不好的地方，不管你如何努力地试图删除它们，它们都潜伏在这里或那里，被一些敏锐的读者发现。然而，如果你全力以赴追求卓越，不担心随之而来的糟糕写作，不久你就能写出一些人们真正想读甚至想购买下来的作品。

26 如何通过声音获得力量

如果这个关于声音的假设是正确的呢？那么由此产生了一件最重要的事：每个人，无论是缺乏经验还是缺乏技能，都有机会发出真正的声音。每个人都能赋予写作力量。即使有些人要花很长时间才能写好某些复杂的主题，花很长时间才能写出某种正式的文体；即使有些人要花很长时间才能写出拼写、语法无误的文章，也没有什么能阻止任何人写出一些能让读者倾听和影响读者的话。现在，没有什么能阻止你写作，你可以写出人们想要阅读的文字，甚至想要去出版它。没有什么能阻止你，除非你对你真实的声音不熟悉，感到不情愿，感到恐惧。

但是，这个强烈呼吁（虽然我仔细考虑了限制条件，但这正是我想要的）立即提出了一个简单的问题：如果力量触手可及，那么为什么每个人都不使用力量？为什么大多数写作都缺乏力量？有很多合理理由。在这一节中，我将提出关于如何在写作中发出真实声音的建议，并且我会分析为什么人们很少使用这种力量。

★ ★ ★

人们常常在写作时完全没有声音，甚至透露出虚假声音，因为他们经常在写句子的过程中停下来，忧虑应该使用什么词语，改变自己的想法。之所以他们的作品中没有说话时所具有的自然气息，是因为写作的条件和说话的条件截然不同。这些条件很神奇——我们在写作中几乎不练习，但写每个句子时却有如此多的时间停下修改。在写作中，我们要遵守拼写、用法这些额外的规则，而在口语中则不需要。比起我们所说的愚蠢的话，我们更应该为我们写的愚蠢作品而感到内疚。关于我们的书面错误，我们已经得到了完整的评分、纠正和反馈。我们写作时，通常试图让我们的文字符合某些（被误解的）"好文章"模式。

　　频繁有规律的自由写作练习是克服这些写作条件、让你的文字发出声音的最好方法。因为无论你感到多么失落或沮丧，这方法都能**迫使**你在纸上写下文字，所以这些练习也许应该被称为强制性的写作练习。要想文字发出声音，你需要学会选择每个单词，不是由你选择，而是由前一个单词选择。自由写作练习帮助你更客观地看待事物。

　　因为不间断写作的实际练习**无论如何**都很难持续超过15分钟，所以除了练习，你需要强迫自己写大量的内容，尽量把你没写的内容补上，试着弥补所有你没有写完的部分。保留一个笔记本或日记，探索自己的想法，如果你感到沮丧或想要弄清楚某事时就写下来（更多写作方法请参见第10章）。

　　为声音练习修改。一个很有效的练习方法是写一些散文或诗歌，完全不用标点符号。把词语排列得井然有序，不需要标点符号。作品绝不能让读者结巴，也不能让读者不得不重读短语，即使是在第一次阅读时也不行，并且不能依靠标点符号。这其实是练习调整文字中的呼吸，直到它引导读者的声音自然停顿和结束。

　　大声朗读出来。这是锻炼发声肌肉的好方法，也是锻炼产生真正的声音的好办法。好的朗读不一定具有戏剧性。一些优秀的诗人或读者会将真实的声音融入呆板的音调或吟诵中，这让我感到触动。他们试图让这些话的内在产生共鸣，而不是试图"表演"这些话［迪伦·托马斯（Dylan Thomas）读得非常精彩，因此我们可能会错误地称他的技巧有"戏剧性"。实际上，这是他使用的一种圣歌或咒语］。但是，没有正确的方法，这是一个在过于胆怯和虚假的戏剧性之间选一条路的问题。听众的存在可以让你的耳朵敏锐，帮助你听到退缩或过度戏剧化的时候。

★ ★ ★

真正的声音。因为需要面对受众，所以人们经常会避免使用真正的声音，会不知不觉地使用假声音。我要上班，我要做演讲，我要教书，我要参加聚会，我要和朋友吃饭。也许我感到迷茫、犹豫、困惑，又或许感到愤怒、冷漠、歇斯底里。在这么多人面前，我不能这么说话。他们不会理解，他们不知道如何与我打交道，我也完不成我需要完成的事情。而且，我可能不知道**如何**表达我的感受（因为我们小时候很轻松就能说出自己的感受，所以，大多数小孩子都用真实的声音说话和写字）。因此，我会使用一些我可以随意支配的适合受众和情境的声音，这些声音是我通过模仿学来的，或者是出于绝望或幽默感而编造的，我只能这样。现在，那些人认为那些声音就是我。如果我用真实的声音，他们可能会认为我疯了。

想要发出真实的声音，就要在没有受众的情况下多写。做自由写作，再扔掉它们。让自己远离观众的期望，远离特定任务的需求，远离特定互动的需要，你这样自由写作的时候可以尝试许多不同的说话方式。

虽然可能受众的压力让你先走向不真实的声音，但有种**类型**的受众可以帮助你走向真实的声音。找到同样想让写作有力量的人，找个时间，你们可以在对方在场的情况下写作，各写各的。你们共同的存在和互相帮助的承诺将使你们的作品蕴含力量。然后互相阅读初稿，不用提供反馈——只是感谢彼此的尝试。

因为你往往不知道你的力量或内在自我是什么声音，所以你必须尝试许多不同的音调和声音。从一种情绪或声音跳到另一种情绪或声音，胡闹、模仿、表演、戏剧化、夸张。写作风格怪异。练习放弃控制。在你从来没有写作过的地方（公交车上？浴缸里？）写作，或者用你从未使用过的模式写作会有帮助。有时候，如果你知道自己很生气，但不知何故无法真正感受那种感觉，无法被那种感觉填充，那就扮演并夸大它，做作地写作。有时候"走走过场"是得到"真心话"的最快方法。

　　要意识到，在短时间内，在真实的声音获得成长和写出成功的实用作品之间可能存在冲突。成功的实用作品指为特定的读者和情境精心制作的作品。为读者维持适当的立场或语调可能会妨碍你在写作中发出真实的声音。例如，在写文件给某个特定的人时，你唯一可以使用的真实语气就是强烈的愤怒语气，但这种语气对于你要写的实际文件来说既不合适也没用，比如一份官方机构的备忘录或者一份给家长的关于孩子的报告。作品对于读者是否有效的反馈，往往不是对真实声音的有效反馈。同时实现这两个目标可能很重要。努力润色内容，确保作品具有适合受众的语气或立场。或者至少确保别出错——你很可能得小心翼翼地写作。但是，你也要保证继续写作，继续写那些**不需要**发挥作用，也不需要为读者修改和润色的作品。

　　然而，你不必为了某个你觉得非常棘手的特定写作情况而放弃力量。也许你必须为一个永远不理解你的老师写一篇文章；或者是写给上司，而他永远无法以你的方式看待问题；或者是一份研究报告，而研究主题一直让你感到害怕和困惑。如果你用最擅长的声音应付这些情况，也许是愉快的礼貌语气，或者是务实的不带个人色彩的语气，不管怎样，愤怒都会表现出来。你可能不会把愤怒表现得很清楚，读者可能没有意识到它，然而他们最终会产生对愤怒作品的那种反应。也就是说，他们会对你提出的许多观点感到厌烦、不断地想出反对你的论点（对于不同的声音，他们不会这么做）、合上文章、以屈尊俯就的态度回应。

　　在某种程度上，你隐藏了自己的愤怒，但你很可能会写出特别缺乏声音的文字，尤其文字会表现出没有生气、可疑、虚假的感觉。尝试写得平和、务实、客观，这样的写作方式使你麻木，你只是感到无聊、困倦、毫无活力。你的大脑无法运转，你不知道该说什么。

在这种情况下，采取迂回的方法会有所帮助。首先，在你生气的时候多做自由写作，无论是什么样的声音出现，都用它告诉读者你的感受。然后回到正题。做大量的自由写作、原始写作以及主题探索，写作仍然不拘泥于风格。尽你所能去寻找最好的观点和论据，不要担心你的语气。表达你内心的感受，抒发你内心的声音，不需要担心受众和语气，得到所有你能得到的见解，然后你会发现，修改、重写出对读者而言强大而有效的内容相对而言是容易的。也就是说，你可以摆脱愤怒和困惑，留下有价值的想法和能量。当你为真正的读者重写时，你通常可以使用你写下的大部分内容，只做一些修饰性的修改（你不必写下**所有**的愤怒。也许你对某人有300页的愤怒话语，但是如果你只需一页话语便能打开通往所有道路的大门，那就够了。但是，如果这对你来说是新内容，你可能会发现你无法在一页纸上完成，你需要用5—10页纸气愤地大叫大嚷。这看上去是在浪费时间，却并非如此，你会逐渐变得更简练）。

通过这条迂回的道路，你会发现更多的能量，获得更好的思考。从声音刚出现开始，看看声音会怎样引领你，通过这个过程你会得到一个**新的**声音，这个新声音适合这个读者，也很深刻。写一些让读者感到厌烦的自暴自弃的内容，还是写一些过于谨慎、客套、充满迷雾的内容，你不需要在这两者之间做出选择。

漫长而混乱的道路，这很常见，也很有益，但如果你赶时间，你可以用一些方式更快地得到一些益处，那就是为自己的早期写作设定严格的时间限制，强迫自己在早期阶段不停地写作。当我不得不写对一个学生的评价时，我很生气，我强迫自己用自由写作快速写了一封信，告诉这个学生我的想法。这封信没有审查，它极端、夸张甚至故意失之偏颇，但很短。这信是给废纸篓的。这样做之后，我开始正式评估，我发现用合适的语气写一些公平的东西（作为学生成绩单的一部分）要容易得多。我完成这两件事的速度要比我只写正式文件，以及小心翼翼地处理自己的感情快得多。

＊　＊　＊

　　人们不使用真实声音的另一个原因是，这让他们感到暴露自己、露出脆弱一面。如果有人不喜欢我的作品，我并不介意，因为我只是用了一种可以接受的声音，但如果我用真实的声音，而他们不喜欢——这很有可能发生，那就很伤人。别人对自己作品的批评越多，作者就越倾向于使用假声音。使用真实的声音感觉就像让自己与读者接触。这和在真正的眼神交流时发生的情况是一样的——每个人都感受到对方的存在。两个或更多的人停止交谈，沉默时，空气中的某些东西变得清晰，使用真实的声音也是这样的感觉。几乎任何形式的写作都是表现主义的，用真实的声音写作更是如此。许多职业作者感到特别需要隐私，那么，这将帮助你与一个或多个有兴趣重获力量的人聚在一起。在他们面前暴露自己、露出脆弱一面并不是那么困难。

　　人们不使用真实声音的另一个原因是这意味着他们要体验他们不愿拥有的感觉和记忆。当你用真实的声音写作时，虽然也会带来笑声，但常常会带来眼泪或战栗。使用真实的声音甚至可能意味着你会**相信**你不愿相信的事情。出于所有这些原因，你需要不为受众写作，或者为安全的受众写作；你需要对自己有信心，相信自己会逐渐把事情理清楚，即使需要时间也没关系。

　　大多数孩子都有真正的声音，但后来又失去了它。它通常只是很吵，像尖叫、打鼓。可能会让人苦恼，或者让别人很烦。"嘘"是我们对自己真实声音所带来的力量的回应。但是，除此之外，我们用真实的声音说的很多话对于我们周围的人来说很难处理，这些话表达了愤怒、悲伤、自怜，甚至是对错的人的爱。当我们对这些表达保持沉默时，我们就失去了真正的声音。

此外，当我们同意放弃对不真实和不公正的一些自然反应时，我们就失去了真正的声音。几乎所有的孩子都能在许多电视人物或政客的声音中感到不真实，许多成年人却听不太清楚，或者掩盖了自己的不信任。如果你听到所有的不真实，那么你很难在这个世界上与他人相处，你会感到孤独、沮丧、绝望。我们需要归属感，如果我们不再听到不真实，社会就会为我们提供归属感。

当事情不公平的时候，孩子们通常会有所察觉，但他们经常被劝着去接受，因为他们需要归属感和被爱。他们在以后的生活中回想起这些情感会导致愤怒、悲伤、孤独，以及内疚——它们一直存在。真正的声音往往被淹没在这一切之中。如果你想要恢复它，最好从你信任的人那里获得特别的支持，这样你就不会感到孤独或受到这些感觉的威胁。

人们不使用真实声音的另一个原因是他们逃避自己的力量。像你这样强壮，挥舞你真正拥有的力量会让人害怕，这意味着你要承担比以前更多的责任和信任。如果你用真实的声音写作，人们会说"你是这么对我的"，并试图让你对他们的一些行为负责。此外，你的力量产生的影响可能与你的预期不同，尤其是刚开始的时候，你以为你只是增添点趣味或打个招呼，这却会引起爆炸。其实我是说："你为什么不开枪？哦，是的，顺便说一下，我不能告诉你怎么进行瞄准。"在写作中，标准的方法是，在你能瞄准之前，不要扣动扳机。但是，在你扣动扳机之前，你怎么能学会瞄准呢？如果你开始让写作引你走向真正的声音，你会发现一些以前自己不知道的想法和感觉。

因此，在安全的地方练习射击。首先，在没有人的地方练习。然后，和你认识并深深信任的人一起练习。找到那些愿意在你扣动扳机时和你共处一室的人。试着在无所谓结果的地方使用力量。给那些对你无关紧要的人写信。你会发现这枪并不能杀人，但你却拥有比平时更强的力量。

当然，你可以接受你的力量，但你仍然想掩盖这力量。如果你在一家大公司工作，你会发现这样很方便：用模糊、被动的语言来写一个事件"已经引起我们注意的是……"，这样你不仅掩盖了这是一个人的自由意志所做的行为这一事实，而且还掩盖了**其实是你这么做的**。但是，如果像有些人那样，认为所有的行政写作、机构写作、政府写作都需要缺乏真实声音的共鸣，那是不正确的。大多数情况下，虽然它有力而清晰，能很好地发挥作用。这种**个人的、个人主义的、充满个性**的声音不适合许多机构写作，然而你可以用非个人的、公开的、共同的声音为写作注入力量。避免使用"我"以及这种氛围，全部用"我们""他们"甚至"它"表达，仍然能获得真实声音的共鸣。真实的声音不是能产生共鸣的**个别个性**的声音，而是**意义**共鸣的声音，因为作者的个人意识某种程度上会完全滞后于那种意义，或与其协调一致，或参与其中。

我已经强调了在没有反馈的情况下分享写作的重要性。让人们专门就真实声音给你反馈怎么样？这样的反馈也许有用，但我对此表示怀疑，因为很难知道一个人对真实声音的感知是否准确。如果你想要这种反馈，不要在写作早期索取，确保来自不同类型的人，并确保不要过于信任它。最安全的方法是让人们读一篇文章，一周后再问他们记住了什么，他们**不喜欢**的段落往往有最真实的声音。

这是一个具体的练习，以获得真实声音的反馈。它产生于第一次让我有意识地思考这个问题的经历。作为出于道义原因而拒服兵役的申请人，随后作为一名草案顾问，我发现义务兵役设定的写作任务非常有趣，并令人费解。申请人必须写为什么他反对战争，但没有正确或错误的答案。草案委员会接受任何答案（限制范围较为广泛），他们可以接受任何风格、任何技能水平，唯一的评判标准是**他们**是否相信**申请人**相信自己所写的申请（我描述的是委员会成员真诚的时候，评判是如何进行的）。

申请人，尤其是大学生，通常从不起作用的写作开始。我从所有的争论、骚动以及与他们的谈话中推断出，他们很真诚，但因为他们写的时候太专注于理论、论点、推理，所以最终纸上没有坚定的信念。我给某人这个反馈后，他愿意一次又一次地尝试，最后他的语言开始听起来像真实的，突然之间，写作充满力量，而且其他方面的技巧变得熟练。

那么，我给大家的建议是：简单地写下一些你的信念，甚至是一些经验或看法，让读者给你这个有限的、奇特的、类似草稿纸的东西提供反馈——他们真正相信你相信的内容是什么，他们怀疑什么地方？这个练习的有用之处在于，你会发现，听起来很真实的词语，往往并不特别富有感情，也没有很强的说服力。太多的"真诚"和强烈感情往往听起来虚假，让读者怀疑你是否真的相信你所说的。我强调这一点是因为我担心自己让真实的声音听起来好像总是充满了强烈的情感，但通常真实的声音很安静。

★ ★ ★

最后，和这些具体的练习一样重要的是，采用正确的心态。

寻找真实的声音并意识到每个人的内心都有它，都等待着被使用，但也要记住，你在寻找神秘又隐秘的东西。真实声音的作品中没有外在的语言特征，只存在共鸣或对读者的影响。但是，你不能指望读者注意到它或同意它存在，因为读者在评价写作时所使用的是其他标准（例如优雅的风格、正确的推理、良好的见解、真实的生活、深刻的感情）；因为真实的声音出现时，有时会伴随着质量不佳的写作。而你作为作家，可能会误判你的作品中是否存在真实声音，至少在你最终形成一种值得信赖的感觉之前是这样。你必须愿意在黑暗中工作，不要着急，充满信心。我所知道的最好的线索是：当你开始形成真实的声音时，你的文章可能会得到更多读者的评论（虽然不一定是更有利的评论）。

如果你寻求真实的声音，你应该意识到你会面临一个困境。你可能只有一个真正的声音，至少最初是这样，你可能会觉得它幼稚、讨厌、丑陋，你被困住了；或者你可以使用自己喜欢的声音，也可以使用让别人听到的声音，但一段时间内，你不可能两全其美。

但是，如果你有勇气去使用真实的声音，并融入其中，你就会掌握共鸣的诀窍，你就会学会扩大它的范围，最终让更多的声音变得真实。这当然是伟大的文学艺术家的本领——能够使许多声音产生共鸣。

最后强调重要的一点：很多声音的真相。强调这一点的部分原因是为了让你放心，你不会永远只听到一个声音，但也因此突出了声音的神秘性，真实的声音不一定是个人的或真诚的。写自己关心的问题只是一种方式，不一定是最好的。这样的写作会让你用一些煽情的词语或分析性的词语来表达你现在有多生气，这些词语对写作有用，能表达强烈的情感，可能会成为未来写作富有力量的**来源**，但就目前而言，它不会引起读者的共鸣或产生影响力。真正的声音是能产生共鸣的声音，能让话语穿透人心的声音。有些作家通过纯粹的幻想、谎言、模仿完全不同的作家、催眠状态的写作来获得真实的声音。通过在你的大脑中融入另一个人的性格，假装成另一个人，你可能会得到真实的声音。因为**摆脱**自我的担忧和观点是获得真实声音的好方法，所以写小说和扮演角色是强有力的工具。许多优秀的文学艺术家在为自己说话时听起来反而最没有说服力。重要的是你要知道，力量是可以获得的，体验是获得力量的最佳方式。

27　将体验融入语言

如果你想了解松树，就去松树那里。如果你想了解竹子，就去竹子那里。这样做的时候，你必须把你的主观想法留给自己。否则你只是将自己的主观想法强加在客体上，并没有去了解它。当你和你了解的对象合而为一时，你的诗就会自然而然地发出声音……*

"把你的主观想法留给自己。"在声音的章节中，我一直在谈论**自我**、**自我**、**自我**。有没有可能这一切都是错误的、不正确的、不道德的？我不这么认为，但因为我在这本书的这一部分中所寻找的是一个中心之谜——生命、力量、文字中的魔法，所以可能有不止一条路通向它。我现在实行另一种方法、另一种进攻路线、一套不同的术语。

阅读和真正的阅读

写作是一项艰巨而又神秘的工作，当然，这就是这本书的意义所在。但是，如果我们暂时不对作者指手画脚，转而强调读者所从事的是一项艰巨而神秘的工作，那么最终我们会学到一些关于写作的重要知识。

---

*　选自《幽径适北札记》(*The Narrow Road to the Deep North and Other Sketches*)，松尾芭蕉(Basho)著，汤浅信之(Nobuyuki Yuasa)编辑(纽约，1966年)，第33页。作者约翰·巴拉班在"庞贝以南，舵手踌躇不前"中引用，《大学英语》1977年12月第39卷第4期。

　　为了从一组词中获得意义，读者必须构建意义。阅读时你遇到一个不认识的单词，你可能需要查字典，然后尝试不同的定义，看看哪一个是这里的意思。这比你通常阅读时要做的工作多得多，但它阐明了一个关于阅读的基本事实：在你阅读的每一本书中，你都必须为字词**赋予**意义，而不是从字词中获取意义。意义是读者赋予的，而不是字词赋予的。当页面上写着"**聊天**"*时，英语读者会想到一场惬意的对话，而法语读者则会想到猫。读者构建意义，文字只是摆在那里。

　　想想作为一个作者，这对你意味着什么：你有这些想法，想要去交流，但你不能只是告诉读者，你必须让读者去构建它们。你必须走到读者面前说："我们去兜风吧。你踩踏板，我掌握方向。"你就是在说："这是为你做的漂亮的雕塑。"但展示出的只是架子上的一堆软塌塌的气球。为了看到雕塑，读者首先必须给气球充气，而且充得恰到好处。他们必须提供**气体**——呼吸、灵气。你说："这里有幅可爱的画。"但展示出的只是线条和数字，读者必须涂上颜色。你不用提供提示，不用告诉它们数字对应的颜色，读者必须自带这些信息——这就是知道如何阅读的意思。

　　无论你多么想给读者一件成品，你都不可能做到，就像剧作家不能通过邮件发送现场戏剧，她只能寄剧本——制作戏剧的一系列指导。你能做到的最好的事情就是确保你已经彻底检修了自行车，这样踩踏板就不会更困难。你可以保证不用爬没必要的山丘，你可以确保气球上没有洞，你可以确保没有印刷错误，不会让数字对应颜色的图片里树是紫色的——除非你想要紫色的树。无论你这篇作品的**准备**工作做

---

　　*　译者注：原文单词为"chat"，英语中对应意思是"聊天"，法语中对应意思是"猫"。

得有多好，读者仍然需要做他们该做的事——踩踏板、吹气球、按数字涂色。

如果这让阅读听起来像是一项繁重的工作，那么更糟糕的事情还在后头。因为我只是在谈论如何从语言中获得**意义**，但这里真正的话题是语言的力量，所以这意味着我们必须讨论读者在文字中得到的**体验**，而不仅仅是意义。

我记得那个场景，我第一次意识到，如果文字要有力量，读者需要做第二层工作。我那时在读一本小说，看到了这句话：

> 这天晚上，太阳在淡蓝色的天空留下了洋红色的瀑布，
> 近乎满月的秋月开始照亮堆积在地平线上的厚厚乌云。

我停下了。一开始我就遇到了一些困难或阻力，但我将其从意识中推开，继续阅读。看到了这句话，我突然意识到我根本没有**看见**天空，而且还有很多东西我一直没有看到。

现在，如果文字描述得更清晰，也许我可以毫不费力地看到天空。月亮、太阳和云之间的关系，可能会让人有点儿混淆，因为这是一个学生为了学分而创作的，我想做其他事情时，作为工作的一部分，它就成了我的必读之物。如果不是这样，我可能会看到天空。如果我没有生这个学生的气，这个画面可能已经跳入我的脑海。我想我最好承认，在我开始读她的文字之前，我就已经对她感到恼怒，原因与她的写作毫无关系。

我看不到她的天空，不管对此有多么充分的解释，都丝毫没有破坏我突然意识到的东西。我意识到无论文章多么好，无论我读得多么自由，无论我多么喜欢作者，事实仍然是，我必须通过一系列文字去**看**、

去**感受**描述的内容，并对此表示同意，而且我还必须提供想象力或精神能量，在我的头脑中形成这种形象（顺便说一下，我在这一章讲的是描述性和叙述性写作，说明性写作在下一章讨论）。

过去每当我因为这种挫折而停止阅读时，我往往会把它描述为写作"不起作用"的例子。但是，我现在第一次意识到，在大多数不起作用的文字背后，隐藏着读者的拒绝行为（我承认有些情况下，读者并没有拒绝，而是尽其所能地去尝试，但仍然没有得到任何意义或体验。不过，通常情况下，读者在真正付出全部之前拒绝花费更多时间尝试）。

当然，我曾多次意识到一种**完全的**拒绝：拒绝阅读、拒绝踩踏板、拒绝继续阅读或再多读一点儿。但是这次情况不同，我一直在读那本小说，这是我的责任。我几乎一直在理解她每句话的意思，很大程度上，我能识别她文章中体现出的技巧、经验、老练程度（我上面引用的句子是她所有句子中最不熟练的），我能够判断写得更优秀的段落或短语等。我坚持了下来，进行了可以称之为认真阅读的工作，随后继续给学生写一些书面评论。

最终出现的区别对于现在的我而言非常重要：我允许那个作者使用我的**大脑**，但我不允许她使用我的**体验**。这就好像我是一个音乐家，在纸上默默地读着交响乐的乐谱。我看着它，看它用的是什么调，看它用的是什么样的旋律和和声，看它如何混合弦乐器和铜管乐器，看它哪里响亮、哪里戏剧化、哪里安静等，所有这一切都没有在我的脑海中发出声音。我做的是称职的工作，阅读音乐制作的说明，但**听到**它发出声音，去**感受**音乐需要额外的努力、自我投资。对于一个优秀的"音乐家"，如果他喜欢自己所阅读的内容，他自动或在潜意识下会付出这些努力。如果我只是阅读，我通常能基于过去的音乐经验作出判断："是的，这是一首优美的乐曲；是的，这是弦乐器和铜管乐器的巧妙结合；不，那是一种笨拙的和声方式。"这些可能是敏锐的判断，也可能不是，但这都是在没有听到音乐的情况下做出的，那么我对这个学生的评论可能正确，也可能不正确，事实是，我没有体验过她的文字就做了这些判断，我只是理解了这些话。

那么，关于阅读的重要事实是，读者每时每刻都在做一个选择——是投入所需的能量来**获得**文字中隐含的切实体验，还是只阅读指示去构建体验。当我读一些我觉得很有力量的内容时，我可能不会觉得我在做这样的选择或在投入额外的努力。感觉好像我只是坐在那里，允许作者对我做这些事，就像是她给予我这些体验。我觉得我可以放松下来，呜呜叫着说："是的，我喜欢，再来一次。"但这种感觉具有误导性。事实上，我必须同时同意接受能量和提供能量。作者给我的是一种使它看起来有趣又简单的指示。我认为从优秀的作品中构建体验不像是工作的原因是：我们想做就做。别人不能逼我们做那种内在的事，他们能让我们阅读，但不能给予我们体验（因此，在必读的一篇文章中我的拒绝行为引起了我的注意）。

另一个必须阅读作品的例子。老师总是抱怨学生不"遵守指示"，即使学生们非常好地阅读和理解了这些指示。或者老板要求我们阅读备忘录或说明书，我们照做了，然而，我们继续表现得好像我们没有阅读过一样——操作程序错误，破坏设备，忘记了最重要的步骤。对此的答案是，我们阅读了，但却不是真正的阅读。如果做一个简单的测试来检验我们对所读内容的理解，我们可能会通过测试。我们理解了，我们能记得，我们只是**体验**不够，无法改变我们无意识的行为。

我们无法按照"简单的说明书"组装玩具或器具的原因，这个问题说明：我们是否通过文字构建一种体验——我们是否在默读乐谱时听到音乐？通常情况下，不是我们看不懂说明书，而是即使我们理解了我们那时阅读的文字，我们也会**忘记**放那个该死的螺丝钉或忘记把支杆弯向左边。之所以这条建议只是从我们的脑海中闪过，是因为我们完全没有**体验、想象、倾听**这些话语。作者完全没能让我们**参与**到任何体验中去，比如安装螺丝钉、弯曲支杆。

因为我注意到读者必须对蕴含力量的作品表示同意接受能量、提供能量，当我对一本小说、一首诗或一个故事不满意时，我能更清楚地看到真正发生的事情。不会只是说，"哦，写得不怎么样"或者"我想我对那个主题不感兴趣"，这些判断也许是正确的，但现在我经常注意到另一件事：我不够信任作者，我认为如果我要拥有她想让我拥有的体验，那我就完蛋了。有很多体验，除非我相信这些作者，否则我不会被他们说服为自己创造体验。除非她以某种方式赢得了我的信任，否则没有人能让我感到害怕或让我哭泣。因此，在我看来，如果有人试图在一开始就设置一个非常可怕或者非常悲伤的场景，那么这篇文章很可能会失败。如果她掌握方向朝着瀑布开，我根本就不会划动船桨。我不会让她玩弄我的感情。然而，通常开头几页我拒绝为自己创造体验，在我参与其中之后——就像我所说的，在我开始信任作者之后，我就愿意拥有这种体验。

作品的开头，我喜欢感受温和的体验。作者可以告诉我一个有趣的想法或者开始叙事（只要不是太奇怪）。我乐于倾听别人说话的声音、思考的声音；喜欢看房子、房间、风景。我怀疑这就是故事和小说总是以描述开始的原因之一——并不是说我们需要从画面开始，很多成功作品没有太多的画面描述，但这种描述是作者展示作品神韵的好方法，这样我们可以建立一些信任。

这让我更了解作者的任务。作者面朝前方，坐在船尾掌舵，读者所做的全部工作就是面朝后方划船，到达目的地后才知道要去哪里。再换个比喻，作为作者，你必须对读者说："为什么不脱下你的衣服，让我来玩弄你的身体呢？"玩弄人们的思想是否比玩弄他们的身体具有更少的侵略性？是的，假设他们不得不读你的作品，或者他们对你的作品很好奇，他们也许会**读**你写的文章，但他们不会**真正**阅读，除非他们信任你，否则他们不会花费额外的精力来获得你试图传达的体验。

那么，你如何赢得读者的信任，得到他们的许可呢？我认为，作者完全专注于他们想让我获得的体验时，他们就会赢得我的信任。我说的不是让我**相信**他们，这真的不那么重要，我说的是让我体验他们谈论的东西的能力。

作者无法赢得我的信任、得到我的许可，往往是因为我感觉到他们试图操纵我，或者至少我感觉到他们的一些精力和注意力没有放在体验上，而是放在他们想对我做什么上。这就是我在以上那篇洋红色日落作品中感受到的。"操纵"这个词太过强烈，但是你可以感觉到作者的部分注意力从画面本身转移到了她华丽的语言和她想要产生的令人印象深刻的效果上。

下面是一个比较温和的例子：

阳光透过附在树上的小水滴照射进来，仿佛每一滴水都是一根小小的棱镜，在我们周围闪烁着火花。我们等了很久，终于看到了太阳，真是太高兴了，这是一种多么美好的回报啊！

第一句话赢得了我的信任，让我至少开始看到画面，但第二句让人失望，尤其是后半句，因为作者不再沉迷于体验本身，而是开始在一定程度上敦促我拥有它。

另一种作者试图获得读者信任的方式是表现得非常真诚，用他们的方式宣告："相信我，我是个好人，我会对你坦诚相待。"对一些读者来说，这是可行的，但从长远来看，他们会想："她为什么这么努力地**试图**表现真诚？她在隐瞒什么？她想销售什么？"如果一个人过于努力地表现真诚，那么她可能在某种程度上不信任自己。我们信任的人有一个特点，就是他们真的相信自己，他们相信自己要说的话很重要，而且你会倾听。这是未受过伤害的孩子所具有的品质，能吸引听众的注意力。如果作者太过担心你是否会倾听，太过担心她所说的是否真的正确、真的重要，这种缺乏信任的感觉就会像一片浓雾或空气中的静电，有时这会让你感到些许不舒服。就像在聚会上，她在和你交谈时很紧张，或者她想知道自己是否还不错，又或者她想走开和别人交谈——你会**感觉到**她的注意力从她实际上说的内容转移到了她分散的内心想法和感觉上。一个优秀的诉说者完全相信自己所说的话，并能将**所有**的注意力放在她所说的话上，即使是在分散注意力的情况下也是这样。上面例子的第二句话"看到了太阳，这是一种多么美好的回报啊"，这确实体现了作者的一种不安全感。

当然，有时作家似乎**征服**了我们。她掌舵的时候，我们同意划船但并不高兴，我们喘不过气，觉得自己别无选择。但是，实际上，作者费力地获得了我们真正的同意——当有人用纯粹的语调欺骗我们、"命令"我们时，我们也会给予同样的同意。有时，作者会抛出一个吸引人的禁忌秘密话题，比如性或酷刑，从而获得我们不情愿的同意（因为禁忌话题的力量通常会在一段时间后减弱，在我们充分享受它之后，它就不是那么禁忌了，所以我们对那些曾经让我们兴奋的话题感到厌倦。作家必须不断升级耸人听闻的手法，以重新抓住无聊的读者）。更常见的是，作家仅仅凭借他们的**权威**来征服我们——他们普遍自信，对自己所说的深信不疑，对自己作品完全掌控。虽然我们可能会**感到**不知所措，但是事实表明我们真的同意把自己放在如此强大的手中。这毕竟只是阅读，不是真实的生活。我们也可以承受某人裹挟我们完全感受她书中的力量，即使我们在现实生活中知道如何拒绝她。

有些读者比其他读者更容易不知所措。例如，儿童可能比成人更容易受到这种权威的影响，更倾向于附和。这就是为什么我们愿意支持让儿童远离某类阅读的想法。从字面上来说，他们更容易"没有主见"，更有可能创造自己的印象或体验。儿童比成人更容易因所见所读而做噩梦。在某种意义上，他们是更好的读者——他们更完全地服从文字。

但是，随着儿童年龄、阅历的增长，他们会越来越擅长**拒绝体验**，大多数成人都擅长此道。在某个年龄阶段，通常是青春期，我们看到孩子们非常努力地强化这些拒绝的能力。孩子们热衷于从浪漫电影、恐怖电影带来的所有体验中泄气：她看到特殊的人工灯光照在脸上，想象着巨大的相机和滑动台架四处移动，注意到特效，从神秘的月光和云彩掠过天空到阳光灿烂的白日，他们**透过**这些场景，看到了缩小的摄影机镜头光圈。可能很多年后，青少年才能真正对屏幕上的东西感到激动或恐惧。当然，还有一些人依旧麻木（我在想，一些麻木的人会不会被误导，为了证明自己活力十足、能将体验融入文字，尝试去喜欢耸人听闻的书籍和电影？这样并不明智）。

这个神秘的事件，这种阅读和真正的阅读之间的区别，这种注入文字的生命气息，这种体验，是由我们自己的材料和别人的蓝图构建的，我们通常不会注意到自己在做这件事：我们不仅是在读笔记，而且是在聆听我们头脑中的音乐——这就是我在这一章中想探讨的。但是，无论这件事多么神秘或无意识，我们常常轻松地就可以听见，大多数人都听过，尤其是孩子。如果有人大声朗读给我们听，将体验融入文字，我们往往可以听到他们的投入。当读者大声朗读时，如果突然听不到她所读内容中的音乐，我们会马上知道。

> 发生了什么事？我曾在森林里。我在体验着。那里没有床，天花板上没有裂缝，没有条纹墙纸，没有妈妈给我读书。我不用去睡觉。现在我在听妈妈给我讲故事。现在我得去睡觉了。妈妈仍然情感充沛地朗读，像之前那样，但现在她脑子里充斥着爸爸、吵架、下楼洗碗。我们在森林里。然后她不再去尝试，我们就回到了这里。

作者的工作

因为我认为如果你想让自己的文字充满力量，那么你作为一个作者必须做的事情同样复杂、神秘、难以定义，所以我强调阅读的复杂性，其只是说起来很简单。虽然我将在最后更全面、实际地讲出来，但是在这里，我对这一章的全部建议几乎可以被归结为：如果你想让读者为你的写作注入生命气息，使他们获得深刻的体验，那么你写作时必须将体验融入文字。我不知道为什么会是这样，但它似乎就是这样发挥作用的，如果你经历了你所写的东西——假设你去看竹子，就会增加读者体验竹子的机会。阅读和写作的这个假设，你尝试得越多，得到的证实就越多。我可以用一个研讨会游戏生动地说明这个过程，在这个游戏中，你试着讲述图像，让其他人能够真正看到它们。*常见的情况是，学生描述一些事情，也许是前面草坪中央的一棵枫树，树干周围长着花，但这并不奏效，我**看**不到。我说："等一下。我看不到。**你**一定没见过它。闭上眼睛，静静等待，真正看到它。别再寻找词语了，去寻找美景本身。别着急。"说话者闭上眼睛，试着看清楚画面，我们等了一会儿，然后她说："我现在可以看到了，但现在它有点儿不一样。"她说出了自己的画面，但是，树不在草坪的中央，离人行道很近，而且树周围没有花，有长长的杂草，割草机都割不到。正如她所说，这**确实**有效，我们都清楚地看到了。打个比方，如果"真实"画面是第二个画面，她描述的第一个画面就是不完美视角、扭曲视角下的"真实"画面。第一次，因为她试图通过一个破旧的望远镜看它，所以她不得不编造一些细节。我提出要求后，她把镜头调得更准确，终于能看清画面了。

当然，理论上讲，讲话者没有理由**看不见**那棵树最开始的画面，那棵树在草坪中央，周围环绕着鲜花。这是一个完美的画面。这就是优秀作家的特点：能看到任何东西。但是，这个没有经验的作者需要把她所有的努力投入到体验中去，而不是执着于任何特定的画面，当她这么做的时候，她在文字中融入了更多体验，从而使树移到了人行道附近，花变成了杂草。也许第一张画面"构建"于模糊的记忆，而改进后的画面是返回记忆、挖掘记忆。也许这两幅画面都不是准确的记忆，但第二幅比第一幅利用了更多的记忆片段。第一幅画面想法太多或概念太多，体验不足。

---

　　*　约翰·舒尔茨（John Schultz）和他的同事开发的"故事研讨会"方法的一部分。见《故事研讨会方法：从头到尾的写作》（*The Story Workshop Method: Writing from Start to Finish*），选自《大学英语》，1977年12月第39卷第4期。

我是说如果你真的能走到竹子跟前，站在那里看着它；如果你能突然返回你童年时的卧室——你现在正试着写的那间卧室，你的文字自然拥有更大的力量。当然，这有可能做到。但是，实际上光用你自己的眼睛看着竹子是不够的，如果你意识到这一点，你会更接近我所说的"把体验融入文字"的核心。这是你在绘画课上学到的，绘画课上他们让你做俯卧撑，让你真正感受，而不仅仅是看。你必须做经典的尼克莱代斯*绘画练习，在整个绘画过程中，你的眼睛都不能离开物体，根本不允许看你的画纸。我们的目标是学会真正地看——把你所有的能量倾注到你的眼睛上，倾注到物体上。不要让注意力从你正在画的物体上漏到别的东西上，比如你的画看起来是否正确。

人们不能看画纸的时候画出的图画很有启发性。图画很容易出现这样或那样的明显扭曲，但与画画时为了追求精确不断回头看画纸、纠正线条相比，这样的画更富有生命力、活力、体验感。它们所画的躯干或苹果，能给观看者更多的**体验**。

对于心理学家和哲学家来说，处理"看见"和"真正看见"之间的区别可能很复杂，但在某些场合，很容易发现这些区别——你站在草坪上，真正地看到那棵山毛榉树，不知怎么的，一种感觉充满了你，完全占据了你——这棵树完全呈现在你面前。或者，你站在那里，是的，你看到了它，但不知为何，你看不到它的全貌，因为你精力有点儿分散、麻木，你无法集中自己的注意力。你的一些精力或注意力在别处，你和树之间的影响和交往不完整（显然，这并不是"看见"和"真正看见"之间的二元区别，而是一个渐进的统一体，从病态的注意力分散延

---

*　见《素描进阶教程》（*The Natural Way to Draw*），基蒙·尼克莱代斯（Kimon Nicolaides），纽约，1941年。

伸到神秘的参与）。

其中的原理很简单，尤其是在许多画面研讨会练习之后。如果你想让你的文字给读者带来体验，你自己就必须有体验——而不仅仅是处理思想或概念（我将在下一章讨论概念写作或想法写作）。这意味着在实践中你必须把所有的精力用于感受，让自己置身其中、体验幻觉——用于连接、接触或参与你所写的东西。不必费力寻找词语。当你**拥有**体验，在你接触竹子后，你只需要张开嘴，说出的话就是你需要的（不过在写作方面，你需要晚些时候修改）。

如果你真的站在那里看着它，就更容易真正获得体验，但这不是必然的；如果你真的看到了某件事，就更容易真正获得体验——也就是说，你写回忆比写虚构事件更好，但又不尽然，因为体验某物的重要行为完全是内在的——打开某个不稳定的腺体，或者握紧某个隐藏的肌肉，全情投入自我和物体（事件、体验、感觉）之间。为了实现这种充分体验的行为，有时我们感觉好像必须做一些积极的事情：握紧拳头，紧绷身体，试着更努力地集中我们所有的精力。另外，有时我们感觉放手像一种重要行为，我们必须学会释放一些东西，**允许**感知填满我们。

我这里说得很含糊。我认为如果我们从理论的角度来看，这个主题就是值得讨论的。但是，其实事情很简单。当我读到一篇对我不起作用的富有想象力的文章，我并没有感受到它所描述的那种体验（比如洋红色的云彩），我会告诉学生："我**看不到**它！我不相信你在写的时候真的有看到、听到。不要考虑词语。回去体验一下，再看看你想要说什么话。"这个建议通常很有帮助。

那么，你作为作者，最重要的区别在于是试着充分体验你的主题，还是找到合适的词语。一种活动中，你全心全意将精力和注意力投入你所描述的东西；另一种活动中，你的语言、你的读者，或对正在写的是什么类型的作品的思考占据了你的精力。*

我的意思并不是说你**永远不要**把精力和注意力转移至语言或受众上，或者永远不要弄清楚你是否在用正确的方式说正确的事情。你可以在以后的修改过程中去做，应该全心全意地去做。只要你是基于对主题的充分体验修改你的材料，你就可以在修改的过程中做出巨大的改变，同时还能让读者在他们脑海中创造出极具感染力的体验，但是，如果你把所有的精力投入体验中，你写出来的内容可能乱七八糟，可能会有太多文字。当你试着体验你的主题，允许这些词随心所欲地出现，你常常会发现自己废话连篇，对着同一个目标做了两三次尝试。在修改的过程中，你需要删除很多这样的语句。另外，你可能要重新安排很多东西，甚至要对结构做出巨大的改变。有时候，因为你觉得没有必要写出你在原始版本中看到的所有东西，所以单词就更少了。

如果你的修改只是切割和重新排列原始文章中的内容，那么你最终只会修改初稿中的文字，这些文字是你在体验你的主题而没有考虑写作时所写。但是，你也可以在修改的过程中添加新的词语和段落——有意识地、批判性地对风格、背景、受众和意义的要求做出判断。如果你的原始写作直接来自你对主题的充分体验，蕴含在这些词语中的生命力会让你在修改的过程中产生更多蕴含生命的语句。原始文字中的生命力

---

* 伊丽莎白时代的作曲家威廉·伯德（William Byrd）说，如果一个宗教音乐作曲家，真正地将他的思想完全集中在这个神圣的主题上，正确的**音符**就会自动出现——神圣的话语有一种深刻而隐秘的力量，人在思考神圣的事物时，勤奋认真地思考这些话语时，所有音乐中最合适的音阶会自动出现（我不知道是如何产生的），会在勤于思考的头脑中自发地给出提示。

选自对《格利丢利亚》（*Gradualia*）的献词，约瑟夫·克尔曼（Joseph Kerman）在《威廉·伯德和天主教徒》（*William Byrd and the Catholics*）中引用，《纽约书评》（*New York Review of Books*）1979年5月17日。

让你与体验保持联系，使你能够快速回到体验中去，即使那一瞬间你只是在寻找更好的字词或者短语——即使你正在进行毫无兴趣、计算性的复修改过程。

一些例子

看看克里斯·马格森（Chris Magson）写的这个故事。

> 我和比尔是朋友，亲如兄弟。我们在基恩附近的农场里长大。我们两家也很亲近。战争爆发时，我们都报名参军，而不是被征召入伍。经过基础训练，我们被分配到了同一个部队。我们在太平洋环状珊瑚礁和岛屿上战斗了两年。我已经很难回忆起之前的日子了，在新罕布什尔州的日子。
>
> 有一天，当我们在某个被上帝遗弃的环礁上建立滩头阵地时，我们的部队全军覆没，只剩下比尔和我了。我们没有受伤。我一直不知道发生了什么事，上一秒，我们还在低头躲避飞来的子弹，下一秒，一切都很安静，只有鼓着肚子的苍蝇在尸体伤口上大快朵颐的声音。我们低着头，不敢动。
>
> 过了一会儿，比尔从我们藏身的沙堆后探出头来。"弗兰克，"他小声对我说，"外面什么也没有。"当他说这话时，我偷看了一眼，什么都没有，除了散落在沙滩上的残破尸体。我认出了几个。沉默着，我们收集了身份识别牌。其中大部分已经褪色。我们没有看到敌人的踪迹。不管怎样，没有活着的东西。我们带着所有能带的水和食物出发去寻找小岛的最高点。附近植株并不茂盛，呈黄色。我们什么也没说。我们什么也没听到，连鸟声都没有。

　　比尔走在我前面约20步，他踩到地雷时，把我吓了一跳。我靠在一棵树上。当我醒过来的时候，我看到的第一样东西是那血淋淋的破布，是比尔。他已经没有腿和胳膊了。我向他走过去。他还活着，但已经奄奄一息了。我麻木地给他渗出血的残肢缠上止血带，并向他破碎的臀部注射了一剂吗啡。我看了看他的脸，又转过头去。他想说话，所以我凑近他的嘴。"弗兰克，"他喘着气说，"别让我这样……步枪。"我知道他想要什么，我把枪放在他耳边，但我扣不动扳机。血从他嘴里流出来，我想他已经死了。我离开了他，跌跌撞撞地哭着向山上爬去。我一直走着，注意到植物正在变绿，我还能听到鸟儿的叫声。我停了下来，坐下，把水壶里的温水倒了一点儿在头发上，不知道下一步该怎么办。阳光是白色的，从附近的岩石上反射过来，照在我湿润的眼睛上。

　　我站起来，又走了一段路，希望能找到片阴凉。因为没有找到，所以我继续走。我无意中走进了一片林中空地。我低头一看，满是灰尘的靴子下的草看起来很整齐。我坐下来想这是怎么回事。只要能让我不去想比尔就行。就在那时，我在这片林中空地的中间看到了什么东西。它看起来就像一个没有门或者没有把手的银行保险箱。在它的顶部，有一个像漏斗一样的东西斜向一边。这个东西是暗灰色的，那个漏斗状的东西看起来像一个老式留声机的喇叭。周围没有草，只有一圈黄沙。我一看到这东西眼睛就痛。就在这时，它发出了一种像脉搏跳动的声音。我听不太清楚，但我能从骨子里感觉到。脉搏越来越响，越来越有活力，频率一直上升，我泪水盈盈。它嘟——嘟——嘟地响着，然后，从漏斗里冒出黑烟。烟蜷成一团，像毛茸茸的烟圈。我记得在我们还小的时候，比尔的祖父，满脸皱纹，常常做这事逗我们开心。但是，从那东西里出来的不是烟圈，而是形状，矩形、烟雾缭绕的金字塔形和完美的球形。我看着它，不敢相信。这些形状卷曲，但没有逐渐消失，反而落在地上逐渐变平，并且保持了它们的形状。那东西发出打铁般的爆裂声，然后停了下来。

我背后有个声音说："你好，我已经等了很久了。"我转过身，面对着那位女士站了起来。她穿着一条长及膝盖的黑裙子，脖子上围着一圈珍珠。她大约50岁，或者40岁，这说不准。她又说："现在，我可以走了。非常感谢你们的到来。"她伸出双手合上，说："来吧，孩子们，我们现在必须走了。"她走了，她的手臂摆得像牵着两个孩子的手。她回头微笑看着我说："你必须明白。我知道他们已经不在了，但对我来说，这种错觉就够了。"她离开空地时，我对她喊道："你什么意思？请你告诉我！"中间的那个东西又嘟嘟响了起来，我转过身。比尔朝我走来，微笑着挥舞着手臂。他突然开始加速小跑。

这里有三段话，是我认为最努力想要有力量的地方：开头苍蝇和尸体的寂静时刻，朋友的死亡，以及最后那个女人对她孩子的悲怆之情。尽管这些段落牵动着我，想给我震撼的体验，但我发现我拒绝了。这些文字要求我投入、构建感觉，我拒绝了这要求。另外，他对烟雾机器的渲染似乎很有感染力，我感觉很生动，我剥离自己，参与了这一系列奇怪的画面，这样真的打动了我。

我推测比起故事的其他部分，作者对这台机器的**体验**更全心全意，注意力也更加集中。我和他谈话时发现，在他写那篇故事的前一晚，机器在他的梦中出现过，正如他所描述的那样，它其实是产生整个故事的源泉。实际上，他是从一个震撼的体验开始的，我得说他处理得很好，他自己回到了那种体验中，与他梦中的那些感知产生联系。

我将这个有影响力的段落与其他三个段落进行对比，这三个段落试图让我在脑海中构建体验，但没有完全成功。最后写那个女人和孩子的段落似乎特别弱，它似乎完全是作者在思考如何结束故事时想出的一个聪明（虽然不明显）的**想法**，一个几乎是噱头的点子。因为他没有让故事自然结束，所以他必须想办法编写一个结局。

我想中间那段关于同伴死亡的段落，在某种程度上是源于一种体验，不过，我感觉它也源于这个事件的**构想**——它既是一个概念化的事件，也是一个**体验**过的事件。我猜作者有过这种体验，是的，某种失去朋友的感觉，但他确实不愿意付出接近等值的情感代价，这需要他把过去的感情和事件本身联系起来，通过可怕地近距离接触死亡去仔细体验失去朋友的痛苦。

开头苍蝇和尸体的寂静时刻是一个有趣的临界案例。这句话的对比使它很有力："上一秒，我们还在低头躲避飞来的子弹，下一秒，一切都很安静，只有鼓着肚子的苍蝇在尸体伤口上大快朵颐的声音。"它没有使我体验到它所描述的感觉，但我可能比一些读者更挑剔——我认为我的拒绝全部来自他想让我在故事的开头就有特别强烈的体验感。如果我是在故事的后面看到这些文字，在我对他建立了更多的信任之后（我确实建立了，直到耍花招的结局那里才崩塌），我可能会自动同意构建他所想要传达的体验（我的直觉是，他是在体验时间的推移，而不是恐怖的身体细节。时间的推移是指他经历过的一种令他感兴趣的心理活动）。

自从我开始以这种方式看待写作和我的反应，我发现一种"小段落—高能量"的原则。也就是说，我经常发现故事中最有力量的部分表达更少、让人体验没那么强烈。作家们在试图描写深刻、凄惨的故事时，往往会失败。他们遇到了双重障碍。作为作家，他们不仅很难全身心投入到这种强烈的体验感中，而且即使他们这样做了，他们也会要求读者付出巨大的代价。

当然，反过来也可以——一段强烈痛苦的体验，因为它对作者产生影响，所以可以让作者对它更集中注意力，这样在两个月或两年后，她坐在桌前时，可以再次完整地体验它。然而请注意，只有你确实有过这样的体验，事件才会越大越好。如果你试图**编造**震撼人心的事件，你非常有可能会摔得满脸是伤。而且，总的来说，当我看到作者真正学习去体验他们用文字表达的内容时，他们倾向于缓和情绪程度，专注于他们尝试过的更渺小、更低级的事件。缺乏体验的作者的特点是不断地追求越来越"震撼"的体验，比如老掉牙的《真实杂志》（*True Magazine*）上的作者。由于他们在写作时并没有真正经历过这些悲惨的事件，所以他们也想不出什么词来唤起读者感受这些体验。

看看兰迪·西尔弗曼（Randy Silverman）的这篇短文。

一个牙齿不齐的男人蹲在昏暗的大厅里，身上披着一件普通的雨衣。他是个酒鬼，不是诗人。像无月之夜的一场梦，他站在那里脑袋空空。生活里只剩下他，他宁愿什么都不记得。血淋淋的苦难之门背后，一个心地善良的人陷入迷茫。这个陌生人的眼中毫无波澜。一只很大的绿色蜥蜴，正沿着大厅向他奔来。鬣蜥穿过大厅时，尾巴擦着他的鞋子，后面紧跟着三四个兴奋的孩子。那只鬣蜥急忙窜进走廊尽头一扇开着的门，孩子们紧随其后消失了。门砰的一声关上了，大厅里又一片昏暗的寂静。

这个牙齿不齐的人现在靠在门框上，嘴里咕噜着一首他不记得的歌。他的目光在大厅里转来转去，旧油漆和灰泥尽收眼底。他从大厅对面门的玻璃窗上瞥见了自己的影子，便停了下来。一个模糊的印象掠过他的脑海，就像一只在地道里移动的刺猬。他想起了他的妻子米拉，她正用深邃的目光严肃地看着他。她的嘴角没有一丝微笑，也没有一丝沮丧，就像蒙娜丽莎的嘴。她的帽子是布做的，戴在头上很合适，边缘向上翘起。一个肩膀裸露着。

那人的目光从玻璃上移开，落到地板上。他低下头，发出一声悲伤的呜咽，一声接着一声，直到他的眼睛里迸出了眼泪。他的头像软木塞一样上下摆动了几分钟，然后眼泪汇集成平静的溪流，冲洗着他的脸和胡子。

突然他注意到有人拉他的裤腿。他低头一看，发现拉他的是一个不到四岁的小女孩，穿着睡衣站在他旁边，左手拿着一张纸巾递给他。他伸出手，从她手里接过纸巾，贴在自己脸上。

这些文字具有让我构建体验的力量，而不仅仅是阅读表面的文字。我听到了音乐。我相信，在写作的过程中，西尔弗曼设法全心全意地专注于事件或画面，参与他所呈现的体验。他没有将精力泄漏到别的地方，没有将精力放在组织语言、关注读者或怀疑他所描述的东西的价值上（当然，他在修改的时候可能考虑了所有这些事情）。

我感觉这段开头的话语中力量略有减弱："生活里只剩下他，他宁愿什么都不记得。血淋淋的苦难之门背后，一个心地善良的人陷入迷茫。"这段话**解释**了场景——**告诉**我们什么感觉，而不仅仅是**展示**场景。然而，与此相反，接下来关于鼹鼠的句子给予我比平常更强烈的体验感。后面刺猬和记忆中的妻子的明喻中，我能从文字中感受到比平时更强的体验感。

我假设西尔弗曼写这个故事时，尤其是写那些强有力的段落，设法置身事外——坚持**自己**置身事外，**摒除**单一的**思想**，撇开纯粹的**感觉**，让这些体验依靠自己的力量以某种方式表达出来（有趣的是，读一些优质内容时，你不会感到花费精力。同样，当你的写作特别顺利的时候，你也不会觉得自己花费了精力。你与竹子产生足够的联系后，你和读者都不需要做任何工作，所有的能量都来自竹子，来自神，来自裂变。在这些幸运的写作阶段结束时，你依然会感到筋疲力尽）。

我强调需要拥有体验，只是另一种给予传统写作建议的方式，我建议展示，而不是讲述。也就是说，如果你想让读者有所感受，那么告诉他们该如何感受（"它太**可怕**了"）是没有用的。你得给他们看能让他们感到可怕的东西。如果我感到一个作家试图严肃庄重地说"永远不再""不可避免""阴暗诡秘"以传达一种体验时，我抵抗她，并且没有得到这种体验，我认为她的注意力从感知竹子上转移了，她只专注于产生影响。用花哨的语言进行解释或对其用力过猛，就像在电台或电视节目中，向演播室的观众举着大笑提示牌——他们试图**告诉**我们如何感受时，我们对此表示抗拒。

这里的建议**几乎**（但不完全）与其他传统建议相同：给予大量具体的感官细节，避免泛化。也就是说，如果我劝你描述树的时候要具体一点，描述它的叶子的颜色和树皮的纹理，以及树叶在风中发出的声音，而不是滔滔不绝地说它有多漂亮，那么这可能会迫使你回去再体验那棵树。但是，并不是感官细节本身使你的描述起作用，而是你对这棵树的体验让你的描述起作用。

有时，人们一次又一次地收到建议，建议他们在写作中加入具体的细节，于是他们开始在没有经历过的情况下编造这些细节。这段话的结尾，就是典型的因为没有体验而编造的没有生命的感官细节。

> 下班后，唐去看一场演出，他在报纸上看到了这场演出的广告。演出在离商店不远的一家旅馆的舞厅里。唐走进表演厅，他的脚陷入厚厚的深红色地毯。

这是一个学生写的，在我看来，他似乎有一种倾向，即根据想法构思写作，而不是根据体验来写作。我在寻找一些可以赞美的地方，一些我可以说"多做这个"而不是"不要做那个"的地方，我突然发现了关于脚挨着地毯的那部分。"陷入"是一个有趣的隐喻。我最后说，"多做这样的事"，但事实上，我怀疑所有关于双脚挨着红地毯的细节都是出自作者的一个想法，或者作者在阅读中遇到的现成短语、现成想法，而不是源自体验。我无法真正感觉到任何双脚挨着地毯的体验（当然，阅读也是真实体验的来源——你可以从阅读中借用短语，甚至借用很长的段落，许多伟大的作家都是这样做的，只要你**体验**过它们，并使这种感觉变成你的感觉）。简而言之，建议"看树"或"体验树"比建议"给出树的更多具体细节"更好。事实上，体验这棵树会导致**不具体**的写作，然而却很有影响力——如下文所示。

　　我们在花园里喝酒。那是一个春日——一个令我们难以置信的郁郁葱葱的星期天。一切欣欣向荣。那里有很多看不见的东西——耀眼的光，芬芳的气味，令人露齿而笑的愉悦，但最神秘、最令人兴奋的却是那阴影，那无法形容的光亮。我们坐在一棵大枫树下，它的叶子还没有完全长出来，但足以挡住阳光，美丽得令人惊叹，它看上去不是棵孤零零的树，而是数以万计的树中的一棵，是从童年开始生长的一长串枝繁叶茂的树中的一环。

约翰·契弗，"矮脚柜"（Lowboy）

出自《约翰·契弗小说集》（*The Stones of John Cheever*）

（纽约，1978年）

关于感觉的警告

　　"如果你想写得好，那么确保你有很多强烈的感觉。"这看上去是我在此处想传达的信息，但并非如此。我特意用"体验"这个词来表达作者的需要，尽可能地避免使用"感觉"或"情绪"这些词语。哪怕你对这个词产生厌倦，我也会毫不迟疑使用"体验"去描述。

　　但是，我们的语言在区分人们内心的不同东西时是模糊的，比如区分人们的感觉、体验、观念、想法。当我说作者"应该体验"她所写的东西时，我的意思是比起"应该强烈感受"，这其实更接近于"应该看到和听到"。感觉和体验会混淆，因为当我们充分体验某件事时，也会产生感觉——真实的体验会狠狠地击中我们。但是，强烈的感觉本身并不能帮助你将体验融入文字。事实上，一些最糟糕的写作之所以失败，正是因为它的文字过多地出自感觉，而不是出自事件或场景本身——不是出自"竹子"。

例如，想想如果你决定写遭遇车祸会发生什么。你会发现**体验**事故所产生的词语和**感受**事故所产生的词语之间有着巨大的差别。如果要体验它，你必须回到那里，对一切看、闻、听。"太**可怕**了"或诸如此类的最终感觉，会阻碍你重新体验事故（快乐的感觉也会阻碍对事件的完整体验。有时毫无经验的作者会这样说，"它是如此的美妙，如此的辉煌，这是从未有过的感觉"，当她沉浸在对事件的**感觉**中时，她就想写这样的话语）。

当然，车祸中体验到的不仅仅是景象和声音，也会体验到感觉。你让语言从体验中自发生长，你设法回去与事故产生联系或重新经历事故，不仅会得到来自感官体验的词语，还会得到从感觉而来的词语，你也应该得到这些词语。但是，这些**感觉**不是你的语言的正确来源，它们是事故体验的一部分。产生这么多糟糕作品的原因就是，哪怕只是片刻强烈的体验，**后来的感觉**也会随之如潮水般涌来。这些后来的感觉往往会主导我们的记忆，当我们写作时，它们会迅速占据我们的注意力。我认为之所以它们能这样做，是因为它们是一种捷径，让我们可以因此不必真正地重新体验事件本身。

无论是哪种感觉，感觉作为感觉，都没有写作价值。感觉只有在它们是你试图用文字呈现的原始体验的一部分时才有价值。因为感觉会麻木、糊弄、抹掉你其他体验，如果有这样的倾向，那么你应该稍微离它们远点，所以有时这会导致老师制定一个极端但有点儿用的通用规则：别用感觉！坚持用感官数据。

请注意，在西尔弗曼那篇关于醉汉的文章中几乎没有感觉（虽然它在读者心中创造了感觉），其中最无力的句子是隐隐讲述这个男人有多可悲的感觉。西尔弗曼的优势在于他能够专注于物体，而不是他对物体的感觉。马格森的三个情绪化时刻是战争故事中最无力的部分，而没有感觉表达的烟雾机是最有力的部分。简而言之，对竹子有感觉和见到竹子，这两者不一样。

当然，你可以不写那场车祸，而是有力地写你因此而产生的感觉——恐惧、紧张等。好吧，在这种情况下，你应该试着让你的文字源于这些感觉，如果你是在很久以后写的，你应该试着回去重新体验它们。但是，不要假装你在写一场车祸，你写的是一场车祸后的感觉。

建议

目标是将力量融入语言。如果我是对的，那就意味着让你的读者在你写的东西里感受体验——你掌握方向时，她踩踏板，让她允许你玩弄她的思想，让她听音乐，而不仅仅是读音符。要做到这一点，**你必须把体验融入你的语言中。你必须去竹子那里**，但这在实践中意味着什么呢？

• 全心全意投入到你所写的内容的体验中，或者重新体验你所写的内容。投入你所有的精力联系事物。在那里，感受它。**参与到**你正在写的任何事物中，然后让文字自然而然地出现。

• 之后修改的时候你可以调整词语。这时候你可以粗暴野蛮——剪切、纠正、澄清、完全重新安排。你可以仔细考虑你的受众、你的主题、合适的风格、最有效的方法。你大刀阔斧地修改风格、语气、方法、结构，依然能保持语言的生命力，这很容易做到。

• 在你的初始写作中，你的文字不要源于一个概念或想法。虽然从一个概念开始是**可能的**——"让我们看看。一个人错误地娶了他母亲，这故事怎么样？"。只要你愿意接着把你的聪明想法转移到它引起的事件的实际体验上。但这是一条危险的道路，除非你是一个非常熟练的作家。如果从想法、计划或噱头开始，你通常很难**拥有**体验。

• 利用记忆。体验实际发生在你身上的事情通常比体验虚构的事件或场景更容易。

• 写下对你来说重要的事情。如果一件事情很重要，你可能会找到你需要的精神能量与它产生真正的联系，或者向它敞开心扉。但不要依赖强烈感情激发自己或读者。强烈感情往往是体验的预防剂。从未发生在你身上的巅峰体验尤其难以重现。不过，对于这些附属规则，我不能武断。你有时可以更好地与一个大事件联系，有时可以更好地与一个小事件联系。事实上，有些人与幻想事件的联系比与记忆事件的联系更紧密。这是一个重要的规则：哪里产生体验，就到哪里去。

• 我之前提出建议，如果你想让读者信任你或同意拥有你的体验，你必须相信自己，不要过多考虑你想对她做什么。这听起来像是不可能的建议（"不要想性"或"别把豆子放在鼻子里"）。但是，如果你遵循本章的主要建议，你就能获得你所需要的纯洁心灵。如果你把所有的精力都放在感受你所谈论的东西上，你就没有多余的精力来制造分散注意力的迷雾，迷雾中充斥着自我怀疑、控制欲。

• 不要过早向读者索取太强烈的体验。

• 在写作时，学会指导自己，给自己打气——尤其是感到自己与想写的东西失去联系时：

在那里！看到它！去幻想！听！感觉它！成为那个人！

闭上眼睛，不要让自己写下任何文字，直到你能真正看到、听到和触摸到你正在写的东西。

让文字滚蛋吧，去**体验**！

• 尽可能地大声朗读——你自己的作品和别人的作品。它能锻炼你需要的重要力量，让你学会读出单词的时候全神贯注于单词的意思。当你有一点儿走神时，听众就可以切实听出来。大声朗读将帮助你逐渐控制这种难以控制的力量，将体验融入文字。

• 每当你得到反馈时，都要请读者指出那些真正可以让他们看到、听到或体验到的片段。坚持真实的东西——不仅是那些让他们印象深刻的段落或真挚的段落，还有那些真正在他们脑海中产生影像的段落。虽然这很罕见，因为你写的很多东西根本就不会形成影像，但这是标准。如果你收到反馈，只有几个段落确实做到了这一点，你就能回想起自己在写这些段落时的感觉。这会给你一种直觉，知道你必须做些什么才能使你的文字充满力量，知道你必须绷紧哪些肌肉或放松哪些肌肉才能为你的文字注入生命的气息。

• 与一个人或一个小组进行图像游戏。轮流给对方描述图像。如果听者并没有真正**看到**图像，那么你必须停下来，不要说话，更努力地在心里真正看到图像。其他人需要耐心等你，等你到达那里。你需要时间去安静、专注，你需要忘掉你现在的环境，把注意力集中在你想体验的形象上。

如果你从微处着手，这个游戏能提供最有效的帮助。注意力集中于个别对象。与其描述露台上的整个场景，不如把注意力集中在帆布椅子旁边的小桌子上——塑料桌上，断了笔尖的二号铅笔挨着冷饮留下的圆形湿渍。*给自己限制范围，限制在静止照片能捕捉到的范围内。不要叙述。叙述是一种吸引读者注意力的方式，但这是一种基本的注意力，仅仅是对接下来发生的事情的好奇，并不能让她在脑子里建立体

---

* 点亮场景的一个角落，用最小的方式提示剩下的部分，最有可能让听众自己重新创造这个场景。一个微小的细节就像一颗尘埃，听众以此为根据，自己展开想象，结晶出一片雪花。试图描述**每件事**通常意味着没有什么事是真正鲜活的。通过聚焦于一两个细节，你可以建立自己的观点。

验。叙述确实很有影响力，但你需要把它当作**补充工具**，用以体验你说的内容，而不是作为体验的"拐杖"或替代品。

这些都是很好的经验规则：从微处着手，将注意力集中在几个细节上，让它们成为火花，激发听众更细致的创作，但这个过程对每个人来说都不一样。重要的是，如果读者听你说话时，没有在头脑中产生影像，他们需要阻止你。你的回应不是去寻找更好的话语，而是要更努力地看看你所描述的是什么。

• 不要让这一章把你引诱回最坏的习惯："不，我还没准备好写作。我还没有仔细考虑清楚。我没有**真正**的体验。我最好去翻翻我的一些旧照片。如果我做些研究，或者散个步，或者躺在沙发上闭上眼睛，我会得到更好的体验。"有时候，获得体验的最好方法就是不间断地写作，即使刚开始那些文字看起来死气沉沉、机械呆板、毫无感觉。玩图像游戏的时候，有现场观众在听你说话，你可以闭上眼睛，停止说话。有其他人在场会让你很快就会想出词语来。如果你碰巧是一个善于写作的人，并且已经写了一页又一页缺乏力量的文字，**也许**在真正动笔前静静地多坐一会儿对你很有帮助。但是，对大多数人来说，最重要的是坚持写作。

28　将体验融入说明性写作

什么是说明性写作？论文、报告、文章、备忘录和其他概念性写作吗？它们通常源于思考，而不是视觉、声音、气味、触觉。那么，它们就只能没有力量吗？无法让读者听到音乐吗？也就是说，无法让读者为自己构建体验吗？当我们寻找作品中的力量时，我们理所当然地更倾向于创造性的写作——叙述性作品、描述性作品和诗歌作品，而不是说明性的写作。

像我之前对描述性写作和叙述性写作所做的区分一样，说明性写作也有同样的区别：因有体验而具有力量的文字和因没有体验而缺乏力量的文字之间的区别。事实上，思考竹子和看到竹子一样是一种体验。就像人们没有得到充分体验时描述记忆中的树一样（草坪中间的树与花，那幅较弱的画面），人们可以描述一个完全没有体验过的**想法**，人们有时甚至在没有充分体验的情况下就描述眼前这棵树。简而言之，看到一棵树、想象一棵树、对一棵树产生思考，都是心理事件，可以完全体验或不完全体验。给概念性写作赋予力量的问题和给描述性写作或叙述性写作赋予力量的问题一样——如果你想让你的读者**体会**到你的思想，而不仅仅是设法理解它；如果你想让读者内心感受到你鲜活的思想，或者听到你的思想的音乐，那么**你**必须在写作时充分体验你的思想。

但是，要描述"真正体验"想法和"有点儿体验"想法的区别并不容易。对于描述性的写作，我只用说"看到了"和"忘掉语言"，但是你看不到思想，思想只能以文字的形式存在，至少对许多人来说是这样的。说"感受它"通常会有帮助，但感觉并不是真正的关键。感受思想最基本的行为是充分参与思想。我们说某人"相信他所说的"或"说话有信念"，这些短语可能表明说话者正在体验他的想法。不过，你不必真的全身心地相信这个想法、坚定这个信念。你只需要做某种内在的投资或集中精力。

但在实践中，说明性写作和描述性或叙述性写作的情况是一样的，你需要做同样的努力——集中所有的注意力全心全意地与你的思想联系起来，深入你的思想，而不是努力寻找合适的语言去表达。与描述性或叙述性写作同样的建议："闭上你的眼睛，去那里！待在那里！不要再为如何清晰地表达自己的想法而烦恼了！"事实上，大多数人听到"看着它！倾听它！感受它的神韵！"，就可以从中受益。

如果你在写作时没有真正体会到你的想法，就假装你是第一个有这种想法的人，然后兴奋地写下你的新突破。或是假设这个想法是危险的，写出反对它的论点。当你不能集中注意力时，这些方法可以将你和想法联系起来，仿佛你的想法真的很重要一样。

这样有助于你的身体也投入其中。当你说出或写下你的想法时，你的**肌肉**会以某种方式做出反应。看看你的想法想要从身体的哪一部分喷薄而出。一些研究人员发现，当孩子们想明白某件事的时候，他们会有一种身体反应——他们身体的某个部位会卸下紧张，一阵战栗。想清楚某件事的特别之处在于，你总会产生一个新的想法或新的联系，而你不可能有一个**新的**想法，除非你真的体验过它。

因此，当你第一次想清楚某件事的时候，你通常可以在你的文字中融入更多的体验，比你写一个你明白很久的旧观点的时候融入的体验多。你能从中看到更多，写得更生动。你观看一个讲座，这个讲座已经开过多次，你可以很容易地判断讲座者再次解释这些想法时是否重新体验了这些想法。

　　如果我们问为什么人要做这种奇怪的事情，即可以充分记住或者解释"有一个想法"，却没有充分体验它？为什么人们要描述没有在脑海里切实看到的画面？两个问题的答案是一样的：这更简单。你必须投入精力去体验某件事，虽然理想的条件下，这似乎不费力气就可以做到。例如，上周你有一个重要的想法或一连串思路，你想写下来，但现在你很累，或者有完全不同的思路。你会不知不觉倾向于靠着记忆或多或少地说出自己的想法，你的话语本质上是对过去事件的再现。这需要付出额外的努力和投资来让自己再次完全回到上周的思考中，再次把它作为**当前**事件来开始。如果你这样做，充分体验你的思想，那么这有时会让你的写作更清晰（"哦，**现在**我知道怎么从甲到乙了"）。但是，有时这会让你的写作更混乱（"这个令人兴奋的想法似乎一下子把我引向各个方向。我无法停留在一个方向"）。连贯性不是原始写作的目标，生命力才是。连贯性是你修改时必须强加给原始草稿的东西。

　　我们在学校里或工作中需要写的很多文章都涉及解释别人的想法。为了做好这件事，我们必须能了解别人的想法，这是优秀科普工作者的标志，比如艾萨克·阿西莫夫（Isaac Asimov）和亚瑟·库斯勒（Arthur Koestler）。也许他们只是描述开普勒（Kepler）的想法或解释化学的基本事实，但他们比大多数人更善于**理解**自己想要传达的想法。当我们不得不写别人的想法时，我们特别有可能滑向阻力最小的路径，用省力的方法——我们没有真正到达那里就总结了这些想法。这就是为什么学校里从来没有写过自己想法的孩子往往在体验思想方面会变得越来越差。

　　我们写作时，通常是由于注意力分散或者困惑阻止我们充分体验自己写的内容。如果你担心你的写作或受众的反应，你就不能把全部注意力集中在你想说的内容上。我想到了一个经典的场景：一个学生因为一篇论文的分数很低而去找老师。老师说："我很困惑，告诉我你想说什么。"学生解释他的想法时，他表达的意思更清楚，他说的话也更生动。老师问："你为什么不那样**写**？"学生不知道为什么。因为论文是要交给老师的，这分散了他太多的注意力，他把注意力转移到担心自己说的是否正确上，而没有去**体验**想法，所以他的语言死气沉沉、枯燥乏味、含糊不清。然而，请注意，严格地说，他说出来的话并不**清楚**，也不**连贯**。如果用文字记录下来，会显得一团糟。老师对此加以表扬是因为这些话终于成功地把基本思想用一种尖锐又直接的方式表述了出来——可能是表述了些关键特质。主要思想和这些特质分散在一片混乱零碎的语言中，但却有感觉、有活力。请注意，这应该是学生在写原始草稿时绘制的画面。其实老师表扬的是一份杂乱无章却生动活泼的初稿，而学生可能不敢这样写。

综上所述，关于说明性写作和创造性写作，我有同样的看法。虽然体验比不体验需要更多的能量，但是如果事情进展顺利，你会自然轻松地体验你正在写的东西。充分的体验是自然的、人性的、鲜活的。但是，当你感到疲惫、压力、恐惧或心烦意乱时，你就需要付出特别的努力并进行自我管理，充分体验自己所写的东西。你需要学会停下来，集中精力，全心全意地投入你的意义中，精力充沛地做这件事，这样你就没有多余的精力或注意力去担心或分心了。

说明性写作的特殊难点

似乎很少有论文和报告能让你走出对思想的理解，真正去聆听这些思想的音乐。要求学生根据自己的亲身经历写故事和描述类文章，和要求学生根据自己的想法写文章，相比之下，老师能从前者感受到更多的力量。为什么会这样？

答案是，在说明性写作中融入真实的、有丰富体验的思想还不够，这种思想必须**经过训练**。思想应该是连贯的，也就是说，从开头到结论，需要沿着单一的轨道走，并且逻辑上不应该有任何错误。但是，这并不是一般情况下大脑体验思想的模式。我们的习惯性思维很少具有严密的逻辑，而是联想、类比、隐喻。我们思考我们的想法，体验我们的想法，但这些想法通常是散漫的，甚至是跳跃的——混合着感觉、故事和描述。连续思考三个或十一个想法，遵循逻辑，最后得出正确的答案，这是我们的大脑可以训练的事情，但我们脱离学校或工作后很少这样做，我们一直都在看和听。

毫无疑问，比起创造性的写作，让读者体验报告和论文似乎更困难。你必须多**翻译**。一方面是从体验想法到可接受的说明性写作，另一方面是从感官体验到可接受的创造性写作，两者相比，前者需要你走的路更长。要走这条更长的路，你想以正确的顺序写下正确的想法时，必须多操纵、审查你的想法体验，否则，你将原始的、未经审查的文章转化为逻辑连贯性的文章时，需要修改更多的内容。不管怎样，无论你练习的是内部操纵还是外部修改，你都会在写作过程中失去更多**想法的体验**。因此，说明性作品的终稿很可能无法使读者听到音乐。

说明性写作比创造性写作**困难**吗？一般认为，任何人都可以学会写一般的说明文，但只有天才或特殊的人可以学会创造性写作。"哦，我不会写故事，我不是一个有创造力的人，我只是一个普通人"是这里假定的逻辑，但是，这种普遍的假设涉及双重标准。创造性写作比说明性写作要求更高。创造性的写作必须使读者体会到它试图传达的视觉、声音和感觉，而不仅仅是进行沟通，否则它就会被认为不值得读，不值得写。另外，说明性写作被认为是可接受的，甚至是好的，说明性写作如果只是清晰表达了它的思想，就可以认为是一般甚至优秀——即使读者根本没有体验或感受这些思想。你试着在读过一个创造性作家写的故事或诗歌后，对他说这句话："我**完全**理解你想要表达的意思。"他很可能被击垮。"你难道没有感受到什么、**看到**什么吗？"这比你直接说"啊？"更糟糕。但是，如果你在读完一个说明性作家的文章或报告后，对他说完全相同的句子，他会把这看作赞美。一个创造性作者想"传达一些东西"，他必须让读者能感受到它。对于说明性作者来说，要想"传达一些东西"，他只需要让读者知道它是什么。

我想，这种双重标准是可以辩解的。毕竟，我们读创造性的文章只是为了好玩。如果它不能给我们带来体验，我们就可以放下它，这是读者市场。但是，说明性写作通常是作者的市场。无论那篇报告或文章写得多么糟糕，我们通常都**不能**放下它，必须继续阅读它，并努力消化它的思想，以满足我们的工作需要或自己的需要。有人可能会说："既然每个人都必须为生活中的许多任务写说明文，而不是写创造性的文章，那么坚持天赋是不公平的。只要符合需要就应该被称为不错的文章。"

但我反对这种双重标准。作为读者，我称之为暴政。我们不需要接受这些死气沉沉的说明文而不进行反击。我们可以要求它包含体验。当然，改变期望不会自动改善所有的说明性写作。现在，人们写了很多死气沉沉的创造性作品，即使他们明白这些作品必须有生命，否则就是失败的作品。但是，如果我们能改变人们的态度，说服说明文作者相信，他们的工作是让读者体会他们的思想，而不仅仅是理解思想，那就会产生巨大的不同。

我知道，在大多数公共领域和职业领域的说明文都很糟糕的情况下，谈论提高说明文的标准听起来很疯狂。但是，让我们再看看它的可怕之处——它不只是表述不清，或者充满了行话和公式，它真正的问题在于，作者们拒绝为自己的言论负全责。实际上，如果一个作者愿意说"我就是**我**，我在说**这个**，我在对**你**说这个"，他的语言不仅会有更多的生命，也会更清楚、更连贯。最糟糕和最普遍的劣质写作形式是一些躲躲藏藏或临阵退缩的形式。

乔治·奥威尔（George Orwell）在《政治与英语》（*Politics and The English Language*）一文中写道："语言清晰的最大敌人是不真诚。"如果备忘录和报告的作者真的想让读者体会他们所说的话，他们就不能再拒绝为自己的话承担责任了。以这种方式写作，他们将不得不在他们所写的内容上投入更多，但最后他们会得到更多的乐趣，而不是那么讨厌写作。

也许我夸张了。确实，有一些说明文能让我们在阅读时听到思想的音乐：

> "这个问题很简单。我请求法院给我指派律师，但法院拒绝了。"于是吉迪恩写信给最高法院，阐述他的主张，即宪法赋予被指控犯罪的穷人有律师陪伴的权利。大多数美国人可能会同意他的观点。在1962年，因为穷人请不起律师，所以宪法允许他在没有律师的情况下受审，即使是对法律不熟悉的消息灵通人士对此也难以置信。
>
> 但是，这个问题远没有想象中那么简单。它的背后是一段漫长的历史——一直坚决反对吉迪恩主张的一段历史，但现在开始转向，并朝着他所支持的方向发展。吉迪恩提出的问题，如果没有涉及法官、政治家和政治哲学家们一直在争论的问题，就无法得到解决，这些问题涉及我们宪法制度的本质以及最高法院在其中扮演的角色。

在这个国家，我们已经理所当然地认为法院，尤其是最高法院，有权审查州长、立法者，甚至总统的行为，并有权视其为违宪。但是，几乎没有其他国家赋予法官这种司法审查权，任何时期、任何地方，没有国家达到我们历史上赋予最高法院司法审查权的高度。打着法律问题的幌子，最高法院面对的是每一个时代中许多最根本、最具争议的问题，这些问题是其他国家的法官做梦也不会想到要去决定的。

这种结果对法院和国家都有很大的影响。对法官来说，权力意味着责任，因为最高法院常常拥有最后的决定权，所以这种责任显得更加沉重。判决案件从来都不是件容易的事，但是，如果法官知道被告还可以向更高一级法院上诉，那么在宣判一个人死刑之后，或者宣布总统接管国家钢铁厂的行动无效之后，他可能会睡得更安稳。最高法院的法官却没法享受这种奢侈。

安东尼·刘易斯（Anthony Lewis），

《吉迪恩的号角》（*Gideon's Trumpet*），

第六章（纽约，1964年）

我们的头脑也天生具有逻辑性，不是只有联想性。因为尽管苏格拉底在《美诺篇》（*Meno*）中并没有证明未受教育的奴隶男孩通过前世知道毕达哥拉斯定理，但他确实把关于所有人类思想的残酷事实讲得很清楚：只要我们理解了正确的逻辑，我们就无法进行反驳。我们天生就有逻辑。逻辑甚至可能比视觉和听觉更让人兴奋。当然，对许多人来说，最强烈的音乐是天籁之音——对自然内在连贯性的感知，那是纯粹思想的音乐，我们都有能力听到它。

但事实是，如今我们在阅读我们所需的说明文时很少听到音乐。我们也许会责备自己：如果我们能像柏拉图要求的那样更认真地倾听就好了。但是，柏拉图不需要阅读我们手中大部分的说明文（苏格拉底根本就不相信能把语言写下来。他认为汁液无法转换到纸张中）。

无论如何，我仍然认为说明文很难为读者提供震撼体验，这个困难可以用简单的通用说法来表述——想写好创造性文章，只需要让读者听到音乐；想写好说明性文章，还必须具有正确的推理和真实性。当你在写故事中的感觉时，只要你能让读者感受到它们，你就可以用任何你想要的方式进行描述。你可以决定怎样去理解、那是什么样子、用什么顺序述说。但是，如果你写下自己的想法，每个人似乎都会自动地告诉你这是否正确，以及应该是什么顺序。由于说明文更容易被人根据其真实性和正确性评判，而不是根据其蕴含的力量评判，因此，你在写作时几乎无法不注意其真实性和正确性。那么，你怎么可能把你所有的精力和注意力都用于体验那个想法呢？

为什么尝试呢？如果这只是让读者更清楚地感受到你头脑中的混乱，那么你为什么不把所有的精力花费在严肃任务上，使文章逻辑正确无误，而是把精力浪费在让写作与生活同步？为什么不简单地接受这个事实？当然，概念写作需要严谨的思考，严谨自然意味着需要遵守比创造性写作更多的规则（这就是为什么讨厌规则的人更喜欢创造性写作）。因此，请接受一个显而易见的结论：要**体验**严谨的思考，你必须付出更多。仅投身于混乱的想法是不够的。

但是，环顾四周，我发现有些人做了很多严谨思考——这些人特别擅长在他们的作品中体现正确和真实，但他们并不一定会因此而赋予文章或报告更多生命。有些人擅长此道，但有很多人不擅长。哲学家、逻辑学家和数学家可能是所有思想家中最严谨的，但作为同一类人，他们并不比其他类型作者更能让读者感受到他们的思想。另一方面，我发现那些善于让读者感受到自己想法的人作为思考者时不一定更严谨。

那么，在我看来，让思维更有条理的能力和让读者**体验**你思维的能力并不一定相互关联。我的结论是，学会严谨地思考是一件好事——它会从多方面改善你的生活，会使你的写作更真实、更有力。这本书中的大多数建议，尤其是在修改部分，旨在帮助你在文章中的思考更有条理性，这可能比你学习逻辑课程更有效。但是，学会训练自己的思维本身并不能让你更接近**本章**的目标——让读者**体验**你告诉他们的东西。

看看杂志和非虚构类书籍中大受欢迎的说明文，以及优秀的学术作品或专业文章（除了刊登在学术期刊上的内容），这些作品经常违反学校教授的说明性写作规则。违反了这些规则，这些作品就会更接近人们体验思维的方式。如果我们列出人们体验思维的一些显著特征，你会发现描述的这些特征在许多优秀的说明文中都得以体现。

• 我们经常在思考的时候夹杂着很多"我、我、我"。有这些想法的人通常处于意识的中心。所以同样，一个优秀的职业作家经常这样解释他的想法：他如何得到这些想法、他怎样理解这些想法。

• 从逻辑上讲，我们经历的一系列思考通常不是从头开始的，而是从一些令人费解的困境、令人吃惊的事实或者引起我们注意的例子开始，而后我们开始思考整个问题。从这个吸引人的细节出发，我们一般要努力很久，才能回到问题的逻辑起点，然后得出最后的"答案"。优秀的作家通常都是采取这样的方式组织文章。

• 一般情况下，我们的头脑会采取3—4种不同的方法来解决一个问题，才能得出成功的方法。同样，一些优秀的作者也会经历几次失败的尝试后，才能找到一个成功的方法带你上路。从理论上讲，这需要更长的时间，但有时这是帮助读者真正理解问题的最佳方法。

•头脑经常通过联想、类比、跑题来工作——我们迷路了，有时会失去或忘记我们追求的线索，虽然在内心深处，我们仍然在解决这个问题。优秀的职业作家有时允许读者跑题，在思考的过程中，读者可能会忘记要点或问题。的确，有时你无法让读者重新概念化一些东西，除非让他们暂时忘记它，并让它从一个新的方向出其不意地出现。

当然，自然思维往往也具有不连贯和错误的特点，而优秀作品体现了严谨的思维。但是，在写作**风格**和**结构**上，严谨的思维与头脑自然运作的方式并没有太大的不同。也就是说，思维需要是正确的，但写作看起来更像是有人在疑惑什么，或在对你说话，而不是逻辑三段论或数学方程。

我并不是说，把体验融入最严格、最正式的说明文中是不可能的。但是，做到这一点很难。我所知道的最严格、最正式的说明文是在学术期刊上，那里的写作以其死气沉沉的特点而闻名。问题不在于这些学者不明白他们在说什么，也不在于他们的思想没有条理（当然，也有很多文章缺乏条理，但即便是那些严谨有条理的人，通常也无法在文章中融入力量）。但是，当专业人士或学者为官方期刊写作，给他们最严格的同事阅读时，他们常常，或者应该说"我们"，因为我也写这些作品，我们写作时常常让自己过于专注，专注于我们是否会写错，或者专注于一篇可发表的、专业的、博学的文章应该是什么样子。当人们试图遵循说明文最严格的准则时，他们几乎不能全心全意地去体验他们的思想，并从中产生文字。有时你可以比较同一作者在期刊文章和书中的相同思路，通常书的版本更有生命力（无论是在文章之前还是之后写的），因为作者觉得写书更像是在遵循**自己**的规则。

注意力的辩证关系

虽然写说明文最严格的规则对我来说似乎没有必要，虽然与遵循老师教你的那些规则的写作相比，你也许能更好地随意写作给许多读者阅读。但是这并不是我在本章的主要观点。我的主要观点是，如果你想在说明性写作中融入体验，让你的读者感受到你的想法，你就会面临一层创造性写作所没有的额外困难。为了将体验融入你的语言中，你必须倾注所有的精力去体验思想，然而为了使思想具有条理，你也必须投入很多精力去厘清思维，就算是随意写的文章也得这样。这两个目标相互冲突。

如果你必须实现两个相互冲突的目标，最好的方法是先全心全意地关注其中一个，然后再辩证地关注另一个。如果你试图同时达到两个目标——也就是体验你的想法并使其变得清晰，使自己同时被两个相反方向的力量拉扯，最终你只会在两个方面都做得平庸。

我在写一些对我来说很困难的文章时，需要多次来回转换我的注意力，这一章就是一个例子。也就是说，当我不加批判地快速写作时，我所有的精力都投入到体验我的思想中——无论思想走到哪里，我都尝试完全沉浸其中。在接下来的阶段，我批判性地修改、塑造我的文字，试图使我的思维具有条理，但我有时似乎与我的想法失去了联系。当我试图消除错误、添加澄清、处理例外、反对论点、为我的想法构建一个逻辑秩序时，我慢慢消沉，能量从我的文字中渗走，写作逐渐变得更加复杂、呆板、死气沉沉。原来兴奋的我变得非常沮丧。有时不仅语言开始让人感到死气沉沉，思想也开始这样，我的感觉告诉我："我怎么会对这些思想如此兴奋？它们是那么烦人、明显、糊涂，只剩错综复杂。"我进一步整理思想后（虽然我可能会更讨厌它），通常我需要重新打字，因为思想已经变得非常混乱，我终于意识到我必须**回去**，尽全力投入，去**感受**那些思想。当我这样做的时候，我发现我可以逐渐去除死气沉沉的语言，加入生机勃勃的语言、我能感觉到的语言、有呼吸的语言。这种再投入的过程通常包括尝试**读出**我写在纸上的句子，感受它们有多糟糕，然后再用我相信的语言**说出**我的想法。实际上，在检查了这篇文章的缺陷之后，现在我让自己再次爱上它、对它毫无防备、感受它的力量，从而在语言上再次全身心投入。只有这样，我才敢说出我真实的话语，那些真正有我气息的话语。在那段没有感情的批判性审视的中间时期，我不知不觉地退缩、隐藏或模糊了一部分语言，实际上这是我的一部分。但是，由于这种再投入的过程会产生很多**新**词语，而且常常会产生全新的思路，所以我通常不得不再次把精力转回批判性的修改。一直继续下去，直到我有一系列能让两种意识都满意的话语。

　　我讲述的这个故事比经常发生在我身上的故事更简洁，但事实上却更加糟糕——它堆积了很多让我兴奋的部分，而在我试着去塑造和修改它的时候，我逐渐迷失了方向，在沼泽中挣扎、沉沦、气馁，然后经过一个我看不太清楚的艰辛过程，我终于摆脱了困境，写出了一份我相信的草稿。因为我现在才开始理解这种注意力的辩证关系，刚开始有意识地发现，当我在修改过程中感到过于沮丧和泄气时，我需要全力以赴投入到只是体验我的文字的过程中。这意味着在实践中，我需要回过头来阅读我原始文章的可取之处，与之取得联系，或者阅读一些我感到满意的修改部分，或者再写一些原始素材。我重新投入后，再回头带着批判的意识去修改。

　　有时当我在写一些我已经修改过的、澄清过的、挣扎过的内容时，我回头看了一眼我那堆原始素材中的一些东西，感到很惊讶："嘿，我修改过的任何一个版本都没有最初的这篇文章所蕴含的力量和生命力，甚至没有这篇文章清爽。我不知道往哪里走，我不明白要点，它不是一连串思路的一部分，但这里，'汁液'充沛地陈述了这个特别的想法，比我后面想方设法地澄清更有说服力。"我现在意识到，关键是在修改的过程中，我很难像第一次那样全身心地**投入**到这个想法中。我的一些注意力被分散到考虑它去哪里、它是否合适，以及如何才能最好地表达它。而且，我只是没有**尝试**努力，没有把自己完全投入其中，因为我觉得我已经知道了那个想法，我已经陈述了它，我已经胸有成竹，所以我不需要**付出**那么多。如果你想打好网球，你必须把注意力集中在看球上。如果你没有全神贯注地参与打球，你就会认为"哦，是的，我看到了这个球，我知道它的走向，我胸有成竹"，这时你就很容易错失这个球。

建议

• 当你要写说明性的作品——文章、备忘录、报告或任何东西时，首先全身心投入去体验你的思想。如果你还没**拥有**太多的想法，如果你还不知道你想说什么，那么体验思想是获得更多想法的最好方法。也就是说，你的早期写作是没有加工的，无论你的脑海里出现了什么想法都运用它，包括离题、挫折、怀疑。此外，要使用那些你脱口而出的词语，即使它们看起来错误、愚蠢、不合适，也要强迫自己去写，你就会有一份包含很多体验气息的原始作品。当然，它也可能具有自发思维的其他特征：联系可能更多的是联想和类比性的，而不是逻辑性的；就算你试着让它具有逻辑，可能还是会有逻辑上的错误；可能有许多错误的开头，可能会离题；它可能从中间的某个地方开始，或者更确切地说，它会在不同的地方开始、重新开始，并倾向于同时向不同的方向发展；语言可能不清楚或不合适。而且它可能没有明确的结论。如果你简单地把你所有的想法堆积起来，就可以产生很多好点子，写出很多有生命的文章，这正是你写初稿所需要的。接下来，通过修改、塑造这份原始作品，使其清晰、连贯。最后，你可以写出条理清晰、逻辑清晰的文章，同时还能让读者体会到你的想法。

• 然而，有时候在你坐下来写作之前，你几乎就已经知道了你想说的一切。你可以从弄清楚想法开始，而不是体验你的想法。也就是说，从写大纲（完整的句子）开始，是交叉检查、纠正和组织你的想法的最好方法。有了这个大纲提供的结构和安全性，你可以全心全意投身于写作本身，倾注你所有的精力去体验你的想法。但是，如果你发现坚持跟着大纲走莫名消耗了你作品的生命力和体验感，那么我建议你跳过大纲，跟着语言走，以后再用大纲组织你的原始作品。

• 你可以在写说明文时给自己打气："感受它！我是真的在体验它，还是只是满足于根据记忆描述它？做一个深入思考这个想法的人！"

• 写作时进行角色扮演是将体验融入文字的最好方法之一。假装你在写别人的想法或者解释你不在意的信息，**扮演**别人会使你参与度更高。例如，如果你必须写一份报告解释三种政策，你的委员会必须从中做出选择，你可以假装是想出这个政策的人去做解释，以第一人称讲述想法："起初我意识到这一点，然后……"你修改的时候，可以做一些必要的改动，用回你的声音，但这些想法蕴含了生命。如果你一定要写那些让你感到古老、奇怪或厌烦的想法——如果你觉得你完全无法理解你要写的东西，感觉你们八竿子打不到一起，那就假装你是第一个有这些想法的人，为你找到的突破点写一封激动人心的信。假装是**不同意**你解释的人，也会有所帮助："是的，达尔文先生，你这个想法很有趣，但我对你不负责任的猜测所产生的后果感到非常不安。"

我们假设说明性写作应该效仿上帝和天使们所使用的交流方

式——他们彼此直接、纯粹地交流，一气呵成。另一方面，作为人类，因为我们的理性被死亡笼罩，我们不得不用东拉西扯的理由，一步一步地、不完美地推理出真理——往往是通过一条弯曲的道路来获得真理。我们认为优秀的说明文应该是纯粹、直接、精练的，或者它应该像数学一样，只有精华，没有糟粕。角色扮演可以帮助你摆脱这种假设，可以让你**在纸上说出来**。印象里的概念写作更像是说话，不像数学那样，也不像天使之间的交流信号。它通常沾泥带土，还有致命的缺陷——作者站在你面前，他必须一次解释一点儿，有时退后一步，重复一些重要的东西，不匆不忙，有时停下来环顾四周。如果你的说明文进展得特别顺利，通常是因为你在写作的过程中已经融入了与人**交谈**的实际过程。在稍后的修改过程中，你可以去掉一些讲话习惯用语——"哦，是的，我突然意识到还有很重要的一件事要告诉你"，这可能会让一篇书面文章显得太随意或可爱，但不到最后不需要着急把它们删掉。写作的口语**模式**有助于将体验融入文字，讲话才能为其注入呼吸（第8章"循环写作过程"中的角色扮演的提议，虽然练习它们是为了激发**新**思想，但它们也可以让更多的体验融入你的文字。你不经历它们就不可能产生新想法）。

• 多做练习，你可以把有体验的思想都写在纸上。这意味着你需要经常记日记、写记录、写纸条放进文件夹，以记录你的想法和反应。找一个地方，在纸上和自己对话，不要害怕探索自己的想法和感觉。

• 但是，这也意味着**当想法突然来袭**时，写下它们，即使你在做别的事情。如果一个想法对你来说很重要，或者它与一个重要的项目有关，写下它尤其有用。自己马上找一张纸，至少在五分钟之内，简短地写下来。当一个想法第一次闯入你的脑海时，你可以确信自己正在体验它。不要满足于说"等我回家后坐下来写这个想法"，到那时你很可能已经与它失去联系了。

这个方法对我来说很重要。这意味着有时我会在关灯后起床五分钟写便条，有时在不适合写便条的公共场合躲到盥洗间写，有时手边没有其他纸张时写在空白支票的背面，有时在会议中途写下自己的想法——这想法是由这次谈话引起的（看起来我好像在认真地做会议记录）。我发现，许多和甲有关的最好的想法，都是在我把甲抛之脑后，想到乙之后产生的。

因此，如果你知道你必须写某件事，**开始**得越早越好，也就是说，坐下来写四五页的自由探索内容，丰富你的思想。这样做之后你会发现，在接下来的几天或几周内，许多无关紧要的事情会引发你对主题的新思考。

这并不是很麻烦。你会惊讶地发现，当你在做其他事情时，或等着回去睡觉时，你能如此快速地展开丰富的思路，如果写作对你来说一直是一种缓慢的折磨，你会对此更惊讶。你并不需要写得很好或很完整，你只是需要**捕捉**你的思想体会。晚些时候你坐下来，因为你可以从一小堆想法开始，写一份完整的草稿，所以你会对此非常感激。感受想法，即使寥寥三个想法，也是收获颇多的一堆成果，因为它们是在不同的心理环境下草草记下的，所以当它们相互作用时，也就是说，当你试着弄清楚它们之间是如何联系的或者哪一个是正确的时，其他的想法会如雨点般砸向你。

但是，不要只是记下关键词或短语，要写一个简短的笔记。纯粹精练的信息通常不会带来体验。你需要以说话或语法为形式的信息，不需要冗长的说话或正确的语法，但它需要呼吸。快速写下你突如其来想到的感觉和戏剧性场面，而不是将它们翻译成"文章语言"。这是我在做其他事情的时候写在一张小纸片上的笔记（想象我正在听一个很难理解的讲座）：

> 你想让读者绞尽脑汁地理解你在说什么吗？太对了！我
> 需要想办法弄明白自己要说什么。为什么他不需要想办法？
> 此外，如果他轻轻松松就理解了我的作品，那么他也不会欣
> 赏这个作品。

• 尽可能多地大声阅读。读别人的作品、你自己的作品。这可以锻炼那块把体验融入文字的肌肉。

• 写的时候身体也要投入。握紧拳头，手捶桌子，跺脚，做鬼脸。当你全心全意地与你想说的话联系在一起时，你可能会发现自己在哭泣、咯咯笑、颤抖。顺其自然，让你的身体做出反应，继续写作，即使这感觉有点儿奇怪（这并不奇怪）。如果你试图止住泪水或停止咯咯地笑，只会让你更难与自己的思想保持联系。

• 最后，感受一下这种注意力的辩证关系——既然你既需要一心一意地体验自己的思想，又需要一心一意地控制自己的思想，唯一的方法就是在两者之间交替进行。学会注意那些提示你注意力分散的信号，或者留意你什么时候分心、担心或注意力不集中。学会让自己对此**做**点什么。停下来，环顾四周，然后将注意力投入到体验或控制中。

即使你的注意力集中在两者之一，你也要学会注意你什么时候需要转移注意力到另一头的信号。如果你投入地完成了一轮原始写作，请转换到控制思想；如果你只是一遍又一遍地重复相同的内容，没有成效地循环你的旧想法，请转换到控制思想；如果截止日期临近，请转换到控制思想。如果你发现自己在修改的过程中变得过于气馁和厌倦——一切没有变得更好，反而变得更糟，删掉了写得好的部分，做不必要的改

变，你语言中的能量消耗殆尽，那么请从控制思想转换到体验思想。

以下是我所知道的重新投入自己想法的最好方法：

• 回到你的原始写作，认真通读写得好的部分。

• 仔细阅读有效的修改过的部分。

• 进行新的原始写作。

• 强迫自己**大声说出**自己的想法，用你和朋友说话的方式说出来。

29 写作和魔法

我似乎进入了一种神奇的写作境界。关于体验的最后两章，我说，你必须有真实的体验，文字才有力量，这就像我在说，如果你想成功地给读者释放魔法，你就必须不可思议地吞噬你所写的作品——必须进入事物或者将你的灵魂与事物的灵魂融合。在两个关于声音的章节中，我说你必须与自己保持正确的关系，这就像我在说，你必须用一个无可指摘的神圣仪式净化自己，否则你的话语中没有恩典。如果你在这神奇的舞蹈中正确完成了所有步骤，**砰的一声**，你的语言有了生命，读者"接受"了。如果你在舞蹈中跳错了一些舞步，找不到合适的语言，或者找到了合适的**语言**，但它缺乏内在的活力，只是在读者的头脑中嗡嗡作响、模糊一团、停滞不动。简而言之，我想说的是，纸张上的一系列语言——读者唯一能看见的东西并不重要。重要的是**不在**纸张上的东西，是读者看不见的东西，即作者的心理状态、精神情况、性格特征，或者她写文章的**方式**。作者写下的文字可以蓬勃有力，可以虚弱无力，就像服用药剂一样，可以"服用"或者不服用，这取决于作者在写下文字之前是否跳对了舞，或者净化仪式是否正确。

我真的能相信这种荒谬的事吗？当然不能。

我想我并不相信。

但是，如果我真的接受这种神奇的观点呢？如果我也说服你放弃你的顾虑，使用藏匿于我们所有人表皮之下的思维方式，幼稚、荒谬、原始的思维方式，会怎么样？我们会发现什么？我想我们会发现一种有用的方法来看待写作过程，会得到一些不错的实用建议，还有一些危险。

　　语言的神奇观点，简而言之，就是这个词是它所代表的事物的**一部分**——这个词**包含**了它所指**事物**的一些精华、灵魂。如果我把某人的名字写在一张纸上，然后把这些字用大头针钉住或烧掉，就可以给那个人带来不幸；如果我诅咒一个人，用正确的方式念出她的名字，我就会给她带来厄运（在这种观点下，文字与其他象征性物体没有什么不同——我们可以在娃娃上扎针杀死某人，我们可以为了变得凶猛而去吃狼）。

　　当我以这种可以称之为离经叛道的方式看待语言时，我注意到的第一件事就是：这很常见。也许没有人会因为魔法或迷信而**行动**，但大多数人都能感受到它轻轻的拉扯。"也许那天**因为**我穿了雨衣，所以是晴天。"没有人能阻止自己冒出这种想法。魔法是一种有影响力的思维方式，很少有人仅仅因为一种思维模式不可置信就弃之不用。当所有人都挤进车里，有人说："我希望我们不会遇到爆胎。"不太会听到其他人回答"哦，别这么**说**，你这个乌鸦嘴"，更多的人放弃了最后一句话，只说"别这么**说**"，但这句话暗示着语言**确实**会对事物产生影响。

　　当我以这种可以称之为离经叛道的方式看待语言时，我还注意到另一件事，那就是有很多认真、专业、理性的作家在他们的写作中玩弄魔法。他们必须使用专用铅笔、专用椅子、专用纸。如果他们在写作的舞蹈仪式中踏错一步，他们就会感到写不出语言、写错语言，或者写的语言没有作用。此外，作家非常害怕**谈论**他们正在写的东西或计划写的东西，好像谈论这些会带来厄运。以下这些话都意味着各种有意识或无意识的思维模式。

　　•如果这些话从嘴里说出，而不是写在纸上，这些语言就会被毁于一旦。讲出来会耗尽一个人写作的生命之液。

　　•如果人们听到了这些想法，这些想法就会被吸走。

• 如果作者在文章完全成型之前就**说了**他们想写的东西，就会在某种程度上导致他用错误的语言或结构去修正它。文章只有在母腹中孕育足月，安全出生，才得见天日。

• 秘密独自准备的法术才有效。

对于这些，我一点儿都不觉得奇怪。如果你投入到像写作这样神秘的事情中，很难不产生这样神奇的想法。

温和的魔法

为了从神奇的语言视角中获益，我们不必走得太远。我们需要适度施法。我承认，语言当然就像理性主义者所说的那样起作用。当然，一个词里面没有它所指代的物体的汁液，它只是一个随意的符号。我们也可以把"狗"的牌子挂在猫的脖子上。狗并不会比猫更**像**"狗"。我是彼得，但就算他们叫我比尔，我还是我。认为我就是"彼得那样"，认为我弟弟就是"比尔那样"，那很荒谬。

大多数语言都是如此，但我坚持有例外情况。在一些场合，一些父母会设法给他们的孩子起**正确**的名字，因为名字真的会产生影响。有些作家在某些场合确实恢复了语言的魔力。他们以某种方式为文字注入了"汁液"，从而对读者施放了一个远距离咒语。读者看到这些罕见的魔法标记时会感到高兴，会受到激励而采取行动，他们会变成石头或者为此疯狂。这就是合理采取我对语言的神奇看法带来的第一个好处：我能够简单地陈述作者的目标，也就是说，用这样的方式书写"爆胎"的能力——空气从美国皇家汽车的左前方呼啸而出，司机的手紧紧拉着方向盘。

魔法曾经存在过。魔法存在于早期的社会中，存在于我们每个人的童年时代。文字曾更直接地与**体验**或**事物**联系在一起，这是原始人会犯逻辑错误的原因。即使是比我们大多数人都聪明的苏格拉底，也会犯我们不会犯的愚蠢错误，并以此为论据，例如，认为矮个子比高个子有更多缺点。逻辑必须逐渐从语言中发展和磨炼**出来**，这需要不断地、充分地使用词语——词语之间相互摩擦，逐渐变得圆润光滑，逐渐脱离**事物**和**体验**的桎梏，这就是为什么数字和代数符号比文字更适合做逻辑运算。文字必须变得不那么含蓄，不那么神奇，仅仅是实用的工具，人们才能不再被文字愚弄。先有魔法，后有逻辑；先有诗歌，后有散文；先有隐喻，后有文学语言。

　　学者和理性主义者喜欢把语言的历史当作一个故事来讲述，一个我们获得了先辈所缺之物的故事——就古人犯下的愚蠢错误而言。但是，有没有可能我们缺少了他们所拥有的东西呢？他们的用语极具影响力，我们现在已经难以捕捉这种力量。在荷马（Homer）所写的诗歌和所谓的原始诗歌和圣歌中，我们看到，在前文学社会里，人们更容易用简单直接的语言创作出优秀诗歌。他们仿佛有诀窍，能给一组完全没有吸引力的实用语言注入更多"汁液"，如果我们现在说同样的话，就没有那么震撼有力——至少现在只有最伟大的作家才能做到这一点。

　　孩子们也是如此。他们会犯错误是因为他们用语奇妙。他们说狗之所以叫狗，是因为狗就是狗，或者看起来像狗，或者听起来像狗，但孩子们有更真实的声音。他们比成年人更容易富有诗意地说话。而且当你停下来细看时，他们所赋予的语言的诗意往往简单又直接。我并不是说因为"考虑到他只是个孩子"，所以儿童的语言表达很聪明——当然这是其独特的魅力。*我想到了这个孩子说的非常简单的话语。孩子们

---

　　*　莎士比亚喜欢这种魅力，经常在他的戏剧中用小孩的嘴说出诙谐聪明的话语。不过，有趣的是，在他笔下的人物中，儿童的语言影响力最小。

拥有全心全意的天赋，具有完全的意向性。这也许是对天真的一种定义：说什么就是什么，没有隐瞒，不会转移注意力。你和别人说话时，坐在你腿上的孩子会伸出手，抓住你的下巴，博取你的关注。孩子拥有说话的天赋，迫使你出同样生动有力的注意力；孩子拥有书写的天赋，迫使你阅读时候全神贯注。孩子们可以指挥我们（如果没有这种可怕的力量，人们就不会去打孩子）。

对于身处现代复杂文化中的成年人而言，文字很廉价，图像也很廉价。过去印刷出来的文字会让人产生信念，而图像会让人产生体验。书中的文字和图片可以提供证明。文字曾经很昂贵，图像曾经也很珍贵，而现在它们常常是烦人的噪音。

那么我们必须做出选择吗？影响力还是理性的智慧？我们必须放弃其中之一吗？看上去是这样的。想想现代学者，尤其是哲学家和社会学家，他们的语言常常没有声音、缺乏力量，因为他们与体验和事物完全割裂。话语没有携带体验，只是反映与其他话语之间的关系或"概念"之间的关系；真正的自我没有看到事物，或者没有体验。当然，严格地说，所有的语言都只是范畴，但这种神奇的思维方式帮助你认识到，某些语言比其他语言多两三次过滤，蕴含的直接体验更少。社会学，大概就其本质而言，是一种企业，其从业人员将自己与体验和事物割裂，完全根据范畴分门别类处理它们。因此，社会学家比其他学科的作家更经常写毫无生气的语言。

当然，也有学者、哲学家，甚至是社会学家，他们能用真正的力量来写作。我们可以写作手法老练的同时将魔法融入语言，但人们仍有质疑，认为这也许更难，因为这是逆流而上。

这种奇妙的语言视角解释了写作中另一种奇怪的现象。一个不擅长写作的人在故事中使用了错误的名字时，你马上就能看出来。**"哈利**

（Harry）用一条腿站着，想把口香糖从鞋子上弄下来。"也许目前为止，文章一切都很有技巧，引人注目，但当你读到"哈利"时，你**知道**作者停下来编造了一个假名字。她太胆小了，不敢用自己的名字或其他真实的名字。这不是哈利。你什么都相信，只是不相信哈利。

为什么会这样？这很神秘。不仅仅是像**哈利**这样不常见的名字或者像**特雷弗**（Trevor）这样的名字。即使她用的是**鲍勃**（Bob）而不是真名，还是会让人觉得不对劲——除非她真正有优秀作家的写作技巧，以某种方式给鲍勃这个名字注入"汁液"。她也可以另取名字，叫他**埃格伯特**（Egbert）。

脏话也会发生同样的现象。"'该死！'一块泡泡糖卡在他的指甲缝里，他咕哝道。"你知道他没说"该死"，原因不仅是这咒骂过于温和。有时，没有体验的作家会用他所知道的最下流的脏话，但如果这些脏话不是说出来的，而是他编造出来的，也会失败。写作中的其他内容出错了还有一些余地，比如池塘的颜色有点儿不对，或者额发角度不对。但是，名字和脏话必须恰到好处，否则就会特别明显，会遭到抨击。

当然，真正优秀的作家可以使用自己编造的名字，使其听起来像真的一样。除非你很厉害，否则你最好述说自己的故事时有勇气使用自己的名字，或者要么得到室友或母亲的许可使用他们的名字，要么略过他们的许可。不然，错误的名字会让你的整个故事变得不可信。因为你还不会施加魔法，所以你最好用事实说话，更精确地说，你只能通过讲述事实来施加魔法。最终，你可以将魔法融入谎言。

这是一个奇怪的事情，帮我注意到语言中仍然留下了魔法的痕迹，让我们得以一窥所有语言都有魔力的时代——我们使用"黄金"而不是"法定货币"的时代，会是什么样子。名字和咒骂是语言的两条**死**

胡同，虽然大多数语言经过几个世纪的磨砺，变成了光滑、圆润、实用的符号或符号碎片，就像被海水磨平的鹅卵石一样，但名字和咒骂仍然具有"汁液"——他们并不是被纯粹定义的符号，比如红色代表停，绿色代表通行，比如摩斯电码 · · · — — — · · · 代表SOS。是的，他们可能会称我为**比尔**而不是**彼得**，而一旦我当一段时间彼得，那个名字和真正的我之间就会产生裂痕。我们在国旗上看到了这一点：烧国旗的人和愤怒的旁观者一样，表明了对"汁液"的信心。如果有人将你的名字写在一张可爱的白纸上，吐唾沫在上面，揉成一团，放进马桶里，在上面撒尿，然后把它冲下去，会怎么样？因此，名字和诅咒提醒我们曾经存在的力量，以及如果我们写得好，就可以重新获得的力量。

　　现代语言理论中有一个有趣的说法，最机械、最科学、最枯燥、最不浪漫的理论最符合这种奇妙观点：行为主义语言观或语言的刺激反应理论。该理论表示，我们学习说话的方式和巴甫洛夫（Pavlov）的狗学会在铃声响起时流口水一样。也就是说，巴甫洛夫用摇铃代表晚餐，日复一日，狗对晚餐的反应逐渐开始泛化，成为对铃声的反应。最后，仅铃声就可以刺激唾液反应。

　　这个理论也表示，孩子看到球的同时听到人们说**球**，对球的真实反应会转移到声音上，然后逐渐听到**球**，就会刺激……什么？视觉吗？感觉吗？思考吗？捡球拍球的冲动？这正是该理论的批评者抓住错误攻击的地方："多么荒谬！你的理论的意思是，我听到**球**的行为和我实际在红色弹跳物面前的行为一样。"当然没人这样做。

　　但是，见多识广的刺激反应学派专家们对此有个答案。他们回答说，对肉或球的反应并没有完全泛化，我们实际上不会把铃声或球这个词与真实的物体混淆。他们指出，就连巴甫洛夫的狗也不会**混淆**铃声和晚餐，它没有咀嚼和吞咽铃铛，或试图吃铃铛，它只是流口水。只是反应的一小部分会溢出到符号上。事实上，我们越频繁地使用一个词，同时在自己使用的语言中拥有越广博的知识，这个词引起对原始物体的反应就会越小。假设一个刚刚学习语言的孩子，她听到"球"这个词或有人问她"你的球在哪里"时，她会在脑海中看到球的影像，不是任意球的影像，而是她从中学到"球"这个词的球。但是，当这个孩子使用更多的词语，见识到更多的球时，"球"这个词的发音引出的是我们通常所说的"球"的概念，而不是她最喜欢的旧时的球的影像（不过，作为一名作者，你需要记住的是，在她的脑海里储存着那个她深爱的球的影像，只要你能正确地说出"球"这个词，或者在恰当的语境中说出它，她就可以看到）。

对于这种语言的行为观点，不乏学术上的反对意见。虽然它现在不流行了，但当你试图让作品蕴含力量时，它确实有一种魅力。它提示了我们注意到的历史和文化的发展过程——词与物的逐渐分离。随着人们更多地使用语言，他们更少犯那些混淆词语和事物的错误，然而他们在听和读的时候看到的影像也更少了。此外，语言的刺激反应模型与人们对名字和咒骂的反应刚好吻合。在名字和咒骂这两个例子中（这两类很少使用的词语），你会发现人们在一定程度上误认为这个词就是这个东西。也许最极端的例子就是上帝的名字。在旧约中，犹太人不能写下或说出他的名字：这个名字本身就包含了上帝圣洁的一部分。直到现在，人们仍然觉得，说出上帝、耶稣、基督这些词语，他们就会带有一丝上帝的圣洁——出现这些词语的时候，你需要表现出一种尊敬的态度，甚至是微微地低下头，书写的时候要用大写字母，以上帝的名义诅咒对他们来说是一种严重的亵渎行为。

描写排泄物和交配的词语也一样。一些人听到或读到这些话时感到恐惧，这标志着词语引发了他们对事物本身的大部分反应。当然，很多人并没有那么害怕，他们对这个事物的反应中，很大部分是由这些语言引起的，但他们还是隐约感到不舒服。这些人在铃声响起时没有咀嚼和吞咽，甚至没有流口水，但他们闻到了一丝气味。最后，还有一些老练的人认为，描写排泄物和交配的词并不比其他词"承载"更多。但是，那些开明的灵魂可能会准确地记得他们生命中使用这些词语的时间和地点，通常是军队、营地或寄宿学校，那些频繁使用的语言，四处翻滚，在彼此之间相互碰撞，跳跃着出现在其他话语和体验中，这些词语变得"像其他任何词语一样"。美好的回忆——那美妙的第一次，你站在铺着油毡的走廊上，像那些大女孩一样，在说"狗屎"时内心毫无波动。儿童对"球"这个词从完整反应到微小的响应，我们可以看到其在以后生活中重现这一过程。

　　名字也一样。上帝这个称呼所具有的上帝的本质也许比我的名字所具有的我的本质更明显，我们可以在某些情况下感觉到它。例如，如果我们所在的组中有一个成员由于含蓄的原因而缺席——也许她被不愉快地开除了，也许她愤怒地退出了，也许团体正在密谋反对她，或者她最近去世了，只要提到她的名字，好像这个名字就有丰富的"汁液"，让在场的人发抖。特殊的情况使她的缺席无处不在，我们可以从她的名字中感觉到她存在的痕迹。患相思病的女孩或男孩情不自禁一遍又一遍地重复心爱之人的名字时，我们也会看到同样的情况。另一个例子是，如果人们在介绍自己时大声说出自己的名字，那么他们在一群人中会有更充分的表现。即使他们知道自己的名字和其他被介绍的新名字一样，无法被真正记住，但一旦他们这样做了，他们会更加觉得自己是群体的一部分，因此去发言和回应他人，或者觉得自己的缺席会被发现。如果你想让某人全程在场，那么问问她的名字会有帮助。当人们只说出名字，没有说出姓氏时，像现在很多年轻人那样，我相信他们只是为了保留一点儿自己的本质——以防万一。

因此，在我们理性而复杂的文化中，名字和咒骂提醒我们，过去所有的语言都有所承载，但现在只有少数几个角落还保有"汁液"。一个优秀作家可以给她的角色命名为"特里维廉"（Trevelyn），他是一位高大壮实的卡车司机，他踩到狗屎，说道："啐！"这一切都感觉真实，能让我们在脑海中看到影像，优秀作品的情况提醒我们，文字的魔力是可以恢复的。你可以学着给读者一种体验，就像小老太太看到印刷出来的"××××"一样。你可以让你的读者对这个**词语**的反应就像你把这个东西扔在她的膝盖上一样。

逃生路线

但说真的，文字**真的**能传达事物的一些神奇本质吗？一项思维实验指出在一个神奇的视角太令人不安的情况下的一条逃生路线。在想象一下一大堆由不同的人签发的银行支票。也许你劫持了邮车，这些支票都在你手里。你没有办法查证支票是否有用——各个账户上是否有足够的钱来支付这些费用。但是，想象一下，当你看着这些支票时，突然有一张吸引了你的注意。在某种程度上，你可以**确信**这张100美元的支票是有用的、有效的、可靠的。仅仅看着你面前的纸上的字，你可以感受到钱就在银行的某个地方。写支票的人做到了我们作为作者都想做到的事。

现在，想象一下，你收到一张100美元的支票和一封10页的信，信由写支票的人所写，写着他为什么要给你钱。从这样一个详尽的解释中，你知道写信人确实是要给你钱的，而且你确认支票不会被退票。读完这封信后，当你转过身去看支票时，你会感受到支票后面的现金。"100美元"仅仅是纸上的文字，就会引起你对这个物体本身，也就是对现金的大部分反应。当然，并不是支票上的文字本身，而是支票上的文字和信的内容作为**语境**让你体验到了手中的现金。也许当我们觉得文字"承载"了一些不存在的东西时，就会发生这种情况（我们对真实现金的反应再次表明，"纯粹的文字"可以承载"汁液"——因为真实现金也不过是纸上的文字）。

也许这就是写作力量的来源，我想称之为魔法——语境。其实一般情况下，一篇较长的文章才能给我们施加一种真实体验的魔法——一篇长篇文章才能含有丰富的语境。仅凭一篇简短的文章或摘录往往不会给你带来在阅读整篇文章时感受到的那种魔力。也许这一切都是语境的把戏，我们因为特别的故事、诗歌、文章知道并感受到"钱在银行里"。因此，你可以写下"球"这个词，让我看到我最喜欢的儿时玩具的影像，前提是你得用一堆其他合适的文字围绕着它。

我们在撒谎中看到了这一点。大多数人都不会撒谎。这会使他们感到慌乱和紧张。他们可能不会以往常的方式看着听者的眼睛，或者他们的身体会做一些细微动作，表明其不自在。因此，语境会让敏感的听者感到他所听到的东西有些可疑，是一个不值得信任的音符。

也许写作也是如此。我们写一些虚假的东西时——也许只是写一些与"真实自我"稍有出入的内容，这些内容与我们潜意识中的一些感觉和想法背道而驰，我们只是感到小小的慌张和不自在，虽然读者没有在这里，没有注意到我们滴溜溜转的眼睛或者无处安放的手，但是我们的句式结构和措辞中仍然有类似的微小烦躁。不真实就会出现。

当然，还有一个事实就是有些人擅长撒谎。他们可以在没有任何迹象的情况下撒出弥天大谎。除了写一张帅气的100美元支票，他们还可以写一封10页长的信，让你感觉钱在手里。正是这种能力使人们能够写出伟大的故事、诗歌、戏剧和散文。莎士比亚说："最真实的诗歌最虚妄。"奥登在一首关于写作的优秀诗歌中也对此附和。正是这种能力让莎士比亚不必写自己的真实遭遇——有"负面能力"的作家，可以为读者创造他们从未有过的无限体验。

但是，这就是问题所在。莎士比亚真的从未体验过成为米兰达（Miranda）——那个除了父亲之外从未见过其他男人的女孩的感觉吗？他一定是为自己创造了这种体验。当一个从未见过大海的人对大海做出有力的描写时，她一定以某种方式在头脑中体验过它，虽然她从未亲身经历，但她可以为自己创造。很可能善于说谎的人的技巧就是让自己在某种程度上感觉到自己所说的是真实的。当然你知道这是一个谎言，但你比我们其他人更擅长在撒谎的那一刻把这种意识推到一个方便的绝缘袋里，并以某种方式使你的想法和感觉或者你的声音融入这些虚假的文字，再以某种形式"赋予其意义"。

因此，如果语言的神奇观点让我们感到紧张，那么我们现在可以清楚地看到放弃之路。当然，这些词语并不能真正传达事物内在的"汁液"，这只是听众的天真或演讲者的狡诈的问题。当然，支票里没有100美元，只是随信所附。当然，没有我的时候，他们见面并说出我的名字，我不会出现。只是有些人容易受到原始反应的影响，也许是因为他们感到内疚或困扰。原始反应确实可以被重新唤醒，它们就在内心等待着被唤醒。我们都有一种本能，能像原始人一样，像小孩一样，像老妇人一样——别人仅仅依靠纸上的符号就能对我们施放咒语。只要作者足够优秀，就会发生这种情况。但是，这不是魔法。这只是高明的说谎者的精明和人类对奇妙反应永恒的易感性，只是语境中细微的线索的影响，别无他物。

多么令人失望！

但是，我们不必放弃这种神奇的观点。我的直觉是作者应该保留

它。也就是说，尽管我们可以像聪明的嘉年华骗子一样，分析读者（没
有主见的人！）的易感性；尽管我们可以像细心的、身穿白大褂的、经
验主义的科学家一样，把读者连在电线上，研究页面上的哪些线索会引
起读者神奇的反应——就像我们可以通过分析暴露大多数人撒谎的错误
动作和大师的正确动作来研究如何撒谎一样，不过我们最好还是做大师
级骗子和说谎者真正做的事，我打赌他们肯定会做的事——他们把注意
力集中于他们的**意义**，而不是他们的行动或他们的受害者。

好比你在失明或蒙上眼睛的情况下学习使用拐杖。你和外部世界
的分界线其实就是你的手接触拐杖的地方。感知区域的最远端是你的
手。然而，有个有效的更神奇的视角，每个人都能很自然地这样做，也
就是将你的意识从你的手滑到手杖的底部。将你关注的焦点放在拐杖和
路面的接触处，而不是拐杖和你手的衔接处，学着把拐杖当作身体的一
部分——你学着感受的不是拐杖压在手上的压力，而是路面压在手杖上
的压力*。如果你行动时全身投入，学会把拐杖当作自己的一部分，而
不是外部世界的一部分，那么拐杖就会成为你的一部分。如果拐杖碰
到新鲜的狗屎，你就会感到熟悉的战栗，虽然严格来说，你根本没碰到
狗屎。

因此，作者对文字**施加**魔法才能写出好作品，就像盲人将手杖当
作自己身体的一部分才能有清晰的感知。但是，如果作者把注意力放在
读者的微妙反应和她写作中暴露真相的小小的语法特征上，就像盲人将
注意力集中于拐杖对手所施加的压力来熟悉路况那样效率低下。这种方
法需要大量的**转换**："让我们看看，如果这样有效，那么会导致……因

---

　　*　这个例子来自迈克尔·波兰尼（Michael Polanyi）的《个人知识：朝向后批判哲
学》（*Personal Knowledge*: *Toward A Post Critical Philosophy*）（芝加哥，1974年）。

此我应该采取以下行动……"这反过来又会在作者或持杖者的行为中产生自我意识的重重迷雾。

你需要像年迈的水手一样，拥有一种力量，仅仅是看着读者的眼睛开始说话，就能使她麻痹——阻止她走开，强迫她倾听，强迫她体验你所说的一切。不要注意力集中于技巧细节，而要集中于故事的重要性，这是最快的办法。如果你成功相信自己的故事**真的**非常重要，那么你已经不自觉地相信魔法了，而你根本没有意识到这一点。

作者所做的仪式，比如"我必须有一支笔尖完美的二号铅笔；我必须在特定的时间和地点工作；我绝不能在写的同一天重读我写的东西；如果我和任何人谈论我写的东西，它就会付之一炬"，这些仪式和恋物癖是信仰的证明，相信有神奇的魔力，语言因此能从内心表达出来，也相信文字的力量能打动读者的内心。

信仰产生了基督所宣告的普世不公：富人更富，穷人更穷。在写作上取得成功的人往往会突然写得更好。她终于学会了相信自己**能**施展魔法，虽然她以前对此半信半疑。她的成功为她带来了信念，突然注入了新力量。信仰是孩子力量的源泉。因为孩子不知道我们除了对她投以全部关注之外还能做什么，所以孩子**吸引**着我们的注意力。最悲哀的景象之一是，一个胆小的孩子，缺乏吸引注意力的能力——因为她得到的值得信赖的关注太少，所以她没有意识到自己的语言肯定蕴含力量。

但是，我们大多数人在走向成年的过程中，也失去了这种意识，即意识到我们的语言肯定蕴含力量。现实主义者解释道："这是顺理成章的。这就是我们所说的成年人。小孩子会不由自主地认为他们说的话——甚至是他们未说出口的愿望，会神奇地引发事件。但是，如果孩子们想要长大，就必须学会准确地看到因果关系，抛弃原始的满怀希望的想法。"我的温和的魔法观点认为，是的，我们必须学着去理解现实主义，明白不是我们的每个愿望和每个词语都会让这个世界发生变化。但是，我们不能像大多数人那样在"学习"中走得太远，最终他们觉得自己无法用语言施展魔法。如果认为我们的每个愿望都会引起这个世界产生变化是幼稚的想法，那么为不能无所不能而感到愤愤不平，得出个人无法改变世界、言语无法移山的结论的行为，也同样幼稚。我们可以做到。少数人一直拥有力量，大多数人偶尔拥有力量（虽然他们容易忘记它，或者试图对此进行辩解），每个人都拥有力量。

作者的目标很明确，就是重新获得为文字注入魔力的能力。当然，仅仅相信魔法是不够的，这需要练习和技巧，但相信它是前提。你会惊奇地发现，信任带你走了很远——特别是你已经为写作付出了努力以后。

那么，这在实践中意味着什么呢？我想这指的是我在关于声音和体验的章节中给出的建议。我在这里提出了一些实实在在需要**做**的活动：把你的意识一直延伸到拐杖的末端，而不仅仅停留在你手指末端。虽然从某种意义上说，你最远只能将你的体验放在纸上，但你需要一直**想着**你的体验，将它传递到读者的大脑里。

更多的建议。尽可能真实——真正的事件、真实姓名。此外，勤加练习撒谎。魔法的入口是穿过真实而发现的。把真实的经历和真实的自我用语言表达出来，你会有一种类似于施加魔法的感觉，有了这种感觉，你就可以开始练习说谎了——练习"拥有"你从未拥有过的体验，练习将真实的自我或完整的自我完全隐藏在那些虚假的、讽刺的、矛盾的、回避的话语后面（当然，因为有些人说出的真相无法令人相信，但他们可以用令人信服的力量说出谎言、愿望、梦想，所以严格地说，我不应该绝对地建议从真实开始。最好的建议就是相信魔法，找到你的最容易施展魔法的方式。一旦你觉得自己有能力对语言施法，那么你就可以慢慢学习，慢慢地扩大范围）。

更多的建议。魔法容易传染。将自己置身于那些成功施展魔法的人之中，这对你有极大的帮助。读他们的文字，听他们大声读他们的文字。和他们在同一房间或同一栋楼里写作，在他们写作的时候你也写作，找机会组织一天或者一周的学与玩模式活动，和他们一起进行写作和分享，把你的文字大声读给他们听（尽量避开两个危险：如果你没有真正准备好，或者他们给你的写作带来负面影响，那么不要从他们那里获取负面反馈。你只要坚持让他们倾听并夸奖他们喜欢的部分。其次，不要胆怯："哦，天哪，他们能做到，我永远做不到。"远离这些无助的感觉，别让它们剥夺你和那些使用魔法的人在一起时获得的巨大提升）。

你甚至可以感染自己的魔法。也就是说，仔细阅读你自己写的那些成功且有影响力的文章会对你有很大的帮助。默读你的优秀文章，能大声读出来最好。这会给你一种真正地拥有心理力量的感觉，让你体会到给文字加"汁液"的感觉。通过重新唤醒这种记忆/感觉，再次进入那种状态会更容易。当你很难进入准备状态的时候——也许太长时间没有写作，阅读自己的优秀作品会特别有用。

成功是会传染的。不要一开始就想写出一部伟大的小说，把作品寄给最好的出版商，或者把诗歌寄给《纽约客》。为了避免不断遭到拒绝，你应该不惜一切代价坚持出版和阅读。寻找小型或非正式的杂志社、出版社、出版物，如果有必要，你可以自己印刷出来，分发给你认识的读者。为你能真正接触到的读者写作，比如那些了解你和喜欢你的人，那些会理解你的人，那些你的语言对他们有影响的人。

我不能确定我对写作的合理神奇的看法是否正确，不能确定用刺激反应模型解释语言是否正确。我不知道怎样才能一劳永逸地解决这个问题，但这种神奇的观点是有用的。对于教师、评论家和理论家来说，他们总是试图确切地说明优秀作品的特点。有人谈论特定的句法的复杂性（例如，每个"T单位"包含多少个单词），有人谈论感官特异性或缺乏泛化，有人谈论统一性、连贯性、一语多义、音调，这是不可避免的。如果我对于优秀作品的构造有什么好想法，我就会很兴奋，想要告诉每个人。这个奇妙的观点让我们免于这些精确的规范，这是一件好事，有两个理由。首先，我认为这些规范是错误的，每当看到关于什么是优秀写作的抽象描述时，我总是会想到与之相反的优秀作品的实际案例。其次，这样的描述会把你写作时的注意力引向错误的地方。它们让你在写作时思考写作，而不是思考写作的意义或主题；它们让你专注于确保正确使用文字，而不是你是否真的能看到竹子；它们让你看着窗户的玻璃，而不是透过窗户去看风景。最重要的是，这个写作的神奇观点让你相信什么是必要而真实的——你的文字可以蕴含磅礴之力。

但是，这种神奇的观点也存在危险。这种观点会欺骗许多人去相信错误和破坏性的东西——这种力量的**来源**完全在你之外，这种力量来自目光敏锐的神、来自善变的缪斯、来自你的灵魂状态（你看不到，或者无法评判）、来自"它"、来自旁观者的角度、来自每一步都要跳正确的神秘祭祀之舞。这种神奇的观点会强化你的无助感，并导致以下感觉。

• 我不知道这种力量来自哪里。我能做的只有希望和祈祷。无论我**做**什么都无济于事。

• 因为我索引卡片涂错了颜色，或者在一天中不该写作的时候写作，所以我写的东西毫无价值。现在我已经无能为力了。

• 在这个片段我说得太多了，浪费了它的重要汁液，只能放弃它了。

• 我无法修改或提升这篇文章，因为我是站在旁观者的角度写的文章，这些文字不是出自**我**，而是自己出现在我眼前的。如果我做了任何改变，文章整体就会分崩离析，我也无法再将其重新组合起来。

• 如果我弄丢了我写的内容，我就永远无法重写它、重建它。

• 我今天不能写作，我的注意力全放错了，而且我错过了一天中丰收的时间。

用魔法思考也会让你非常**渴望**魔法，从而让你不愿意费力地写出平庸的、死气沉沉的，甚至可以被称为糟糕的文字。每个人都有推迟写作的冲动，等心情好了再写。也许这只是懒惰，但它也反映了一条真理——有时你有魔法，有时你没有；**也反映了一条谎言**——如果你没有魔法，那么你多么努力、多么精明也无济于事。*

但是，魔法并不是一切。有时候你最需要的只是写一些东西，而过于渴望魔法会阻止你这么做。你可以写一些真实、清晰、重要的东西——但缺乏魔法。如果坚持使用魔法，你什么也写不出来。

在这里，我回到我的书的主题。你必须学习——出于某些原因，你经常需要重新学习如何快速写出大量的文字，不管你是否赞同你所写的内容。要想写得好，前提就是可以写得不好，而且在自己没有心情的时候也能写出来。有时候，通过许多虚假、死气沉沉的写作，你才能获得魔法。虽然你必须相信魔法，但在没有它的情况下，你也需要经常乐意去写作。

---

* 玛格丽特·普罗科特（Margaret Proctor），一位优秀的写作老师，对这一章的草稿点评道："你可以通过训练自己写作、工作和集中注意力去创造魔法。就像药剂师一样，按照要求去做（专业作家会这样去做，并且伴随适当的仪式）。一方面，别只是等待它降临在你身上，或者在纸上大量地书写，希望它会到来。另一方面，这是一种通过仪式、集中精力、努力工作让自己进入**那种状态**的方式。你可以强迫自己去**感受**。这条路可能很长，会得到很多没有生气的文字、抽过的烟头，但如果你体验过，你会想再试一次。"

致　谢

在写这本书的漫长过程中，我从各位老师、写作界的思想家同行、读者、学生和亲人那里学到了很多关于写作的事。一些人士在手稿的不同阶段给予我真实有效的回应，这是作家经常需要的反馈，我对此表示非常感谢。这些人是：格洛丽亚·坎贝尔（Gloria Campbell）、萨德·柯茨（Thad Curtz）、乔伊（Joy）和唐·迪贝克（Don Dybeck）、安妮·恩奎斯特（Anne Enquist）、李·格雷厄姆（Lee Graham）、杰拉尔德·格兰特（Gerald Grant）、伯特·哈特伦（Burt Hatlen）、苏珊·胡布赫（Susan Hubbuch）、克里西德·琼斯（Criseyde Jones）、塞西尔·卡尔克瓦夫（Cecile Kalkwarf）、埃伦·诺尔德（Ellen Nold）、玛格丽特·普罗克特（Margaret Proctor）、尤金·史密斯（Eugene Smith）、乔安妮·特平（Joanne Turpin）、玛丽·韦克曼（Mary Wakeman）和伯尼斯·尤茨（Bernice Youtz）。

过去几年在美国长青州立大学与我共事的老师和学生们，我想告诉他们我从他们身上学到了很多东西，并向他们表达我的感谢。感谢学生们允许我在这里引用他们的文章。

在一次旅行中，我做了最后的一些修改。由于下面这些人的热情好客，我可以在非常舒适的房间里工作，每个房间都有美丽的风景：琼（Jean）和琼·科迪尔（Joan Cordier）、雷克斯（Rex）和西莉亚·弗雷林（Celia Frayling）、马尔科姆（Malcolm）和盖伊·哈珀（Gay

Harper）、海伦娜·纳普（Helena Knapp）。

非常感谢我在牛津的编辑约翰·赖特（John Wright），他以无数种方式帮助我度过了许多赶稿日，也很感谢文字编辑柯蒂斯·丘奇（Curtis Church）对我的帮助，很幸运贾妮斯·马多克斯（Janis Maddox）是我的打字员。

我写这本书最感谢的是我的妻子卡米，完成这本书离不开她的爱和支持，她分析透彻的社论评述使本书更上一层楼。

彼得·埃尔伯

华盛顿州奥林匹亚市

1980年9月